JÜRGEN LIMINSKI

Die verratene
Familie

Politik ohne Zukunft

JÜRGEN LIMINSKI

Die verratene
Familie

Politik ohne Zukunft

SANKT
ULRICH
VERLAG
GmbH

Martine Liminski / Jürgen Liminski

Abenteuer Familie
Erfolgreich erziehen:
Liebe und was sonst noch nötig ist

In „Abenteuer Familie" geben die Volksschullehrerin Martine Liminski und ihr Mann, der Rundfunk- und Zeitungsjournalist Jürgen Liminski, die gemeinsam zehn Kinder haben, Erfahrungen und Erlebnisse aus ihrem „mittelständischen Unternehmen" Familie weiter.

ISBN 978-3-929246-78-0

Für Martine
Freundin, Frau, Mutter, Lehrerin in Menschlichkeit

Bibliographische Information der Deutschen Bibliothek

Die Deutsche Bibliothek verzeichnet diese Publikation in der Deutschen Nationalbibliographie; detaillierte bibliographische Daten sind im Internet über http://dnb.ddb.de abrufbar.

© 2007 by Sankt Ulrich Verlag GmbH, Augsburg
Alle Rechte vorbehalten
Umschlaggestaltung: uv media werbeagentur
Mediengruppe Sankt Ulrich Verlag, Augsburg
Druck und Bindung: Ludwig Auer GmbH, Donauwörth
Printed in Germany
ISBN: 978-3-86744-025-7
www.sankt-ulrich-verlag.de

INHALT

Vorwort

Jahrzehntelang sind die Familien in Deutschland von der Politik vernachlässigt und gesellschaftspolitisch an den Rand gedrängt worden. Die Erziehung der Kinder, von der Verfassung als das natürliche Recht und die Pflicht der Eltern in den Rang eines Grundrechtes erhoben, wird Müttern und Vätern immer offener und immer aggressiver streitig gemacht: bis hin zu dem ungeheuerlichen Anspruch, der Staat müsse die „Lufthoheit über den Kinderbetten" erringen.

Familienpolitik hat sich in den zurückliegenden Jahren unter dem wachsenden Einfluß von Pseudowerten einer familienfeindlichen Ideologie, die ihre Wurzeln in der Kulturrevolution von 1968 haben, zu einem feministischen Experimentierfeld entwickelt: zum Schaden der Mütter, der Kinder und der Familien. Unter dem zusätzlichen Druck der Wirtschaft, junge Frauen als Arbeitskräfte-Reserve für die Industrie zu rekrutieren, ist vor diesem Hintergrund der massive Ausbau der Fremdbetreuung auch für Kleinstkinder zu einem der gesellschaftlichen Prestigeobjekte bundesdeutscher Familienpolitik geworden.

In der kontrovers und leidenschaftlich geführten Diskussion um den massiven Ausbau der Krippenplätze nach dem Vorbild der ehemaligen DDR ist viel von der sogenannten „Wahlfreiheit" die Rede, wobei dieser Begriff oft einseitig in einem erwerbsorientierten Sinne verwendet wird: Die Entscheidung für eine externe Berufstätigkeit wird durch den Ausbau staatlicher Fremdbetreuungsangebote gefördert. Die Frage stellt sich jedoch, wie es um die Wahlmöglichkeit für diejenigen Mütter bestellt ist, die sich dafür entscheiden, ihre Kinder in den ersten drei Lebensjahren selbst zu erziehen.

Diese Frage verschärft sich noch bei alleinerziehenden und finanziell schlechter gestellten Müttern oder Vätern, die auf einen Haupt- bzw. Nebenverdienst zwingend angewiesen sind. In den unteren Einkommensschichten besteht derzeit faktisch keine Wahlfreiheit, und diese wird auch nicht durch ein erhöhtes Angebot an Krippenplätzen hergestellt.

Durch die einseitige Fixierung der Politik auf vollberufstätige Mütter als gesellschaftliches Leitbild fühlt sich die überwiegende Mehrheit der Frauen, die sich bis zum dritten Lebensjahr vollzeit oder überwiegend selbst ihren Kindern widmen möchten, von der Politik verraten. Daß in unserer Gesellschaft viele junge Mütter ihre kleinen Kinder in staatliche Fremdbetreuung geben müssen, um wirtschaftlich überleben zu können, ist ein Skandal und das Ergebnis einer seit Jahren grundlegend verfehlten Gesellschaftspolitik.

Für eine gesunde seelische und geistige Entwicklung brauchen Kinder in den ersten drei Lebensjahren die Ansprache und liebevolle Zuwendung besonders durch die Mutter und auch durch den Vater, was auch durch eine noch so qualifizierte Fremdbetreuung nicht gleichwertig ersetzt werden kann.

Unser Land und unsere Familien brauchen familiengerechte Arbeitsplätze, und nicht arbeitsgerechte Familien. Wer zu Recht davon spricht, daß Deutschland mehr Kinder braucht, um lebensfähig, kreativ, human und wirtschaftlich erfolgreich bleiben zu können, der muß vor allem die Mütter darin bestärken, mit Leidenschaft und Begeisterung Mutter zu sein. Wer mehr Kinder will, der muß die Familien und die Mütter finanziell in die Lage versetzen, sich Kinder in diesem Land wieder leisten zu können, ohne von der Wohlstandsentwicklung abgeschnitten zu werden. Zusätzlich muß gesellschaftlich ein Klima der Wertschätzung gegenüber der unersetzlichen Arbeit der Mütter entstehen.

Die von den deutschen Bischöfen formulierte Kritik an einer einseitig an Erwerbs- und Wirtschaftsinteressen orientierten Familienpolitik richtet sich deshalb nicht gegen berufstätige Mütter. Die Kritik der Kirche richtet sich gegen eine Politik, die aktiv und einseitig fördert, daß junge Mütter bereits ihre kleinen Kinder kurz nach der Geburt in staatliche Fremdbetreuung geben sollen, und damit die Ausnahme zur gesellschaftlichen Regel macht. Junge Frauen brauchen heute eine echte, auch wirtschaftliche Wahlfreiheit in beide Richtungen. Ich bin sicher, daß sich dann viele Frauen für ihr Kind entscheiden würden.

In der Diskussion um den massiven Ausbau der Krippenplätze ist es gelungen, die schweigende Mehrheit in unserem Land gegen eine im Kern familienfeindliche Politik zu mobilisieren. Wir stehen insoweit erst ganz am Anfang einer grundlegenden Neuorientierung unserer Gesellschaft, um zu einer Kultur des Lebens und der Liebe zu gelangen, wie sie Papst Johannes Paul II. und sein Nachfolger Papst Benedikt XVI. immer wieder mit Leidenschaft eingefordert haben. Das vorliegende Buch möge dazu beitragen.

+ Dr. Walter Mixa
Bischof von Augsburg

Einleitung und Dank

Dieses Buch ist eine Kampfansage. Natürlich hat der Autor nicht vor, Personen zu bekämpfen, es geht ihm um Programme. Er will Ideen und Ideologien bekämpfen, die der Familie und damit dem Menschen und letztlich auch der Gesellschaft erheblichen Schaden zufügen, weil jede Ideologie einen totalitären Keim in sich trägt. Dieser Keim, die ideologische Saat, ist in Deutschland aufgegangen. „Die Familie wird in die Misere geknüppelt", schrieb der Darmstädter Sozialrichter Jürgen Borchert im Frühjahr 2007 zur ARD-Woche für das Kind. Die Armutsstatistiken zeigen es seit Jahren. Den Knüppel schwingt eine moderne Nomenklatura, die der Autor als das politisch-mediale Establishment bezeichnet. Natürlich gehören nicht alle Politiker und auch nicht alle Journalisten dazu, es gibt sogar eine ganze Reihe von Ausnahmen. Aber das Denken dieses Establishments liegt bleiern über der Republik und erdrückt vor allem die Alleinerziehenden und die klassische Familie, mithin die große Mehrheit der Bevölkerung. Die schwarz-rote Koalition hat die Misere noch verschärft. Sie macht Familienpolitik vorwiegend für die Klientel der doppelt Erwerbstätigen und zudem meist Kinderlosen – vielleicht ohne sich dessen bewußt zu sein. Aber Zweifel an solcher Naivität sind berechtigt, es gibt zu viele Hinweise und Erkenntnisse, als daß man weiterhin fa
milienvergessen vor sich hinwerkeln könnte. Man muß davon ausgehen, daß ein bunter Block autonomer Familiengegner bewußt den Untergang der Familie betreibt. Aber keiner sagt das, vielfach wird sogar geheuchelt, und darin liegt der Verrat.

Dieser bunte Block aus dem politisch-medialen Establishment hat einen überwältigenden Vorteil in seinem Kampf gegen die Familie: Da die Medien weitgehend auf seiner Seite stehen und familienpolitisch relevante Informationen nur durch den Filter der begrenzten Ideenwelt ihrer Vertreter Zugang zu der Masse finden, lebt ein Großteil der Bevölkerung de facto im Tal der Ahnungslosen. Zwar regt sich hier und da Widerstand in der Menge, aber er ist noch nicht so massiv und strukturiert, daß man von einem organisierten Widerstand sprechen könnte – außerdem wird er durch die Medien selbst eben immer wieder niedergeknüppelt. Es ist wie im Märchen: Der Kaiser ist nackt! Aber dieser Ruf über des Establishments Kleider wird immer noch erstickt. Er hallt nicht über den Marktplatz.

Das wird auch bei diesem Buch so sein. Der Autor rechnet mit Totschweigen oder verbalem Totschlagen. Aber er möchte in den zaghaften Chor jener einstimmen, die jenseits der Ideologien die Menschlichkeit der Familie aufzeigen wollen. „Wer das Glück sucht, findet die Familie", schreibt Paul Kirchhof im Vorwort zum Buch „Abenteuer Familie". Für diese Suche will die vorliegende Schrift einige politisch-gesellschaftliche Zusammenhänge darstellen und somit Wegweisungen durch den Dschungel der Manipulierer bieten. Der Autor stützt sich auf wissenschaftliche Arbeiten, erhebt selber aber nicht den Anspruch, ein wissenschaftliches Werk vorzulegen, dafür gibt es berufenere Namen, zum Beispiel Franz-Xaver Kaufmann, Hans Bertram, Jürgen Borchert, Paul Kirchhof, Manfred Spieker, Christa Meves, Wolfgang Ockenfels, um nur einige wenige zu nennen. Ein wissenschaftliches Werk zu dieser Großthematik wäre auch von sperrig-unverdaulichem Umfang. Und was heißt Wissenschaft? Hegel hat einmal gesagt, „es muß einer nicht sehr weit gekommen sein in seiner Bildung, wenn er nicht für das Schlechteste gute Gründe hätte. Was in der Welt seit Adam Böses geschehen ist, ist durch gute Gründe gerechtfertigt worden." Diese guten Gründe lassen sich auch in der derzeitigen Familienpolitik finden, aber der Ansatz ist falsch. Dem Autor geht es darum, die ideologische Enge des Establishments, des bunten Blocks der autonomen Familiengegner zu sprengen und dem gesunden Menschenverstand eine Bresche zu schlagen. Denn darin besteht der Verrat des politisch-medialen Establishments und insbesondere der Großen Koalition an der Familie: Obwohl so viele Studien, Urteile und Erkenntnisse vorliegen, wird geheuchelt, manipuliert und das Unrecht an der Familie noch verschärft – und damit die Zukunft dieser Gesellschaft aufs (politische) Spiel gesetzt.

Gewiß, die klassische Familie wird auch diese Phase überstehen, denn „von der Natur können wir uns nicht emanzipieren" (Robert Spaemann). Aber wie jede diktatorisch-geprägte Phase so zieht auch das Unrecht der gegenwärtigen viel Leid und Elend nach sich. Das Unrecht beim Namen zu nennen und die Bedeutung der Familie – für den einzelnen und für die Gesellschaft – wieder ein Stück ins Bewußtsein aller zu heben, ist ein, zugegeben nicht unbescheidenes Anliegen des Autors. Aber wie schon Goethe sagte, ohne ein wenig Selbstüberschätzung würde man gar nichts zustande bringen in diesem Leben. Der Autor fühlt sich in diesem Sinn auch zu Dank verpflichtet. Zunächst gilt mein Dank Martine, Frau, Mutter,

Freundin. Sie hat mich allein durch ihr Vorbild als Mutter, die gegen die „strukturelle Rücksichtslosigkeit" (Franz-Xaver Kaufmann) im Alltag und gegen die Verachtung ihres Berufs durch das politisch-mediale Establishment zu kämpfen hat, zum Schreiben dieses Buches bewegt. Ebenso das Spielen von Gwen, Guillaume und Vincent-Thomas, das Lernen, Lachen und Arbeiten von Annabelle, Thomas, Vanessa, Thibaut, Tobias, David, Arnaud, Nathanael (Momo), Gwenael (Jake), Noemie (Mimi), Katja, Javier, Ailen, Jana, Ini, Patricia, an deren aller Zukunft ich denke. Ob sie in einem Land, dessen Politik Familie vergißt und verachtet, bleiben wollen? Auch das Vorbild der kämpferischen Frauen und Mütter des „Familiennetzwerkes", eine Art bürgerliche Widerstandsbewegung gegen das politisch-mediale Establishment der Familiengegner, hat den Autor überzeugt und zum Schreiben animiert. Von diesem Netzwerk geht Hoffnung für die Familien aus. Stellvertretend für sie alle sei Maria Steuer, die Vorsitzende des Netzwerks, genannt. Mein Dank gilt auch den Freunden, deren Anregungen aus zahllosen Gesprächen in dieses Buch eingeflossen sind, Karl Heinz van Lier ist einer von ihnen. Danken möchte ich posthum auch Pater Werenfried van Straaten, genannt Speckpater, Gründer des internationalen Hilfswerks Kirche in Not, der nach dem Krieg mit Wucht und Humor für die Versöhnung mit den Deutschen eintrat und der mir vor Jahren prophezeite, daß heute mit der Familie das Schicksal der Deutschen auf dem Spiel stehe. „Wir müssen etwas tun, mindestens das Problembewußtsein schärfen", sagte er. Er selber war bewegt und angeregt von seinem Freund, dem Anthropologen Karol Woytiła, der als Papst Johannes Paul II. in noch unausgelotetem Schrifttum der Familie Würde und Achtung wiedergegeben hat. Auch ihn hat der Autor in dankender Erinnerung, wenn er über Erziehung und menschliche Größe nachdenkt. Und schließlich: Dank auch den Kollegen und Kolleginnen, die mich mit ihrer Kritik an meiner Arbeit zum Verständnissuchen angeregt und damit auch zur Versachlichung dieser Arbeit beigetragen haben. Der Autor verbindet mit der vorliegenden Schrift die Zuversicht, daß sie zu einer Fortsetzung des Gedankenaustauschs anregen möge.

Kapitel I

Familie heute – Wandel und Konstanten im Gefüge der Gesellschaft: Daten, Deutungen, Denkfehler

Selbst Kritiker der großkoalitionären Familienpolitik glauben einräumen zu müssen: Auch wenn man nicht mit allem einverstanden ist, was im Familienministerium seit zwei Jahren erdacht und auf den Weg gebracht worden ist, Ursula von der Leyen habe wenigstens das Thema Familie wieder in den politischen Diskurs gebracht. Und das sei nach so vielen Jahren der Mißachtung von Familie ein bleibender Verdienst. Aber das ist kurzsichtig und gedächtnislos. Der Stellenwert der Familie ist in den letzten Jahrzehnten kontinuierlich gestiegen, bei Jugendlichen hatte er immer Spitzenwerte (siehe die Shell-Studien), nur haben Politik und Medien, das politisch-mediale Establishment, es vermocht, das Thema immer mehr oder weniger stark zu verdrängen. Es war die Macht des Faktischen, die das Thema mit Wucht ins politische Bewußtsein gehoben hat. Die Demographie und ihre Folgen vor allem für die Sozialsysteme haben die Familie als konstitutive Größe, als Keimzelle der Gesellschaft neu entdecken lassen, und als erste Institution hat das Bundesverfassungsgericht diese Erkenntnis in klare Urteile gegossen. Es waren in der Tat auch die Richter in Karlsruhe, die seit anderthalb Jahrzehnten mit nüchternem Blick und scharfem Verstand das Thema immer wieder auf die Agenda der Politik gesetzt haben. Wahrscheinlich hat ein Mann wie der ehemalige Verfassungsrichter Paul Kirchhof, den die Politik als teuersten Richter aller Zeiten schmähte, weitaus mehr Verdienst am neuen Stellenwert von Familie als die Ministerin heute.

Beide Faktoren, die Folgen des demographischen Defizits und die Urteile aus Karlsruhe, haben still und beharrlich den Diskussionsboden beackert für eine Ernte, die Ursula von der Leyen seit einigen Monaten mit viel Scheinwerfern und großen Mähdreschern einholt. Originell sind ihre Pläne nicht, das trifft sowohl auf das

Elterngeld zu als auch auf den Ausbau der Krippenindustrie. Sie stammen aus den Schubladen ihrer Vorgängerin, Renate Schmidt. Die freut sich, daß ihre Nachfolgerin die sozialdemokratische Politik eins zu eins umsetzt. Aber der Unterschied zwischen Karlsruhe und Berlin ist erheblich. Die einen sprechen Recht und fordern Gerechtigkeit im Namen des Grundgesetzes, die anderen fabrizieren Unrecht und betreiben Verrat an der Familie im Namen der Partei und nach ideologischen Vorgaben. Karl Dietrich Bracher hat den Unterschied zwischen Demokraten und Ideologen in einem Aufsatz über totalitäres Denken einmal so beschrieben: Demokratie heißt Selbstbeschränkung, Ideologie Selbstüberhöhung. Daran wird der Autor oft erinnert, wenn er die ideologisch durchtränkten Debatten und Publikationen zum Thema Familie in Deutschland verfolgt. Nicht selten geht es dabei de facto um Selbstrechtfertigung eigener Lebensstile und Lebensmodelle. Wer sein persönliches Modell überhöht, indem er es verallgemeinert, der steht in Gefahr, nicht nur die Familie als solche im Stich, sondern auch den Boden des Grundgesetzes und der Demokratie hinter sich zu lassen. Es muß möglich sein im freiheitlichen Deutschland, daß alle Lebensmodelle gelebt werden können – ohne das eine oder andere zu diskriminieren – und daß der herkömmlichen Ehe und Familie dennoch eine hervorgehobene Stellung, eben der besondere Schutz des Grundgesetzes, zukommt. Daß dies nicht mehr selbstverständlich ist, ist Folge des jahrzehntelangen Verrats der Politik an der Familie. Es ist ein Verrat, den die Große Koalition deutlich weitergetrieben hat.

Was ist Familie?

Gewiß, es sollte nicht verkannt werden, daß Familienpolitik heute wegen des Wandels sozialer Strukturen und des Pluralismus der Gesellschaft, der sich auch in den Lebensmodellen niederschlägt, im Vergleich zu früheren Jahrzehnten in Deutschland ein ungleich viel schwierigeres Geschäft geworden ist. Die erste Schwierigkeit der Familienpolitiker heute ist schon die Frage: Was ist eine Familie? Es gibt weltweit etwa einhundert sozio-ethnologische Definitionen von Familie. Sie reichen vom Stammesverband bis zur Ein-Eltern-Familie. Der große Naturrechtler Johannes Messner definierte Familie als Lebens-, Wirtschafts- und Hausgemeinschaft. So sieht es vermutlich noch die Mehrheit der Menschen, die Politik längst nicht mehr. Der fünfte Familienbericht begreift Familie schon „als eine dynamische Form menschlichen Zusammenlebens". Der Familienreport 94, der Bericht der Deutschen Nationalkommission (rund 120 Vertreterinnen und Vertreter der Familienverbände, der Freien Wohlfahrtsverbände, der Tarifvertragsparteien, der Wissenschaft, der Kirchen, der Medienanstalten und der Politik) zum Internationalen Jahr der Familie 1994, verstand Familie noch als „eine auf Ehe, Abstammung oder Ausübung der elterlichen Sorge gegründete Verbindung von Personen". Rechtlich ist Familie in Deutschland die Lebensgemeinschaft von Eltern und Kindern unter dem Gesichtspunkt der verantwortlichen Elternschaft.

Der Begriff „Familie" kam erst im 16. Jahrhundert aus dem lateinischen Wort „famulus" ins Deutsche. Famulus heißt Diener, der Familienbegriff kreiste weniger um Verwandtschaftsbeziehungen als um ein größeres Ganzes, das Haus. So dachten auch die Griechen. Aus ihrem oikos, das Haus, der Hausgemeinschaft, ist die Ökonomie entstanden. Entfernt, ganz entfernt erkennen wir das noch im Wort „Haushalt" wieder. Die Gefühle waren nicht das Entscheidende, wenn man in früheren Zeiten von Familie sprach. Familie war ein Zweckverband für das ökonomische Überleben. Heute ist es ein Zweckverband für den Gang in den Ruin, glaubt man dem geflügelten Wort des ehemaligen Caritas-Präsidenten Hellmut Puschmann. Aus dem oikos ist ein potentielles Armenhaus geworden.

Das „Lexikon der Politik" definiert in Band 7, daß „die Familie als kleinste Form des gesellschaftlichen Zusammenschlusses vielfach auch als Keimzelle der Gesellschaft selbst gilt".

Im jüdisch-christlichen Kulturkreis galt lange Zeit unumschränkt folgende Definition: „Ein Mann und eine Frau, die miteinander verheiratet sind, bilden mit ihren Kindern eine Familie. Diese Gemeinschaft geht jeder Anerkennung durch die öffentliche Autorität voraus; sie ist ihr vorgegeben. Man muß sie als die normale Beziehungsgrundlage betrachten, von der aus die verschiedenen Verwandtschaftsformen zu würdigen sind. Indem Gott Mann und Frau erschuf, hat er die menschliche Familie gegründet und ihr die Grundverfassung gegeben. Ihre Glieder sind Personen gleicher Würde (…) In der Zeugung und Erziehung von Kindern spiegelt sich das Schöpfungswerk des Vaters wider. "

Die Definition findet sich im Katechismus der Katholischen Kirche, Punkt 2202 ff. Im Wort Beziehungsgrundlage klingt übrigens entfernt an, was Schelsky den Funktionsverlust der Familie nennt.

Er meint damit, daß die Familie im Lauf der letzten Jahrhunderte, also seit der Industrialisierung und der entstehenden Sozialgesetzgebung mehr und mehr die Aufgaben der wirtschaftlichen Erhaltung, der Daseinsvorsorge bei Krankheit, Invalidität, Alter usw. verloren oder an den Staat abgegeben habe und daß sie sich zunehmend auf die Funktionen der Zeugung des Nachwuchses, seiner Sozialisation und auf die Pflege der innerfamiliären Intim- und Gefühlsbeziehungen beschränke. Darin könne man eine Entlastung der partnerschaftlichen Ehe sehen, aber auch eine Gefährdung der Stabilität der Familie als Institution.

Natürlich leben wir in einer Zeit des Wandels. Das taten wir schon immer. Man sieht auf die Statistiken und die Haushaltsstrukturen und stellt fest: Ein- und Zwei-Personenhaushalte machen mehr als 60 Prozent aller Haushalte aus, vor hundert Jahren waren es gerade mal 20 Prozent. Die Sozialdemokraten ziehen aus diesen Verhältnissen die Konsequenz und definieren Familie offiziell so: „Familie ist da, wo Kinder sind." Inoffiziell allerdings heißt es bei manchen Sozialdemokraten und übrigens auch bei der FDP: Familie ist da, wo ein Kühlschrank steht. Zur Rettung des familienpolitischen Lendenschurzes der SPD sei jedoch darauf hingewiesen, daß man nicht mehr von „Frauen und das ganze Gedöns" redet. So hatte der rotgrüne Kanzler Schröder zu Beginn seiner Amtszeit über das Ministerium für „Familie, Senioren, Frauen und Jugend" gelästert. Noch unter ihm ist aus dem „Gedöns" das „Kernelement der Zivilgesellschaft" geworden. Die Familie stehe im Zentrum „aller Restrukturationsbemühungen der Sozialsysteme", sie sei die letzte Zufluchtsstätte des Menschen. Aber nach den Lobeshymnen kommen die Nachrufe auf die sogenannte „traditionelle Familie", auf die „überholte Rolle der Mutter und Hausfrau". Was Familie für die SPD eigentlich ist, bleibt also offen. Handlungsbedarf sieht die SPD und sieht der große Troß der Familienpolitiker bei der Betreuung.

Daß dieses Denken der Familie als Institution nicht gerecht wird, versteht sich für jeden, der in Familie lebt. Für die anderen eben nicht. Deren Lebenswelt ist das Büro, die Werkstatt, das Atelier, der Hörsaal, die Disco, das Podium, der Platz vor der Kamera. Sie kennen Familie vielleicht noch als Erinnerung ihrer Kindheit, und diese Erinnerung ist offenbar nicht so gegenwartsmächtig, daß man selber Familie gründen möchte. Die Selbstverständlichkeit namens Familie ist verlorengegangen, fast die Hälfte aller Deutschen will mittlerweile keine Kinder. Was zählt ist die Arbeitswelt, sie hat die

Familie weitgehend ersetzt. Norbert Bolz schreibt: „So steht das Verhältnis von Arbeit und Familie heute auf dem Kopf. Im Büro fühlt man sich zu Hause. Die Arbeit wird gesellig (…) Da es nun in einem von Zeitknappheit geprägten Familienleben immer entschiedener um effizientes Management geht, könnte man von einer Maskulinisierung des Zuhause sprechen – während wir gleichzeitig eine fortschreitende Feminisierung des Arbeitsplatzes beobachten können, an dem nun Vertrauen, Teamgeist und Kommunikation großgeschrieben werden". Man muß der Zuspitzung in Bolz' These nicht vollends zustimmen. Richtig an ihr ist, daß die Selbstverständlichkeit von Familie verlorenzugehen droht – nicht unbedingt zugunsten der Arbeitswelt, auch die Welt der Freizeitindustrie steht als Lebensformerin mit immer neuen Angeboten bereit.

Die Selbstverständlichkeit der Familie war auch eine Falle, wie der österreichische Familienforscher Helmut Schatovits in den 90er Jahren auf einem Kongreß in Frankfurt bemerkte. Familie galt als reine Privatsache – in dieser Falle saßen viele führende Politiker, zum Beispiel Konrad Adenauer, Helmut Kohl, Helmut Schmidt und die meisten Mitglieder ihrer jeweiligen Kabinette. Der berühmte Satz, den Adenauer gesagt haben soll („Kinder kriegen die Leute immer") und durchaus gesagt haben könnte, auch wenn er nirgends protokolliert wurde, steht symbolisch für dieses Bewußtsein von der Selbstverständlichkeit der Familie. Diese Generation lebte in Familie, für sie war Familie immer und würde auch immer sein. Und sie lebten gut. Deshalb spürten sie auch nicht die Notwendigkeit des Handelns, als die Strukturfehler der Umlagesysteme begannen, Hand in Hand mit dem um sich greifenden Individualismus, die Familie in Bedrängnis zu bringen und so erheblich, um nicht zu sagen entscheidend, zum Wandel der sozialen Strukturen beitrugen. Aber auch die Nachfolger dieser Politikergeneration saß in der Falle der Selbstverständlichkeit, denn für sie blieb Familie Privatsache. Man brauchte sich folglich nicht um sie zu kümmern, allenfalls hier und da an einer Sozialschraube zu drehen, um die Geburtenquote nicht allzu sehr abstürzen zu lassen oder die Sozialsysteme nicht allzu sehr zu belasten. Der Nutzen der Erziehung wurde vergesellschaftet, die Kosten der Erziehung blieben Privatsache. Ein fundamentaler Denkfehler. Auch das Nachdenken in der Politik über Familie blieb Privatsache, fand also nicht statt. Es blieb bei Lippenbekenntnissen in Sonntagsreden. Und alle hörten nickend zu. Der Verrat an der Familie begann geräuschlos, unbemerkt. Er war systemimmanent.

Das Erbe des Adam Smith – ein struktureller Denkfehler

Das hat eine Geschichte, die weiter zurückreicht als die 68er-Revolte, weiter ausgreift auch als die in den 12 Jahren Diktatur gebrochene Identität der Herkunft, weiter auch als die ideengeschichtlichen Strömungen des Individualismus oder des Materialismus, der immerhin das Wirtschaftswunder beflügelte. Die Familienvergessenheit beginnt mit der Nationalökonomie. Sie hat in den Industrieländern ein System geschaffen, in dem nur die Arbeit als Teil der unmittelbaren Produktion Geltung besitzt. Kinder sind in diesem System nur Kostenfaktoren, so daß diejenigen am meisten von Kindern profitieren, die selber keine haben. Das gilt in fiskalischer und, ganz allgemein, in sozio-ökonomischer Hinsicht. Ob diese Menschen auch glücklicher sind, ist nicht das Thema. Wohl aber ist es ein Zukunftsthema, ob wir diesen Zustand für alle als schicksalhaft akzeptieren oder ob wir das Schicksal des Gemeinwohls selber in die Hand nehmen und das Denken ändern wollen. Es ist noch wahr, wenn der Ökonom und Nobelpreisträger Paul Samuelson sagt: „Kinder zu haben ist rein wirtschaftlich gesehen unrentabel und unsinnig", und es ist auch wahr, wenn rund 150 Jahre vor ihm der deutsche Nationalökonom Friedrich List bemerkt: „Wer Schweine erzieht, ist ein produktives, wer Menschen erzieht ein unproduktives Mitglied der Gesellschaft." Kinder passen nicht in das Denken der gegenwärtigen Arbeits- und Wirtschaftswelt.

Dieses Faktum ist sozusagen strukturell und deshalb auch für das Denken heute noch so selbstverständlich. Die Ursache liegt in den Anfängen der Nationalökonomie. Diese hat seit Adam Smith die Familie und die Familienarbeit in ihren Berechnungen nicht berücksichtigt. Sie hat sie ins Private abgedrängt. Die „unsichtbare Hand" galt nur dem Markt, die Arbeit der unsichtbaren Hände der Frauen und Mütter galten nicht. Verständlich, denn die Frauen spielten im Großbritannien des 18. Jahrhunderts nur eine untergeordnete Rolle, im Bereich der Wirtschaft noch nicht einmal das. Unterricht für Mädchen und Frauen war meist auf häusliche Fähigkeiten beschränkt, der Besuch einer Universität gar verboten.

Die Bevormundung und Benachteiligung der Frauen führte in der patriarchalischen Gesellschaft des 18. Jahrhunderts zu einer strikten Trennung des häuslichen und privaten Bereichs, in dem die „züchtige Hausfrau" waltete, und des öffentlichen, mithin auch wirtschaftlichen Bereichs, in dem der Mann das Glück erjagte. Frauen und ihre Arbeit waren nur insofern relevant, als diese Arbeit sich im öffentlichen Bereich, in der Manufaktur oder im Verkauf abspielte. Und selbst da finden sie bei Adam Smith kaum Erwähnung, obwohl Frauen- und Kinderarbeit in manchen Wirtschaftszweigen aus purer Not weit verbreitet war. Selbst als er anhand seines berühmten Beispiels von der Stecknadel-Produktion die Arbeitsteilung beschreibt, geht er nicht auf den Anteil der Frauen ein, obwohl gerade der bei dieser Produktion erheblich war. Frauen zählten nicht. Erst recht nicht ihre häusliche Arbeit. Familienarbeit fand im Werk des Vaters der Nationalökonomie schlicht nicht statt, der „Wohlstand der Nationen" kam ohne sie aus. Daran hat sich bis heute kaum etwas geändert. Erst in den letzten Jahren wird Familienarbeit zum Gegenstand nationalökonomischer Forschung, wobei sich das ifo-Wirtschaftsforschungsinstitut in München besondere Meriten erwirbt. Das könnte ein Grund für den bemerkenswerten Umstand sein, daß die Kanzlerin und ihre Familienministerin seit der Regierungsübernahme scheinbar systematisch die Ergebnisse des ifo verdrängen und sich auf Berater stützen, die schon in der rotgrünen Ära im Kanzleramt und im Familienministerium ein und aus gingen.

Die Folgen der Vernachlässigung der Frauen-und/oder Familienarbeit wirken fort bis heute. Familienarbeit, das heißt konkret die Arbeit von Frauen und Müttern, wird zu zwei Dritteln nicht bezahlt, während die Arbeit der Männer zu drei Vierteln bezahlt wird. Eine Studie der UNO aus dem Jahr 1995 rechnet vor: „Von der Gesamtarbeitslast tragen Frauen mehr als die Hälfte. Von der gesamten Arbeitszeit der Männer entfallen drei Viertel auf bezahlte, auf dem Arbeitsmarkt geleistete Tätigkeiten, während nur ein Drittel der Arbeitszeit von Frauen für bezahlte Aktivitäten aufgewandt wird. Somit erhalten Männer den Löwenanteil an Einkommen und Anerkennung für ihren ökonomischen Beitrag, während der größte Teil der Frauenarbeit unbezahlt, nicht anerkannt und unterbewertet bleibt." Das gilt auch heute. Mitte Juli 2007 legte EU-Sozialkommissar Vladimir Spidla in Brüssel ein Studie vor, wonach Frauen in der EU für vergleichbare Arbeiten im Schnitt 15 Prozent weniger verdienen als Männer. In Deutschland liegt das Gefälle bei 22 Prozent, in Großbritannien bei 20, in Frankreich bei 12 Prozent. Der Hauptgrund für die Gehaltsunterschiede sei, daß Mütter immer noch benachteiligt würden. Junge Frauen ohne Kinder würden meist nicht schlechter bezahlt als ihre männlichen Kollegen. In der Altersgruppe unter 30 Jahren betrage der Unterschied rund sieben Prozent, in der Gruppe

30 bis 39 Jahre betrage er dreimal so viel. Wenn Frauen ein, zwei Jahre aussetzten, um ein Kind zu betreuen, wirke sich das im gesamten Arbeitsleben negativ auf den Lohn aus.

Ist die Arbeit von Frauen weniger wert oder liegt hier ein Fall kollektiver Diskriminierung vor? Es gibt eine Karikatur, auf der eine ältere Dame mit dem Antrag auf Rente in der Hand einem leer und gelangweilt an ihr vorbeischauendem Beamten/Angestellten mit Ärmelschoner sagt: „Erst hab ich meine vier Kinder großgezogen, dann die drei Enkel, dann hab ich mich um Obdachlose und Arme gekümmert und schließlich meinen alten Vater bis zuletzt gepflegt." Die Antwort des Beamten: „Sie haben also nicht gearbeitet." Die Karikatur ist treffend. Sie illustriert unser Sozialsystem und veranschaulicht die Diskriminierung des Menschlichen in unserer wirtschafts-und lohnabhängigen Gesellschaft. Diese Diskriminierung ist unmenschlich, sie verneint die Identität der Mütter, sie verneint die Identität des Humanum, sie verweigert die Anerkennung einer Leistung, ohne die die Gesellschaft nicht leben kann. Die Mütter sind es vor allem, die die Voraussetzungen schaffen, von der der Staat lebt und die er selber nicht schaffen kann. Sie vor allem sind es, die das Humanvermögen bilden. Mehr als die Hälfte der Bruttowertschöpfung wird in Deutschland unbezahlt erbracht – in Privathaushalten, in, wie Norbert Bolz das nennt, „der Welt der Sorge". Diese Welt zählt nicht, weil kein Geld fließt. „Weder für die Wirtschaft noch für den Sozialstaat ist Elternschaft ein relevanter Faktor. Sozialstaatliche Leistungen kann man aufgrund von Erwerbsarbeit beanspruchen – nicht aber aufgrund von Erziehungsleistungen. Erwerbsarbeit ist der gesellschaftliche Attraktor, der alles andere strukturiert." Aber selbst bei diesem „Attraktor" werden Frauen benachteiligt. Für eine Frauenministerin in Deutschland, die stolz ist auf ihre feministische Politik, ist das kein Ruhmesblatt. Kann es sein, daß ihr Feminismus nur bestimmten Frauen gilt?

Hier ist auf jeden Fall ein zweiter fundamentaler Denkfehler der Politik anzuzeigen: Arbeit ist nicht gleich Arbeit. Oder: Manche gesellschaftlich bedeutsame Arbeit wird anerkannt, manch andere, ebenso bedeutsame dagegen nicht. Logisch ist das nicht. Wenn man davon ausgeht, daß die Familienarbeit ökonomische Arbeit ist, also gesellschaftlich relevant oder sogar unverzichtbar ist, wie man vorzugsweise am Sonntag aus Politikermund reden hört, dann müßte man sie auch zur Berechnung des Bruttosozialprodukts heranziehen. Das geschieht nicht, wie wir wissen, und das ist einer der Gründe, weshalb sie trotz ihrer Unverzichtbarkeit nicht geachtet wird, denn in unserer ökonomisierten Gesellschaft zählt nur, was Geldwert hat. Man kann fast überall in Europa Leistungen der Haus- und Familienarbeit auf dem Markt einkaufen, aber wenn die Hausfrau diese Leistung verrichtet, ist sie gratis und wird als selbstverständlich genommen, obwohl sie meistens noch mit höherem Selbstanspruch und mit mehr Qualität verrichtet wird als die eingekaufte Leistung. Hier haben wir es nicht nur mit einer unterschiedlichen Bewertung, sozusagen mit einer Meinungsfrage zu tun, sondern schlicht mit Unrecht.

Jede Arbeit produziert auch einen Mehrwert. Bei der Erziehungs- und Familienarbeit ist das Teil des Humanvermögens, und dieses Humanvermögen wird von anderen abgeschöpft, denn die erzogenen Kinder sind steuer- und sozialabgabenpflichtige Bürger, denen vom Lohn diese Abgaben direkt einbehalten werden, und von diesen Abgaben werden dann die Renten der Kinderlosen bezahlt. Der leider zu früh gestorbene Richter beim Bayerischen Verfassungsgericht, Dieter Suhr, drückte es schon 1989 so aus, und seine Analyse hat an Aktualität nichts verloren, im Gegenteil, die Lage hat sich für Familien noch verschärft. Suhr schrieb: „Die Familie wird gesetzlich gezwungen, auf Privatkosten positive externe Effekte bei Kinderlosen zu produzieren. Die kapitalistische Struktur unserer sozio-ökonomischen Welt selbst ist familien- und kinderfeindlich: Kinder kosten ihre Eltern Gegenwartsgeld. Wer sein Gegenwartseinkommen für Kinder ausgibt, ist nicht nur sein Geld los. Außerdem wird er durch entgangene Erträge benachteiligt. Wer gar Geld für die Ausbildung aufnimmt (zum Beispiel für die neu eingeführten Studiengebühren, Anm. des Verf.), wird mit Zinsen bestraft. Der Kinderlose dagegen erwirbt dank Zins und Zinseszins mit verhältnismäßig wenig Gegenwartsgeld unverhältnismäßig viel Zukunftsgeld. Und Zukunftsgeld, das sind Ansprüche an die Kinder!"

Man sieht: Das Unrecht gebiert noch größeres Unrecht. Manchen fällt es schon auf, in der Politik leider fast nur in nicht-öffentlichen Gesprächszirkeln. Das ifo-Wirtschaftsforschungsinstitut in München spricht in diesem Zusammenhang von der Kinderstrafsteuer, Suhr sprach von einer Einkommensstrafsteuer für die Kinderaufbringung. Es handelt sich de facto um eine schleichende Enteignung der Eltern, weil sie verfassungswidrig Steuern auf ein Einkommen entrichten, über das sie gar nicht verfügen können. Das ifo hat im Jahr 2004 den Betrag ausgerechnet, den Eltern verfassungswidrig in den Jahren 1990 bis 2002 an Steuern gezahlt haben: 44 Milliarden Euro! Hinzu kommen noch die enteigneten Arbeitsstunden für die Mütter, ein gigantischer Betrag. Sie, die Mutter, die – so der Jurist Suhr 1989 – „gemäß Artikel 6 Absatz 4 GG besonders geschützt sein soll, ist die am meisten Transferausgebeutete von allen. Mir ist kein Verstoß gegen das Grundgesetz bekannt geworden, der so evident und so weitreichend ist wie dieser."

Wir sollten endlich aufhören, Leistungen deshalb nicht anzuerkennen, nur weil sie mit Emotionen, also urpersönlichem Engagement zusammenhängen, wir sollten aufhören mit solchen masochistischen Sprüchen wie „ich lasse mir meine Liebe nicht bezahlen" oder „Mutterliebe ist unbezahlbar". Darüber freuen sich nur die Hedonisten und bewußt Kinderlosen, denn sie profitieren von dem System, sie sind die Nutznießer der Transferausbeutung. Denn hier handelt es sich um eine bedeutsame, ja unverzichtbare Arbeit für die Gesellschaft, für die Allgemeinheit, für das Gemeinwohl, und da ist es nicht nur eine Frage der Bewertung, sondern der Gerechtigkeit, genauer: der Leistungsungerechtigkeit. Sicher, die Liebe ist langmütig, sie trägt das Böse nicht nach, sie kennt keine Erbitterung. Alles erträgt sie, alles duldet sie. Aber im ersten Korintherbrief 13 steht auch: „Am Unrecht hat sie kein Gefallen." Der Unterschied ist einfach: Das Ertragen und Erdulden gilt für die persönlichen Fehler von Menschen. Ihnen kann und sollte man vergeben. Es gilt nicht für Strukturfehler der Gesellschaft. Hier stehen wir in der Pflicht, gegenzuhalten, den Akt der Gerechtigkeit zu vollziehen, und das ist, wie die Klassiker sagen, die restitutio, die Wiederherstellung eines ursprünglich richtigen Zustandes. Die Arbeit der Mütter muß um der Gerechtigkeit und um der Gesundheit des Gemeinwesens willen endlich Anerkennung finden. Das wäre das Ziel der restitutio. Wie, darüber kann man diskutieren. Über das Was nicht mehr, denn Denkfehler setzen sich fort und wuchern weiter wie ein Krebsgeschwür in der Gesellschaft.

Die Entwicklung der modernen Gesellschaft zu diesem Unrechtszustand geht über Adam Smith und seine Epigonen hinaus. Sofern sie die Familienstruktur betrifft, setzt sie mit der ersten industriellen Revolution und der damit verbundenen Arbeitsteilung massiv, eben industriell ein und hat in den letzten zwei Jahrhunderten ganz allgemein eine negative Wirkung auf den ersten Lebensraum der Person, auf die Familie ausgeübt. Der Prozeß hat zunächst den Arbeitsplatz und oft auch den Arbeitsort von der Familie entfernt, ja entfremdet und dann die Familienfunktionen reduziert auf die Befriedigung der emotionalen Bedürfnisse. Der Staat übernahm die Funktionen sozialer Absicherung, zum Beispiel der Altersvorsorge – Bismarck schuf die Rente –, oder der Krankenfürsorge und Pflege – die ersten Krankenkassen waren Betriebskassen in England. Dieser sozio-familiäre Strukturwandel traf die großen Staaten Frankreich, England und Deutschland mehr oder weniger gleichermaßen. Er hatte und hat Auswirkungen auf die persönlichen Beziehungsstrukturen. Eine Folge ist ein Bedeutungsverlust von Ehe und Familie als grundlegende Institution des Zusammenlebens. Die Soziologen sprechen von der „Pluralisierung privater Lebensformen" (Kaufmann) und dem „Monopolverlust der Familie" (Bertram).

Die Familie hat also seit der Industrialisierung und der entstehenden Sozialgesetzgebung viele Funktionen an den Staat abgegeben und sich zunehmend auf die Pflege der innerfamiliären Intim- und Gefühlsbeziehungen beschränkt. Das ist die Kernkompetenz der Familie heute. Sie, die Pflege und die Stabilität der emotionalen Befindlichkeit, ist auch die erste Quelle des Humanvermögens. Diese Funktion ist nicht zu ersetzen. Dennoch zieht die Politik in fast allen Staaten Europas, besonders in Mittel-und Nordeuropa, aus dieser Entwicklung die fatale Konsequenz (es ist die Konsequenz aus den Denkfehlern), der klassischen Familienform nicht mehr den Vorzug zu geben, jedenfalls in der Praxis, in der Verfassung ist das noch anders. Dadurch wird die Arbeit der Familie und sie selbst entwertet. Es ist der Verrat in Form der Zersetzung.

Das Unrecht wird zum Teil in der Familie aufgefangen. Wenn aber die Familie geschwächt wird – weil die „totalitäre Arbeitswelt", von der schon Ernst Jünger sprach, keine oder wenig Rücksicht nimmt auf die Bedürfnisse der Familie –, dann wird weniger Familienarbeit geleistet und damit weniger Humanvermögen gebildet. Denn das ist die Hauptleistung der Familien, nicht nur das Putzen, Kochen und Bügeln. Diese Leistung ist unauflöslich mit der Kernkompetenz verbunden (siehe Kapitel V). Festzuhalten ist an dieser Stelle nur: Wir haben es beim Themenkreis Arbeit, Familie und Geld nicht nur mit Maßnahmen zu tun, um die berühmte work-life-balance herzustellen, sondern mit einem grundsätzlichen Problem vor allem unserer Industriegesellschaften in Europa, nämlich dem zunehmenden Mangel an Humanvermögen, quantitativ sichtbar geworden im demographischen Niedergang, verursacht durch fundamentales Unrecht. Der Vorrang der Erwerbsarbeit bei der work-life-balance spiegelt nur eine Seite, die politisch anerkannte, sozusagen politisch korrekte Seite der Industrie- und Arbeitsgesellschaft wider. Die andere Seite der Münze, auf der sozusagen der Wert dieser Gesellschaft eingeprägt ist, heißt Humanvermögen, und das hat mit der Stabilität der Familie, mit ihrem Zusammenhalt, mit ihrem Wertegerüst zu tun. Diese Seite wird wegen der vorangegangenen Denkfehler oft vergessen, hier setzt das Denken aus.

Diese Doppelgesichtigkeit der Gesellschaft ist allen Staaten in Europa gemeinsam, aber die Ausformungen sind verschieden, und zwar so verschieden wie die Regierungssysteme und Mentalitäten der Völker in Europa. Da Familienpolitik sich als Querschnittsaufgabe durch alle Politikfelder zieht und keineswegs nur ein Teil der Sozialpolitik ist – man kann es nicht oft genug wiederholen: Familienpolitik ist vor allem eine Frage der Leistungsgerechtigkeit, nicht der Almosen oder Wohltaten von Vater Staat für seine Kinder –, muß die work-life-balance aus dem jeweiligen System erwachsen, müssen die Maßnahmen zur Herstellung der Gerechtigkeit in dem jeweiligen Steuer- und Sozialsystem gefunden werden. Und deshalb kann es auch kein Allheilmittel geben, sondern nur hier und da Beispiele, wie einzelne Staaten und Völker in Europa versuchen, Gerechtigkeit zu organisieren oder Bedürfnisse zu befriedigen, Beispiele, die man cum grano salis in das eigene System integrieren könnte.

Beständigkeit und Wandel in den Sozialstrukturen

Allerdings sind in den Industrienationen bei aller Verschiedenartigkeit auch Gemeinsamkeiten zu beobachten. Da ist zum Beispiel die Ich-Gesellschaft – ein soziologischer Begriff. Sie ist in allen Ländern Europas eine dominierende Größe. Ihr Merkmal ist die Unverbindlichkeit des einzelnen. Überall boomt der Single-Markt, klettern die Wachstumskurven von Tiefkühlprodukten stetig nach oben, steigen die Scheidungszahlen oder stagnieren auf hohem Niveau, nimmt die Zahl der außerehelichen Kinder rasant zu. Mittlerweile wird in Frankreich fast jedes zweite Kind außerhalb einer Ehe geboren. Im sogenannten Musterland Schweden sind es 55 Prozent, und im Osten Deutschlands sind es rund 45 Prozent der Kinder, im Westen etwa 15 Prozent.

Es wäre aber verfehlt zu glauben, daß etwa die steigenden Scheidungszahlen zu einer Entwertung von Ehe und Familie führten.

Im Gegenteil. Sie machen den Schritt zur Ehe nur noch bewußter. Hinzu kommt der Abbau sozialstaatlicher Sicherungssysteme, der den Wert von Familie als privates Sicherungssystem steigert. Sicher, die erhöhte Scheidungshäufigkeit führt auch zur Verbreitung vorfamilialer Lebensformen und verzögert die Familiengründung. Ein Grund ist die Angst vor einer definitiven Bindung und einer möglicherweise lebensprägenden Enttäuschung. Die Scheidungszahlen verunsichern. Sie machen den totalen Einsatz der Liebe, das Risiko der Hingabe bewußter. Aber auch das ist eine Chance. Nicht die Ehe ist zu *proben,* sondern der künftige Partner ist auf seine Beziehungsfähigkeit, das heißt auf seine Wertmaßstäbe und Lebenspläne hin zu *prüfen,* um zu sehen, ob das gemeinsame Unternehmen Ehe und Familie gelingen kann. Hier liegt der Gedankenfehler der hastigen Moderne: Statt die Voraussetzungen für die Ehe zu prüfen, wird vielfach die Ehe als Institution in Frage gestellt.

Sicher: Mehr als 90 Prozent aller verheirateten Paare haben bereits vor der Hochzeit zusammengelebt, und die Zahl der ohne Trauschein lebenden Paare steigt kontinuierlich. Vor zwanzig Jahren waren es in Deutschland 5,8 Prozent aller Paare, heute sind es knapp doppelt so viel. Aber Vorsicht! Hieraus läßt sich kein Ende der Familie oder der Ehe ableiten, wie etliche Medien das eilfertig tun. Der Mikrozensus in Deutschland sagt: Neun von zehn Paaren, genauer 88 Prozent, leben in ehelicher Gemeinschaft. Nicht alle in erster Ehe und nicht alle mit Kind, aber drei von vier Kindern leben in diesen Familien. Der Anstieg der nichtehelichen Partnerschaften verläuft also recht langsam. Das gilt auch für Frankreich, auch dort steigen die Zahlen der nichtehelichen Partnerschaften langsamer als früher, signifikant war der Anstieg – übrigens wie in Deutschland – in den 70er und 80er Jahren des vergangenen Jahrhunderts vor allem bei jüngeren Paaren.

2005 waren mehr als drei Viertel der in Westdeutschland lebenden Familien Ehepaare mit Kindern (76 Prozent); alleinerziehende Mütter oder Väter machten etwa ein Fünftel der Familien aus (19 Prozent). Was fehlt, sind die kinderreichen Familien, also mit mehr als drei Kindern. Das ist in Frankreich noch anders. So viele Familien mit drei und mehr Kindern findet man in Europa sonst nur noch in Irland. Aber auch hier Vorsicht. Die Geschwisterkonstellationen haben sich in Deutschland in den letzten 15 Jahren kaum verändert. 1991 war jedes vierte Kind ein Einzelkind, heute auch. Und fast jedes zweite (48,5 Prozent) hat einen Bruder oder eine Schwester, heute ähnlich (47,4 Prozent), und damals waren die Geschwister in 18,3 Prozent der Familien mit Kindern zu dritt (heute 19,3 Prozent). Vier und mehr Kinder gab es 1991 in 8,2 Prozent der Haushalte mit Kindern, heute liegt diese Quote bei 7,9 Prozent. Die Zahl der Kinder insgesamt ist gesunken, die Geschwisterkonstellationen blieben konstant, gestiegen ist dagegen die Zahl der lebenslang Kinderlosen.

Auch die sogenannte „Partnerfluktuation" und die wachsende Zahl von Singles oder Ein-Personen-Haushalten besonders in den größeren Städten (bisweilen mehr als die Hälfte; insgesamt sind es von den rund 39 Millionen Haushalten in Deutschland fast zwei Fünftel) sind Zeichen dieser Ich-Gesellschaft mit dem herausragenden Merkmal des Egozentrismus, der Ich-Bezogenheit ihrer einzelnen Mitglieder. Aber auch hier Vorsicht! Viele Ein-Personen-Haushalte bestehen aus Menschen, die keinen geeigneten Partner finden, oder Witwen bzw. Witwern – oft Menschen, die ihre Verwandten besuchen und unterstützen. Das sind auch Familienmenschen. Ohne die Transferleistungen (Unterstützung mit Zeit und auch mit Geld der Alten zu den Jungen, nach Angaben des Deutschen Zentrums fürs Altersfragen etwa 22 Milliarden Euro jährlich) stünde es um die Familie in Deutschland noch schlechter.

Natürlich wäre hier auch die sogenannte Patchwork-Familie zu erwähnen, in Deutschland etwa 700.000, und die Alleinerziehenden oder andere Familienformen. Der Autor Joachim Bessing, selber Vater und Stiefvater, sieht in seinem Buch „Rettet die Familie!" die Chance der Patchwork-Familie darin, „sich als traditionelle Kernfamilie zu begreifen, sich also gleichsam selbst als Lebensform außer Kraft zu setzen – und damit Standards für die Zukunft ihrer Kinder und deren Familien zu setzen". Zurück zur traditionellen Kernfamilie mit ihrem Familiensinn und ihrem Gemeinsinn, zurück zu den Genen und ihrer natürlichen Solidarität. Er stützt sich bei diesem Plädoyer auf eigene Erfahrungen und spricht von der „Als-ob-Kernfamilie". Das zeigt, wie übrigens die Literatur aller Völker, siehe etwa die griechischen Dramen, daß familiäre Bindungen und Beziehungen nicht beliebig austauschbar oder folgenlos zu zerstören sind. Gerade dieses Plädoyer macht das Paradoxon moderner Gesellschaften mit ihrem sozialen Strukturwandel deutlich. Schon Ralf Dahrendorf sprach in den 90er Jahren vom Doppelgesicht der Moderne, der Zürcher Soziologe François Höpflinger von der Koexistenz traditioneller und moderner Lebens- und Familienformen als Hauptmerkmal der aktuellen Situation der Familien in Europa. Festzuhalten ist:

Der sozio-ökonomische Wandel hat in allen europäischen Ländern analoge familiale Veränderungen ausgelöst, aber stärker als in anderen sozialen Bereichen ist das familiale Leben durch die Gleichzeitigkeit von Wandel und Kontinuität charakterisiert.

Die sozio-ökonomische Lage läßt sich in vier Punkten resümieren:

Unsere Gesellschaften sind individualistisch, die Milieus haben sich aufgelöst, es dominiert das hedonistische Ich-Prinzip.

Gesellschaftlich haben wir es gleichzeitig mit der Koexistenz von traditionellen und postmodernen Familienformen zu tun.

Der Wunsch nach Familie, nach Verläßlichkeit und Treue, ist ungebrochen. Die Familie ist Schutzraum der Intimität vor dem Wandel der Kultur und der sozialen Strukturen.

Die Familie hat die Aufgaben der wirtschaftlichen Erhaltung, der Daseinsvorsorge bei Krankheit, Invalidität, Alter usw. verloren oder an den Staat abgegeben und beschränkt sich zunehmend auf die Funktionen der Zeugung des Nachwuchses, seiner Sozialisation und auf die Pflege der innerfamiliären Intimbeziehungen und Emotionen. Die Pflege der Gefühlsbeziehungen ist heute die Hauptfunktion.

Dies ist nicht der Ort für eine umfassende Sozialanalyse. Aber das knapp skizzierte gesellschaftliche Paradoxon beobachten wir alle. Es lebt auch im einzelnen selbst und ist auch Gegenstand statistischer Erhebungen. Zum Beispiel kontrastiert der Wunsch, die Gesellschaft möge künftig mehr Wert auf Familienleben legen (zum Beispiel in Deutschland 91 Prozent aller Befragten, in Frankreich 89, in Großbritannien 88), mit den Einschätzungen, die Gesellschaft in Deutschland werde egoistischer, kälter (71 Prozent), Geld werde wichtiger, die Menschen materialistischer (68 Prozent); die Familie werde an Bedeutung zunehmen, glauben nur 17 Prozent, und sogar nur 6 Prozent nehmen an, daß es künftig mehr Solidarität, mehr Zusammenhalt gebe (siehe Elisabeth Noelle-Neumann und Renate Köcher, Allensbacher Jahrbuch der Demoskopie 1998–2002, Band 11).

Das stabilisierende Element: die menschliche Beziehung

Das sind Daten und Zahlen. Sie sind gewiß auch mit anderen Akzenten interpretierbar. Wichtiger für die soziale Statik ist die Fähigkeit des Menschen, sein Glück in der Gemeinsamkeit zu suchen, sich zu binden, Beziehungen zu pflegen. Soziale Kompetenz nennen das die Experten trocken, und es ist doch sehr viel mehr. Es geht hier schlicht um die Menschlichkeit, und um die Rivalität Markt versus Mensch.

Denn auch das ist zu beobachten: Noch nie hatte die Massengesellschaft so viele Möglichkeiten der Selbsterkenntnis und der unterschiedlichen Lebensentwürfe, und noch nie konnten so unübersehbare Menschenmassen gleichzeitig und global einem Ereignis beiwohnen wie zum Beispiel dem Abschied von Johannes Paul II. und der Wahl seines Nachfolgers oder auch der Fußballweltmeisterschaft in Deutschland. Und dennoch ist der Massenmensch noch nie so allein gewesen, vor allem in den Lichtschatten der glamourösen Millionenmetropolen dieser Welt. Einsamkeit wird zum Schicksal für viele, vor allem ältere Menschen. Auch das gehört zum Preis der Ich-Gesellschaft. Noch nicht ganz verdrängt sind die Bilder des Sommers 2003, als tausende alte Menschen in Frankreich regelrecht austrockneten oder durch Hitzschlag starben. Sie waren allein und alleingelassen. Nie waren die Möglichkeiten des Konsums in den Industriegesellschaften größer, üppiger und überfließender. Und dennoch fehlt der Konsumgesellschaft oft eine entscheidende Option: die Menschlichkeit. Solidarität, Verständnis, Mitgefühl, Empathie und Gemeinsinn – all das ist Mangelware. Die wahre Welt des Menschen hat wenig zu tun mit seiner Warenwelt. Vielfach wird der Mensch selbst zum Konsumartikel.

Dagegen steht die Familie. Sie ist der Schutzraum der Intimität vor dem Wandel der Kultur und der sozialen Strukturen. Das ist doch nur eine Frage der Wertevermittlung, hört man da sagen. Und könne Wertevermittlung nicht auch in der Arbeitswelt oder der größeren Solidargemeinschaft namens Gesellschaft geschehen? Und können nicht auch professionelle Erzieher den Kindern Solidarität beibringen? Nein. Denn die Gesellschaft ist im Vergleich zur Familie ein Kollektiv ohne Gesichter, ohne Namen. Die Familie dagegen sieht die Person, hier wird die Konstante der persönlichen Beziehung lebendig, die Werte sichtbar macht und zeigt, wofür und für wen man sie lebt. Gesellschaft ist namenlose Sachgemeinschaft, sie erzeugt weder Liebe noch Solidarität, sie lebt aber von ihr. Dieser Unterschied ist wesentlich. Ein Beispiel: Als Sachgemeinschaft ist die Gesellschaft auch dem Wandel der Arbeitswelt unterworfen. „Vor 25 Jahren noch", schrieb der amerikanische Soziologe Fitzhugh Dodson schon Mitte der 70er Jahre, „bereiteten die Väter ihre Söhne auf ein Leben als Erwachsene vor, das dem ihren sehr ähnlich war. Unsere Kultur aber ändert sich mit solch einer Geschwindigkeit, daß dies nicht mehr möglich ist. Man weiß, daß von hundert Kindern, die heute auf einem Schulhof spielen, fünfzig Berufe ausüben werden, die heute noch gar nicht existieren. Die Väter können diese ihre Kinder also gar nicht auf ein Leben, wie sie es führen, vorbereiten. Der Wandel der Gesellschaft geht zu schnell voran." Konstant aber bleibt die persönliche Beziehung. Für sie zählt nicht, was der andere hat – Geld, Güter, Ideen –, sondern was er ist: Vater, Sohn, Mutter, Tochter, Freund – alles Menschen, Gesichter mit Namen. Für sie lebt man Solidarität.

Die Familie als Schutzraum der Intimität, der Menschlichkeit – das ist kein neuer anthropologischer Ansatz in der Familiendebatte. Der frühere Professor für Anthropologie, Papst Johannes Paul II., wies jahrzehntelang darauf hin. Im Frühjahr 2004 wiederholte er in einer spontan gehaltenen Ansprache in Rom: „Die Ehe und die Familie können nicht einfach als Produkt historischer Umstände angesehen werden oder als ein Überbau, der von außen der menschlichen Liebe aufgezwungen wird (…) Ganz im Gegenteil, sie (Familie und Ehe; Anm. des Verf.) stellen ein inneres Bedürfnis dieser Liebe dar, damit sie sich in ihrer Wahrheit und in der Fülle der gegenseitigen Hingabe erfüllen kann. Auch die Charakteristiken der ehelichen Gemeinschaft, die heute oft mißverstanden oder abgelehnt werden, wie die Einheit, die Unauflöslichkeit und die Offenheit für das Leben, sind notwendig, damit der Liebesbund authentisch sein kann."

Die Familie ist ein Raum der Geborgenheit, der Lebensraum der selbstlosen Liebe. Es geht nicht nur um das genetische Band. Hier kommen Aspekte und Verhaltensmuster ins Spiel, die sich schwer messen lassen. Es geht um das Angenommensein um der Person willen, ganz gleich, was sie hat oder leistet, wie sie aussieht oder was sie tut. Es gibt das menschliche Grundbedürfnis nach dieser selbstlosen Liebe. Liebe ist eine schöpferische Tat, eine Beziehungstat. Sie prägt und gestaltet das Verhältnis von Personen zueinander, sie schafft existentielle Nähe. Die dauerhafte Erfüllung dieses Naturbedürfnisses geschieht in der Familie. Es gibt keinen anderen Ort in der Gesellschaft, an dem eine so selbstlose und tätige Liebe möglich ist. Deshalb ist die Familie auch unverzichtbar für den Menschen und für die Gesellschaft.

Familie führt zur wahren Freundschaft. Auch dies ist ein Ergebnis selbstloser Liebe, man will das Gute für den anderen, bedingungslos. Es ist die Lebensform, die der Natur des Menschen entspricht, seinen Hoffnungen und Sehnsüchten, seinem Durst nach Liebe, seinem Hunger nach Anerkennung in der Gemeinschaft, seinem Bedürfnis nach Intimität, die Geborgenheit schenkt und Gefühl für existentielle Sicherheit. Aber wenn die Familie über Jahrzehnte hinweg vernachlässigt wird, dann greift Einsamkeit Platz. Davor rettet kein Geld. Die Pflegeversicherung ist keine Versicherung gegen Einsamkeit. Manchmal, zum Glück nur manchmal, sind Seniorenheime auch eine Form organisierter Einsamkeit. Auf den menschlichen Austausch, auf Verständnis und persönliche Kommunikation kommt es an. Das wächst in der Familie heran. Die Familie ist der Hort der selbstlosen Liebe. Familie ist eine Herzensangelegenheit, sie ist „die Beziehungsgrundlage" des Lebens, sie ist der Raum, in dem Liebe lebt. Mit ihrer Familienvergessenheit operieren manche Politiker am offenen Herzen der Gesellschaft, oft ohne es zu wissen. Es ist eine Politik ohne Zukunft.

Der Abschied von der Großfamilie
So viel Prozent der Frauen haben …

	… keine Kinder	… 1 Kind	… 2 Kinder	… 3 Kinder	… 4 und mehr Kinder	Kinder pro Frau
			Geburtsjahrgang 1945			
Deutschland	13	30	35	14	8	1,79
Italien	10	19	41	23	7	2,06
Frankreich	9	20	37	21	13	2,22
Schweden	12	17	45	20	7	1,96
Finnland	14	21	40	17	8	1,87
Irland	6	12	16	26	40	3,27
Großbritannien	10	13	43	22	12	2,17
USA	11	13	33	23	20	2,45
			Geburtsjahrgang 1960			
Deutschland	26	22	32	12	8	1,65
Italien	15	25	42	15	3	1,64
Frankreich	10	18	40	22	10	2,10
Schweden	14	15	36	21	9	2,04
Finnland	18	15	40	20	11	1,95
Irland	15	11	26	26	22	2,40
Großbritannien	19	12	39	20	10	1,96
USA	19	16	35	19	11	1,91

Jahrgangsgeburtenrate; Stand: 2001; Quelle: Eurostat

Meinungseliten und Meinungsdiktat – das medial-politische Establishment und die Familie

Schnellurteile aus dem Tal der Ahnungslosen – einige Beispiele

Als der bayerische Ministerpräsident Edmund Stoiber in der Krippendebatte Mitte Mai 2007 ein Junktim herstellte zwischen dem Recht auf einen Krippenplatz (was die Vervielfachung der Krippenplätze voraussetzt) und einem Ersatzgeld für Eltern, die ihr Kind selber erziehen und deshalb auf den Krippenplatz verzichten wollten, da ging ein Aufschrei des Entsetzens durch die Medien. Man wiederholte das von Grünen und SPD-Politikern in die Debatte geworfene Wort von der „Herdprämie" und schmähte den bayerischen Ministerpräsidenten, obwohl Stoiber mit diesem Junktim nur der Wahlfreiheit eine schmale Gasse eröffnete. Denn ohne das Junktim würde die „Wahlfreiheit" noch mehr Schlagseite bekommen und vollends zur Krippenoption. Dennoch schrieb die „Süddeutsche Zeitung" am 16. Mai 2007: „Nur um die konservativen Anhänger der Union zu befriedigen, wird eine Gerechtigkeitslücke erfunden, die es nicht gibt. Und es wird ein kostspieliger Bonus für Eltern in Aussicht gestellt, die keine Krippen nutzen wollen." Das ist eines jener Blitzurteile aus dem Tal der Ahnungslosen, wie man sie in den Medien beim Thema Familie häufig findet. Daß das Bundesverfassungsgericht diese Gerechtigkeitslücke in seinem Betreuungsurteil 1999 bereits konkret thematisiert und die Große Koalition genau diese Gerechtigkeitslücke noch erheblich erweitert hat, indem sie die wirtschaftliche Basis von Familien mit Kindern deutlich geschmälert hat, wird schlicht ignoriert.

Auch das „Handelsblatt" ignoriert am 16. Mai 2007 die tatsächliche Lage, redet von „familienpolitischem Unfug" und listet eine Reihe der gängigen Argumente gegen den Erziehungsbonus auf. Da heißt es: „Die Befürworter der Herdprämie verweisen darauf, daß es ein ähnliches Extrageld auch für Mütter in einigen skandinavischen Ländern gibt, die auf das dort bereits heute flächendeckend ausgebaute öffentliche Betreuungsangebot verzichten (…) Kurzum: Im 184 Mrd. Euro schweren deutschen Familienleistungsausgleich gibt es bereits heute weitaus mehr Vergünstigungen für Frauen, die ihre Kinder zu Hause erziehen, als für Mütter, die oft aus schierem Geldmangel nebenher arbeiten gehen müssen. Außerdem würde ein zusätzlich zum Kindergeld gezahltes Betreuungsgeld für Mütter, die zu Hause bleiben, völlig falsche Anreize setzen."

Im „Kölner Stadtanzeiger" (17. 5. 2007) war unter dem Titel „verantwortungsloser Unsinn" zu lesen: „Tatsache ist: Bisher werden nichtberufstätige Mütter über das Ehegattensplitting und die kostenlose Mitversicherung in der gesetzlichen Kranken- und Pflegeversicherung staatlich mit zig Milliarden jährlich gefördert, finanziert auch von berufstätigen Müttern (…) beendet der Krippenausbau wenigstens teilweise die Benachteiligung berufstätiger Mütter (…) Zahlreiche Studien zu Bildungsdefiziten, Verwahrlosung, Gesundheitsrisiken und späterer Erwerbslosigkeit belegen den engen Zusammenhang mit der sozialen Herkunft. Das Gebot der Stunde lautet, diesen Kindern in Krippen und Kitas Entwicklungschancen erst zu eröffnen. Eltern 150 Euro unter der Bedingung zu überweisen, daß ihre Kinder daheim bleiben, ist verantwortungsloser Unsinn".

Die „Frankfurter Rundschau" (18. 5. 2007) kommentierte diese Idee unter dem Titel „Konservative Kindereien" so: Nun sei „damit zu rechnen, daß der schönfärberisch Betreuungsgeld genannte Zuschlag für Kinder kommt, die daheim bleiben. Mit ihm wird der gesamte Reformansatz konterkariert (…) Wie vernagelt diese Eiferer sind, zeigt sich daran, daß sie für ihren Heimchenbonus riskieren, daß gerade weniger gebildete Eltern und Migranten das Geld nehmen und ihren Kindern die nötige Förderung vorenthalten."

Und „Der Tagesspiegel" (18. 5. 2007) sieht gar die „Unterschicht am Herd" und schreibt: „Wo man hinsieht, ob ins Steuerrecht oder in die Sozialversicherungen: Überall werden hierzulande Familien dafür belohnt, daß sie mit ihren Kindern zu Hause bleiben, statt sie vor der Arbeit bei einer Tagesmutter oder in der Kita abzugeben". Diese Idee sei „weder finanzierbar, noch unterstützt sie die Ziele moderner Familien- und vor allem Bildungspolitik."

Erstaunlich ist die Ignoranz der Journalisten. Es ist keineswegs bewiesen, ob Kitas und Kindergärten generell besser sind – die wenigen vorliegenden Untersuchungen legen eher das Gegenteil nahe. Die

Qualitätsdebatte hat, obwohl sie dringend nötig ist, in Deutschland noch gar nicht richtig begonnen. Auch die Argumentation zur Finanzierbarkeit strotzt von besserwisserischem Unwissen. Die angeblich üppige Förderung von Familien im Steuerrecht oder in den Sozialversicherungen ist ein Mythos, den das Bundesverfassungsgericht bereits wiederholt entzaubert hat, aber offenbar haben die Kontrolleure der öffentlichen Meinung die entsprechenden Urteile gar nicht gelesen. Sonst würden sie auch nicht so locker von der „Benachteiligung berufstätiger Mütter" schreiben. Auch sonst scheint der juristische Sachverstand beim Familienthema nicht besonders geschärft zu sein. Sonst wäre schon manch einer auf die Idee gekommen, daß es gegen den Gleichheitssatz verstößt, nur eine Form der Betreuung zu fördern und die andere nicht, obwohl letztere vom Grundgesetz als besonders förderungswürdiges und „zuvörderst den Eltern" zugesprochenes Recht anerkannt ist. Auch die wissenschaftlichen Ergebnisse der Hirn- und Bindungsforschung scheinen den journalistischen Experten und ihren politischen Mentoren fremd zu sein, sonst würden sie nicht so oberflächlich über Integration und soziale Kompetenz reden, die Kleinstkinder angeblich in Kitas und Kindergärten erführen. Und die Grenzen des für immerhin einige Millionen Familien Erträglichen, das heißt die Grenzen der Toleranz, überschreiten die unkontrollierten Kommentatoren, wenn sie den Eltern pauschal keinerlei Erziehungskompetenz zutrauen, in Vater Staat dagegen eine Kontrollinstanz sehen, in die man unbegrenztes Vertrauen setzen kann. Diese Obrigkeitshörigkeit hat Geschichte in Deutschland.

Ein eklatantes Beispiel dafür liefert „Der Spiegel" in Nummer 21/2007, S. 36 f. Dort wird mit der üblichen Unterstellungsmethode suggeriert, daß der Erziehungsbonus Kindern aus unteren Bildungsschichten schade und daß Stoiber ihn nur einführen wolle, um den eigenen Lebensentwurf zu verteidigen. Das Wort „Wahlfreiheit" kommt in dem Zwei-Seiten-Artikel nicht vor. In all diesen Artikeln wird „brutalstmöglich" eine Meinung vertreten: Eltern sind erziehungsunfähig und mißbrauchen das Geld; Sprachförderung oder soziale Kompetenz erfahren die Kinder nur im Kollektiv. „Der Spiegel" schreibt von einer „wachsenden Zahl von Eltern, die mit der Erziehungsarbeit völlig überfordert sind". Als Beleg wird der Sozialwissenschaftler Hurrelmann genannt. Der aber korrigiert seine frühere persönliche Einschätzung von 15 Prozent indirekt, indem er nun von „einem Prozent der Mütter und Väter" spricht, das „sozial aus dem Ruder gelaufen" sei. Das reicht dem Spiegel, um die anderen 99 Prozent kollektiv zu bestrafen. Ob man bei Verfehlungen von Ärzten oder gar Journalisten auch so verfahren würde?

Das „Familiennetzwerk" hat anläßlich dieser pauschalen Vorwürfe die eigentliche Arbeit der Journalisten übernommen und nicht nur einen Experten befragt, sondern genauer recherchiert. In einer Pressemitteilung unter dem Titel „Pauschale Diskriminierung der Eltern ist willkürlich" schreibt es:

„Der Streit über das Betreuungsgeld dient etlichen Politikern aus allen im Bundestag vertretenen Parteien zur Diskriminierung und Pathologisierung der gesamten Elternschaft. Es wird nach Möglichkeiten gesucht, wie Eltern kontrolliert werden können, ob das Geld tatsächlich bei den Kindern ankommt und ‚nicht in noch größere Flachbildschirme fließt' (Frau von der Leyen). Symptomatisch ist die Äußerung des stellvertretenden Fraktionschefs der Union, Wolfgang Zöller (CSU): ‚Natürlich darf ich Eltern, die – drastisch ausgedrückt – schon das Kindergeld versaufen, nicht noch 150 Euro zusätzlich geben'. Diese pauschale Diskriminierung ist grobe Willkür und für Familien unerträglich. Das Familiennetzwerk stellt dazu fest: In den letzten Jahren wurden für 1,8 bis 2,8 Prozent der Jugendlichen bis 21 Jahren ‚Hilfen zur Erziehung' gewährt. (http://www.agsp.de/html/a36.html). Diese Hilfen werden von Jugendämtern und Familiengerichten nach Vorgabe des Sozialgesetzbuches (SGB)VIII (auch bekannt unter Kinder- und Jugendhilfegesetz KJHG) dann umgesetzt, wenn eine dem Wohl des Kindes entsprechende Erziehung nicht gewährleistet werden kann. Weiterhin betrifft, nach Daten der polizeilichen Kriminalstatistik des BKA, grobe Vernachlässigung von Kindern (§ 225 StGB) ungefähr 0,07 % der Kinder." Natürlich sei „jeder Fall einer zuviel, keiner aber ist typisch für die deutschen Familien. Die Zahl der Eltern, die möglicherweise das Geld sachfremd verwenden (‚versaufen'), ist sicher geringer als die Zahl der Mißbräuche in anderen Berufen" (zum Beispiel in der Politik oder im Journalismus, Anm. des Verf.). Man könne „die Zahl auch so lesen: Mehr als 97 Prozent der Eltern lieben ihre Kinder und bemühen sich, sie angemessen zu erziehen. Sie tun alles dafür, daß ihre Kinder sich zu lebenstüchtigen Erwachsenen entwickeln können. Diese Eltern werden durch das pauschale Mißtrauen der Politiker und deren abfällige Äußerungen tief beleidigt."

Diese Beispiele sind symptomatisch für einen großen Teil der Journalisten und Politiker, die sich am familienpolitischen Diskurs beteiligen. Man könnte sie in Anlehnung an die Ereignisse vor dem G8-

Gipfel von Heiligendamm den „schwarz-roten Block" nennen oder, um der politischen Farbenlehre gerecht zu werden, den schwarz-rot-grünen-gelben oder auch den bunten Block, jene Autonomen, die vermummt aus der sicheren Deckung des medialen Mainstreams ihre Steine auf die Familie werfen. Ihre Urteile gehen über den üblichen Zynismus in den Redaktionen hinaus. Der „bunte Block der autonomen Familiengegner" sucht nicht nach Wahrheit und Sachkenntnis, sondern propagiert seine Ansichten und Meinungen. Bezeichnend dafür ist, daß die Pressemitteilung des Familiennetzwerks trotz ihrer Sachlichkeit und Nachprüfbarkeit von den Medien kaum aufgegriffen wurde. Der bunte Block der autonomen Familiengegner ist mit dem medial-politischen Establishment nicht identisch. Aber er übt innerhalb des Establishments einen bestimmenden Einfluß aus, nicht selten übt er sich, wie die Beispiele zeigen, in schlichter Meinungs-diktatur.

Medial-politisches Establishment und Wissenschaft – zwei Welten

Gegen diese Art Diktatur der veröffentlichten Meinung kommt die wirklich öffentliche Meinung nicht an. Hier bleibt es bei sachlich nüchternen aber kaum gedruckten Presseerklärungen. So schreibt etwa auch der Familienbund der deutschen Katholiken: „Wer die finanzielle Anerkennung der Erziehung der eigenen Kinder als ‚Herdprämie' abtut, hat keinen Respekt vor der Erziehungsleistung der Eltern. Dieser Begriff suggeriert, daß Männer und Frauen, die ihre Kinder in den ersten Lebensjahren zu Hause betreuen, von gestern seien. Das Gegenteil ist der Fall. Heute ist es unmodern, Lebensentwürfe zu diskriminieren, nur weil sie nicht in den angeblichen Zeitgeist und in die Vorstellungen einzelner Politiker passen. In unserer Gesellschaft sind die Menschen der Auffassung, daß sie selbst über ihr Leben entscheiden können und der Staat nicht in ihre Lebensentwürfe hinein regieren sollte." Statt dessen müsse der Staat zeigen, daß ihm die Erziehung und Betreuung von Kindern zu Hause und außer Hause etwas wert seien. In diesem Sinn bekräftige man erneut die Forderung nach einem Betreuungsgeld, das im Anschluß an das Elterngeld bis einschließlich des dritten Lebensjahres an alle Eltern gezahlt wird. Dies sei „ein wichtiger Schritt in Richtung Wahlfreiheit. Der Familienbund der Katholiken hatte am 13. Mai dieses Jahres (2007; Anm. des Verf.) gemeinsam mit zehn weiteren katholischen Verbänden und dem Präsidenten des Zentralkomitees der deutschen Katholiken, Prof. Dr. Hans Joachim Meyer, ein Betreuungsgeld in Höhe von 300 Euro pro Kind und Monat gefordert. Das entspricht der Höhe des Sockelbetrages des Elterngeldes."

Hinter dieser Forderung stehen, wenn man die Mitgliederzahl der Verbände und der mit ihnen sympathisierenden Menschen addiert, mehrere Millionen Menschen. Sie sind Teil der Öffentlichkeit. Ein Teil, der von den Medien nicht oder kaum wahrgenommen wird.

Ein anderer Teil ist die Wissenschaft. Auch diesbezüglich frönt man der ideologischen Auslese und selektiven Wahrnehmung. Überwiegend berichtet wird von Studien, die die eigene Ideologie bestätigen. Meist ignoriert werden dagegen die auf hohem Niveau abgehaltenen, wissenschaftlichen Tagungen, die die Hellbrügge-Stiftung seit Jahren Anfang Dezember an der Universität München abhält. Das Interesse an den Ergebnissen der Bindungsforschung ist enorm. Trotz eines geringen Werbeaufwands kommen seit zwei Jahren mehr als tausend meist junge Frauen. Und selten ist die Diskrepanz zwischen Wissenschaft und Politik so hautnah spürbar, selten erlebt man eine reale Welt, die der Beziehung zwischen Mutter und Kind auf der einen, und die virtuelle Welt der Politik, die diese Beziehung de facto ausblendet, auf der anderen Seite. Aber Wissenschaftler sind eben Wissenschaftler und keine Politiker, ihre Erkenntnisse werden nur dann von der Politik wahrgenommen, wenn diese meint, daß sie in den Mainstream oder die jeweilige Parteiideologie passen. Und das ist bei den Erkenntnissen über Bindung, Neurobiologie und Entwicklungspsychologie nicht der Fall, weshalb die meisten Politiker und Journalisten auch ungerührt über die geradezu revolutionären Ergebnisse der Forschung in diesen Bereichen hinweggehen. Nur einige Vorträge aus dem Jahr 2006 seien genannt: Zum Beispiel, daß die Sprachentwicklung schon während der Schwangerschaft einsetzt. Das Kind im Mutterleib speichert bereits Rhythmus und Melodik der Muttersprache. Im ersten Jahr lernt das Kind dann, wie die Professorin Mechthild Papousek vom Kinderzentrum München ausführte, wie die phonetischen Landkarten zu ordnen, wie visuelle und auditive Artikulation zu intergrieren sind, wie Syntax und Sprachfluß zueinander stehen. Über die sogenannte Ammensprache, „die undenkbar ist ohne den Beziehungskontext mit der primären Bezugsperson", werden Lernprozesse gesteuert, die grundlegend sind für die spätere Sprachentwicklung. Papousek

34

wagte die Formulierung: „Wir haben die Sorge, daß die Sprachdefizite im letzten Vorschuljahr nicht aufgearbeitet werden können".
Dann sei es zu spät. Die Sprachdefizite hätten ihre Ursachen viel früher, und deshalb müsse man auch früher ansetzen, indem man die
Eltern entlaste und ihnen Zeit verschaffe für die Kommunikation mit
dem Kind. Mütter hätten von Natur aus „intuitive Kompetenzen"
und „natürliche Sprachfähigkeiten" für diese Kommunikation.

Oder die Ergebnisse des Hirn- und Verhaltensforschers Professor
Niels Birbaumer aus Tübingen, der zeigte, wie man ohne Einfluß-
nahme die Hirntätigkeiten des Embryos messen kann, und darlegte,
daß die Anfangssynapsen im Mutterleib für die spätere Entwicklung
von größter Wichtigkeit seien. Selbst Embryonen schlafen – und
lernen wie die Neugeborenen im Schlaf. Besonders positive Effekte
hätte die Musik. Sie sei die produktivste Art des Lernens, weil sie
gleichzeitig mehrere Hirnareale stimuliere und daher mehr Verbin-
dungsoptionen für die Verschaltungen im Hirn schaffe. Viele Reize
ergeben viele Synapsen, und viele Verschaltungen ermöglichen ein
höheres Potential an Kreativität und Innovationskraft.

Die Wissenschaftler, insbesondere aus dem deutschen Sprach-
raum enthalten sich meist politischer Folgerungen. Auch sprechen
sie selten von Liebe, der Begriff ist nicht meßbar. Aber es ist klar:
Die Reize sind um so stärker, je stärker sie von Liebe motiviert sind.
Liebe schafft Kreativität und ist selber kreativ. Amerikanische Wissenschaftler haben da offenbar weniger Berührungsängste. Professor Berry Brazelton, in Amerika eine „bekannte Größe in jedem
Haushalt", wie es in der Grußadresse des amerikanischen Botschaf-
ters hieß, begann seinen mit stehenden Ovationen des begeister-
ten Publikums bedachten Vortrag mit Sätzen wie: „Wir dürfen die
Eltern nicht zu Schuldigen abstempeln." Oder: „Wir müssen die Eltern befreien, ihnen Freiraum verschaffen und sehen, was sie tun
können, und sie nicht dafür anklagen, was sie nicht getan haben."
Sätze, die man im Bundestag nicht hört und in der Presse nur selten
liest. Das ist der Unterschied zwischen Science und Science-fiction;
die reale Welt des Menschen und seiner Bedürfnisse verträgt sich
nicht mit der virtuell-voluntaristischen Welt der Politik. Das ist vermutlich nur ideologisch und psychologisch zu erklären.

Hier und da klang auf dem zitierten Kongreß zaghaft an, daß die
Politik sich mit Blick auf die Bedürfnisse der Kleinkinder auf dem
Irrweg befinde. Unter spontanem Applaus sagte zum Beispiel der
Moderator und Mitveranstalter Professor Karl Heinz Brisch: „Hochris-

kante Elterngruppen sind da, wo emotionale Armut herrscht. Da ist das Risiko groß für das Baby", und wenn man schon mit Frühwarnsystemen operiere, dann sollte man der Familienministerin von der Leyen – übrigens Schirmherrin des Kongresses – auch sagen, wo die Risikogruppen und ihre Ursachen zu suchen seien. Auch in der politischen Arbeit sei viel mehr Engagement nötig, um den Bedürfnissen des Kleinkindes gerecht zu werden. Brisch wollte das nicht als Kritik an der Familienministerin verstanden wissen. Deutlicher war schon der Vater der Münchener Bindungskongresse, der hochbetagte aber immer noch unternehmungslustige Professor Theodor Hellbrügge, als er auf die Defizite der Politik hinwies. Er sprach von der „Diskriminierung der Familie" und späten Erfolgen des Kommunismus, der die „Zerstörung der Familie durch die Ablösung der Mutter von der Erziehung der Kinder" angestrebt hatte. Wie ein Fazit des gesamten Kongresses klangen seine Worte zur Begrüßung: Die Kinderheilkunde müsse wieder stärker an die Mutter-Kind-Beziehung herangeführt werden, es sei „sinnlos, später in der Schule immer mehr draufzupakken, wenn die Grundlagen nicht gelegt sind".

Diese Grundlagen sind die individuelle Betreuung, die emotionale Sicherheit, der urpersönliche intime Austausch – mit einem Wort, die Grundlage ist die Liebe zwischen Mutter, Vater und Kind. Diese Grundlagen wurden auf diesem Kongreß und werden auf etlichen anderen Veranstaltungen in vielen Variationen angedeutet, in einzelnen Forschungsergebnissen deutlich gemacht, in wissenschaftlichen Publikationen auch benannt. Auch manche Zeitungen gehen gelegentlich darauf ein und berichten darüber. Aber hier, an der Verbindungsstelle zwischen Wissenschaft, insbesondere der Bindungsforschung, und öffentlicher Meinung wird der ansonsten so breite Informationsfluß zum Rinnsal. Die Schleusen der Ideologie und der Ignoranz lassen nur durch, was dem Mainstream des medial-politischen Establishments gefällt. Alles andere wird, vorwiegend in Talkshows, mit ebenso dummen wie inhaltslosen Schlagworten bedacht wie „Familienbild von gestern", traditionell und überholt, nicht mehr zeitgemäß etc. Man wundert sich. Es gilt auch bei sogenannten Intellektuellen im Bereich des Wissens der Maßstab des Zeitlichen (gestern-heute-morgen) und der Abstimmung (Mehrheit-Minderheit) und nicht mehr das Kriterium des Wirklichen (richtig-falsch) oder der Logik.

Das erklärt auch, warum wissenschaftliche Daten und Vorträge erst gar nicht wahrgenommen werden, solange nicht eine Mehrheit sie auf die Bühne der veröffentlichten Meinung trägt. Und wenn eine nicht genehme Mehrheit Gestalt anzunehmen droht, dann greift ein anderes Gesetz des medial-politischen Establishments: die Verschwörungstheorie. So versuchte „Der Spiegel" immerhin in einem mehr als zweiseitigen Artikel das für den Block der Familiengegner lästige Familiennetzwerk in das Zwielicht einer Untergrundbewegung zu tauchen, indem er behauptete, das Netzwerk unterwandere die Medien (20/2007, S. 104ff.). Daß umgekehrt die Mitglieder des Netzwerks fairerweise von einigen Medien um Stellungnahmen und Teilnahme an Talkshows gebeten worden waren (und auch mehrfach abgesagt hatten), blieb unerwähnt. Was zählte, war die Präsenz der Familienvertreter in den Medien, und das erschreckte die Meinungsführer. Von den durchaus politischen Aussagen und Vorträgen eines international hochkarätig besetzten Kongresses zur Bindungsforschung, den das Netzwerk in Frankfurt organisiert hatte, berichtete „Der Spiegel" nicht, obwohl der betreffende Journalist die ganze Tagung verfolgt hatte. Er war offensichtlich mit einem Titel im Kopf nach Frankfurt gekommen und suchte dort nur Zitate für seine These. Ihm und seinen Auftraggebern ging es nur darum, den aufkeimenden Widerstand im veröffentlichten familienpolitischen Diskurs gegen die Meinungsoligarchen des Establishments zu brechen. Die politisch brisanten Erkenntnisse der ausländischen Bindungsforscher enthielt „Der Spiegel" der Öffentlichkeit vor: zum Beispiel die Arbeiten des bekannten britischen Entwicklungs-und Verhaltensforschers Sir Richard Bowlby, Sohn des Begründers der Bindungsforschung John Bowlby, oder des weltweit bekannten kanadischen Professors Gordon Neufeld. Sir Richard etwa beklagte die Zustände in Großbritannien und wiederholte, was er auch schon in einem offenen Brief geschrieben hatte: „Inzwischen bin ich davon überzeugt, daß Babys und Kleinkinder im Alter von bis zu 30 Monaten, die während der täglichen Fremdbetreuung keinen Zugang zu einer festen Bezugsperson haben, so hohen Risiken ausgesetzt sind, daß dies zu einer erheblichen Verschlechterung der seelischen Gesundheit dieser Kinder in späteren Jahren führen wird. Ich hoffe sehr, daß Sie in Deutschland nicht dieselben Fehler begehen, die wir hier in Großbritannien gemacht haben."

Verzerrte Bilder, verzerrte Wirklichkeit

Genau diese Fehler werden gemacht – unter dem anhaltenden Applaus der meisten Medien. Dabei läßt sich mittlerweile schon empirisch nachweisen, daß das von den Meinungsoligarchen und der Politik propagierte Familienbild nicht mit dem Familienbild übereinstimmt, das in den Köpfen und Herzen der Bevölkerung lebt. Das Institut für Demoskopie Allensbach hat im Auftrag des „Forum Familie stark machen", in dessen Kuratorium immerhin so führende Persönlichkeiten wie Kardinal Lehmann und Familienministerin von der Leyen, der Intendant des ZDF Markus Schächter und Bundesverfassungsrichter Udo di Fabio sitzen, im Generationenbarometer 2006 auf 320 Seiten mit endlos vielen Tabellen und Grafiken diese Bilder anschaulich gemacht. Das Barometer zeigt, daß sich die Vermutung über das Bild Familie verschlechtert – bei den anderen. Denn die Einschätzung über den Zusammenhalt in den Familien in Deutschland weicht erheblich ab von der Einschätzung über den Zusammenhalt in der eigenen Familie. Und das bei der Mehrheit der Befragten. Nur 32 Prozent der Bevölkerung halten diesen Zusammenhalt bei den anderen für stark, und mehr als die Hälfte hält ihn sogar für gering. Bei sich selbst aber halten 84 Prozent der Bevölkerung den Zusammenhalt für sehr stark bis stark und nur zehn Prozent für gering. Und auf die Frage, was ist für Sie am wichtigsten, was steht an erster Stelle, antworten drei von vier Befragten „die Familie". Aber nur acht Prozent nennen den Beruf oder den Freundeskreis und nur vier Prozent die Hobbys. Da ist von Verläßlichkeit die Rede, vom Lieben und Geliebtwerden, von Treue und Freude.

Die Diskrepanz erklärt sich in einem Bild: Da sitzen Eltern und Kinder gemütlich zusammengekuschelt auf der Couch und sehen sich eine der ebenso zahlreichen wie typischen Soaps, Krimis oder Talkrunden an. Das Familienbild auf der Mattscheibe ist fast immer dasselbe: ein von Konflikten, Trennungen, Scheidungen, wechselnden Partnerschaften und Randgruppen geprägtes Leben. Das Leben in diesen Sendungen ist wie das Fernsehen selbst: Man zappt sich durch. Aber auf der Couch bleibt man gemütlich beisammen.

Da darf man sich doch fragen, ob die Medien mit ihrem konfliktiven, problembeladenen und beziehungsunsicheren Familienbild nicht eine andere Familienwelt abbilden als die, in der die meisten Menschen zu Hause sind. Darf man – oder ist man schon altmodisch und fundamentalistisch, wenn man dies in Frage stellt? Wahrscheinlich, denn vermutlich gehören die ton- und bildangebenden Meinungsführer eher zu der veröffentlichten Welt, die allerdings für die meisten Politiker maßgebend ist, weil auch sie sich eher darin wiederfinden, als in der als „heile Welt" verbrämten Familienkonstellation der Mehrheit. Aber gerade für die Politik wäre dieses Generationenbarometer eine Fundgrube. Die familienpolitisch relevanten Gesetze sähen anders aus, wenn man sie für die Mehrheit gestaltete, statt Modelle wie das doppelt verdienende Akademikerpaar zu bevorzugen. Man hätte etwa die Eigenheimzulage nicht abgeschafft, bei der Erhöhung der Mehrwertsteuer die Familienkomponente verstärkt, das Kindergeld nicht um zwei Jahre gekürzt und das Elterngeld nicht am Erwerbseinkommen orientiert. So aber darf man wieder ein Paradoxon beobachten, an das man sich fast schon gewöhnen kann: Die Familienministerin pries mit dem Generationenbarometer eine wissenschaftliche Grundlage an, von der sie keinen Gebrauch macht.

Sicher, die Sehnsucht nach Geborgenheit und Liebe in einer krisengeschüttelten Welt wird auch diese Ministerin überdauern. Nur zu welchem Preis? Denn die politische Schizophrenie zwischen Reden und Handeln bezieht sich ja nicht nur auf den Zusammenhalt der Familien oder auf das Familienbild allgemein, das diese Ministerin übrigens erklärtermaßen ändern will und weshalb sie von Alice Schwarzer auch als die beste Familienministerin aller Zeiten gepriesen wird (das müßte eine C-Politikerin eigentlich erschrecken). Die Schizophrenie setzt sich fort in dem sensibelsten Bereich, den es überhaupt für die Zukunft eines Landes geben kann: bei den Kleinkindern und Säuglingen.

Es ist schon seltsam: Diese Regierung und das dazugehörige medial-politische Establishment vermitteln den Eindruck des Eigenmächtigen und der Selbstermächtiger. Möchten sie Familie und Ehe zugunsten der Wirtschaft auflösen, so wie Marx und Engels das schon forderten, als sie verlangten: „Erziehung und Fabrikation zusammen!" (Marx-Engels, Werke, Bd. 4, S. 373)? Heute heißt das Familie und Beruf vereinbaren, und man meint damit Betreuung der Kinder in Funktion der Erwerbsarbeit. Aber die Bedeutung der Familie ist gemäß dem Generationenbarometer enorm, und zwar um zehn Prozent gestiegen, bei Jugendlichen sogar um 15 Prozent. Auch Auffassungen zu Moral, Sexualität, Politik und Religion haben sich weitgehend angeglichen. Während 1986 noch ein gutes Drittel der Jüngeren „überhaupt keine Übereinstimmung" mit den Eltern sah, distanzieren sich heute lediglich acht Prozent der Jugendlichen von ihnen. Wenn das so weitergeht, werden die Ideologen in Berlin bald recht einsam sein. Aber sie werden es nicht merken. Ihre Medien werden das alte Stück von der überholten Familie auch weiter spielen, jedenfalls mindestens so lange, bis die 68er in Rente gehen. Dann werden auch sie mit der Wirklichkeit, die sie für sich erzeugt haben, konfrontiert werden.

Woher kommt die Diskrepanz der Familienbilder in der veröffentlichten Meinung, also beim politisch-medialen Establishment einerseits und der wirklichen öffentlichen Meinung, also in der Bevölkerung andererseits? Ein Datum mag bis zu einem gewissen Grad generellen Aufschluß geben: Etwa 70 Prozent der Journalisten sind kinderlos (Hans Bertram). Sie haben folglich kaum oder keine persönlich-unmittelbare Lebensbeziehung zur Welt von Kindern. Plausibel erschiene auch der Grund, daß die Scheidungs- und Trennungsrate unter Journalisten überdurchschnittlich hoch ist, diese Journalisten also das Thema Ehe und Familie eher verdrängen. Auch die Karriereaussichten mögen eine Rolle spielen, ein Experte in der Thematik Familie wird höchst selten Chefredakteur. Allein diese drei Gründe reichen schon, um die Fremdheit dieses Berufs mit dem Thema Familie und das daraus resultierende Familienbild (konfliktiv, kinderarm, alleinerziehend) zu erklären. Auffallend ist auch, daß die meisten Kollegen, die sich mit dieser Materie befassen, aus eigener Betroffenheit darauf gestoßen sind. Der Autor selbst ist eigentlich Außenpolitiker und zunächst über die Demographie als geopolitischer Faktor und dann durch die Schwierigkeiten, die eine Familie mit zehn Kindern in dieser Republik erfährt, zum Einäugigen in seiner familienblinden Zunft geworden.

Aber diese eher psychologischen, soziologischen und professionellen Gründe sind keine erschöpfende Erklärung. Die Familienvergessenheit liegt auch am diffusen Selbstverständnis des Berufsstandes. Immer noch definieren sich politisch zwei Drittel der Journalisten als links von der Mitte, mehr als ein Drittel greift regelmäßig zur „Süddeutschen Zeitung" als Referenzblatt, ein Drittel zum „Spiegel". Hinzu kommt die Vermarktung der Information, sie durchdringt immer häufiger den medialen Produktionsablauf. Die nervöse Berliner Luft mit ihrer Selbstreferentialität und das rote Licht der Fernsehkameras haben zudem eine „journalistische Pseudoelite" hervorgebracht (Weischenberg), deren vornehmstes Merkmal die Sichtbarkeit im Fernsehen ist. Die angeblichen, gelegentlich auch tatsächlichen Alphatiere des Medienberufs setzen in Berlin zusammen mit den Wortführern aus der Politik die Akzente in der Familienpolitik. Je weiter allerdings die familienpolitische Debatte sich in die Sozial- und Bildungssysteme verästelt – Familienpolitik ist ein gesellschaftlicher

Querschnittsbegriff –, um so häufiger greifen Leitmedien, insbesondere große Tageszeitungen, auf wirkliche Experten zurück.

Einer der bekanntesten und versiertesten dürfte der Darmstädter Sozialrichter Jürgen Borchert sein. Auch der Sprecher des Heidelberger Büros für Familienfragen und soziale Sicherheit, Kostas Petropulos, hat sich mittlerweile einen Namen gemacht. Gemeinsam ist beiden ihre Unabhängigkeit gegenüber staatlichen Subventionen oder Einflüssen, was man von Lehrstühlen und Verbänden nicht immer so ohne weiteres annehmen kann. Ihre Wortmeldungen und die anderer Experten fallen schon wegen der geringeren Häufigkeit weniger ins Gewicht als die regelmäßigen Meinungsbeiträge etlicher Journalisten, schon weil diese – wenn auch deutlich weniger kompetent – häufiger in Kameras und Mikrofone sprechen oder die Meinungsseiten füllen. Ihr Verrat an den Familien erfolgt aus Ignoranz und selbstreferentieller Rechtfertigung. Zu ihnen schreibt Tissy Bruns: „Die Alpha-Journalisten sind öffentliche Akteure, die keine vierte Gewalt über sich haben und keiner Wiederwahl ins Auge sehen müssen. Deshalb müssen sie Gegenstand öffentlicher Kritik werden."

Wahrheit und Ersatzwahrheit

Wer aber kontrolliert die Kontrolleure? Diese alte Frage wirft erneut die Frage nach dem Selbstverständnis der Journalisten auf. Nach neueren Forschungen (Weischenberg/Scholl/Malik) zum Selbstverständnis der Journalisten glauben viele Medienleute noch an die Objektivität, obwohl die Publizistik seit ihren Anfängen davon Abstand genommen hat. Es gibt die vielbeschworene Objektivität, die Wahrheit an sich in den Medien nicht. Das wußte schon Emil Dovifat, der Vater der deutschen Publizistik. Etliche seiner Schüler haben dies wissenschaftlich untermauert. Karl Pruys etwa kam zu dem Schluß: „Da die öffentliche Kommunikation stets von den Gefühlen und Haltungen der Berichtenden abhängt, ist Objektivität im Bereich der Publizistik ausgeschlossen". Dovifat selber sprach statt von Wahrheit auch schon lieber von der „subjektiven Wahrhaftigkeit" der Journalisten, man könnte es das Gebot der Fairneß nennen. Der Grund für all diese Einschränkungen ist einfach. Der Journalist muß notwendigerweise eine Auswahl treffen. Er tut dies nach bestimmten Regeln – oder auch nicht. Eine der Regeln ist die Frage nach den fünf „W" – wer, wo, wann, wie, warum. Spätestens beim Wie und vor allem beim

Warum beginnt meist die Subjektivität, kommen die „Gefühle und Haltungen der Berichtenden" zum Tragen, hier entscheidet sich, wie fair der Medienhandwerker es mit dem Medienkonsumenten meint. Hier, bei der Subjektivität, fängt der Wille an, mithin die Versuchung zur Manipulation. Und wenn man es genau nimmt, ist hier auch die Quelle des Mythos von der Wahrheit zu suchen, weil es eben viele Journalisten gibt, die an die Objektivität der Berichterstattung glauben oder vorgeben, danach zu handeln, obwohl es nicht möglich ist.

Was immer zählt, ist zuerst die Quote, die Auflage, das Schlagen der Konkurrenz, die Formulierung, die eine Gegendarstellung ausschließt. Für den Block der Familiengegner kommt noch hinzu, was der sowjetische Journalist Boris Tumanov in der Morgenröte der aufkommenden Glasnost von sich und seinen Kollegen bekannte: Unsere Propaganda und Agitation war „ein offizielles Surrogat der Realität. Die Realität selbst aber wurde verdrängt in die Illegalität des gesellschaftlichen Lebens, in Witze, Klatsch und Gerüchte (…) Unter diesen Bedingungen war echtes Wissen einfach nicht notwendig (…) Unsere Gesellschaft betrachtete sich nicht im Spiegel, sie sah sich nur auf Plakaten" (Ogonek, 1988, S. 21). Auch der bunte Block zeigt im familienpolitischen Diskurs mehr Plakate als Darstellungen der Wirklichkeit, über die man gern seine Witzchen macht, meist auf Kosten der Hausfrauen.

Natürlich gibt es eine Meinungsvielfalt, die das politisch-mediale Establishment allerdings in seiner Wirkung (noch) nicht entscheidend zu korrigieren vermag. Denn sie findet überwiegend in einem vom Block der familien-politischen Autonomen abgesteckten „Meinungskorridor" statt, um einen Begriff von Ralph Giordano aufzugreifen. Dieser Korridor ist beim Thema Familie nicht sehr weit. Hier wird die intakte Familie zum Ausnahmefall, die Ehe zum Auslaufmodell, Kinder werden zum Störfaktor für Eltern, gesellschaftliche Randgruppen zur Norm stilisiert. Man schaue sich nur einmal die Nachmittagsprogramme nicht nur der privaten Fernsehsender an. Hier wird mit Teilwahrheiten operiert, mit „Surrogaten der Realität", oft ohne daß die Akteure sich dessen bewußt sind.

Die veröffentlichte Meinung neigt immer mehr dazu, die Beziehungswelt des Menschen in all ihren Aspekten zu vermarkten und die Privatheit oder Intimität ins grelle Licht des Voyeurismus, der Neugier und der Quotenträchtigkeit zu zerren. Treue und Unauflöslichkeit mögen der heimlichen Sehnsucht des Menschen entsprechen, sie vertragen sich nicht mit der für notwendig gehaltenen Offenheit und der Vielfalt des medialen Angebots. Der Markt legt sich ja selbst nicht fest, er bietet nur an. Die offene Option ist sein Elixier. Und diese Markthaltung ist wie durch Osmose in das mediale Denken eingedrungen. Dieses Denken verträgt sich nicht mit festen Größen wie Wahrheit oder gar Natur des Menschen, handelt aber dennoch permanent mit ihnen, weil Information und Wahrheit sich auf eine gemeinsame Größe beziehen: die Wirklichkeit. Wahrheit ist nach Josef Pieper ja nur die Enthüllung der Wirklichkeit, und nach der klassischen Definition von Thomas von Aquin ist Wahrheit die Übereinstimmung des Denkens mit der Sache (res), also auch mit der Wirklichkeit. Daß das Denken oft so von anderen Wirklichkeiten und Interessen beeinflußt ist, daß die Sache nur noch verzerrt wahrgenommen oder zumindest verzerrt wiedergegeben wird, wird an einem einfachen Beispiel deutlich. Als im Frühsommer 2007 das Grundsatzprogramm der CDU vorgestellt wurde, nannten es die Vertreter der SPD neoliberal, konservativ, rückwärtsgewandt, enttäuschend. In der CDU hieß es: sozial, modern, zukunftsfest, begeisternd. Was denn nun? Wie ist es wirklich? Oder ist die Wirklichkeit immer in der Mitte? Niemand regte sich über die unterschiedlichen Wahrnehmungen auf, man hatte es so erwartet – der Markt der Meinungen hat schon seine eigenen Gesetze und Wirklichkeiten.

Zu diesen Gesetzen gehören bereits die Lüge, die Manipulation, die Desinformation. Wir werden manipuliert. Das ist eine Binsenweisheit, die sich zwar im Einzelfall beweisen läßt – tagtäglich werden Lügen aufgedeckt und neue angeprangert, in der Politik etwa die Steuerlüge, die Rentenlüge, die Arbeitslosenlüge, die Krippenlüge – aber dennoch ist sie systemimmanent. Die Lüge gehört zu unserem Alltag. Sie ist, wie der französische Publizist François Revel in seinem Buch „La connaissance inutile" (Das unbrauchbare Wissen) schrieb und zwar in seinem allererersten Satz, „die Lüge ist die stärkste aller Kräfte, die die Welt beherrschen". Das mag manchem übertrieben erscheinen. Vielleicht dachte Revel auch nicht an die Lüge, wie sie Augustinus definierte – nämlich als eine Aussage mit dem Willen, Falsches mitzuteilen (mendacium est enuntiatio cum voluntate falsum enuntiandi) –, sondern an die Halb- und Viertelwahrheit, die Verzerrung, die Beschönigung, die Vorverurteilung. Das dürfte in den meisten Fällen zutreffen, denn, so Revel weiter, ein Ereignis oder eine Nachricht werde nicht mehr nach ihrer Genauigkeit aufgenommen oder geprüft (siehe die Beispiele oben), sondern nach ihrer „Eignung, einem Interpretationssystem, einem Beziehungsgeflecht oder einer moralischen Haltung zu dienen oder nicht zu dienen". Und diese Eignung mache eine Tatsache eben zu einer „erwünschten oder unerwünschten", mithin zu einer brauchbaren oder unbrauchbaren, zu einer veröffentlichten oder verschwiegenen Information.

Das trifft auch zu für Thesen, die gelegentlich bei Medienideologen zu hören sind, wenn sie etwa dafür plädieren, Begriffe wie Wahrheit und Objektivität schlicht aufzugeben. Das seien Fiktionen, die für die journalistische Tätigkeit keine Relevanz hätten, es komme nur darauf an, daß der Journalist seine Subjektivität ehrlich ausweise. Im Zeitalter der Mediengesellschaft würden die Konstruktionen von Wirklichkeit immer stärker von Medien beeinflußt, und zwar so sehr, daß unsere Lebenswelt zu großen Teilen eine durch Medien repräsentierte, ja konstruierte Welt sei. Der Staatsrechtler Martin Kriele hat in einem kleinen Bändchen über „Wahrheit in Funk und Fernsehen" diesen ideologischen Ansatz, dem das Konzept des Konstruktivismus zugrunde liegt und der die Existenz von Wahrheit schlichtweg leugnet, knapp und bündig ausgehebelt. Er kommt zum Schluß: „Der logische Fehler steckt im Widerspruch des Ansatzes: Man kann auf keine Weise von der Wahrheit einer Theorie überzeugen, die behauptet, daß Wahrheit eine wahnhafte Idee sei."

Nur, wie und wann stimmen die Worte? Was ist eine Familie, was ist Wahlfreiheit, was Leistungsgerechtigkeit, was ist eine Familienmanagerin, was ist Erziehung, was heißt Vaterschaft, Mutterschaft, Mütterlichkeit, soziale Kompetenz, emotionale Bindung, Vertrauen, Treue, Geborgenheit, Freundschaft, Autorität, Gehorsam in der Familie etc. etc.? All diese und viele weitere Begriffe sind interpretationsfähig. Oft müssen sie an der Wirklichkeit gemessen werden. Hier sind wir wieder auf das Problem mit der Wahrheit zurückgeworfen. Was ist die Wahrheit, was die Wirklichkeit? Die Frage des Pilatus ist vermutlich die berühmteste der Geschichte. Interessant sind die Umstände seiner Frage. Er wollte es wissen, gab aber auf, weil „der Lärm immer größer wurde", wie es bei Matthäus 27,24 heißt. Das machte ihm angst, der Lärm der Menge, der Krach, ja der Terror der Öffentlichkeit. In diesem Sinn sprach der Kölner Historiker Peter Berglar auch von den Pilatisten. Das sind jene Meinungsführer, auch in der Kirche, die vor der Konsequenz einer Erkenntnis zurückschrecken, die ihr Handeln und ihre Entscheidungen nach Gesichtspunkten der Opportunität ausrichten, nach dem Geschrei in der Menge. Wie oft wird erst gar nicht weiter geforscht, weil es so in den Mainstream paßt, Quote und Auflage sichert und weitere Informationen dafür nur hinderlich wären? Wie oft wird nur so lange recherchiert, bis die eigene Meinung bestätigt oder der Coup perfekt ist? Die unsichtbare Hand des Marktes regiert auch hier, zumindest in den Köpfen der Meinungsoligarchen, die nicht selten mit den Akteuren der Politik gemeinsame Sache machen.

Demokraten und Pilatisten

Die Darstellung der Wirklichkeit ist eine Gratwanderung, beim Thema Familie erst recht, weil jede Familie in ihrer eigenen Wirklichkeit und Situation lebt. Aber das andere Extrem ist die Aufhebung jeder Wirklichkeit, ist die totale Beliebigkeit. Sie ist das Lebensfeld der Pilatisten. In den Institutionen und Medien unserer Demokratie wimmelt es von Pilatisten, und je mehr die Relativierung aller Werte um sich greift, um so größer wird ihre Heerschar und um so kleiner der Haufen derjenigen, die sich vom Zwielicht der bequemen Halbwahrheiten nicht blenden lassen wollen. Das gilt vor allem bei Themen, die mit der Natur des Menschen, seinem Verhalten und seinen Beziehungen – Stichwort Ehe und Familie – zu tun haben. Denn hier wird der Zusammenhang von Subjektivität und Objektivität, von Denken und Wirklichkeit deutlich, und zwar entweder im Gegensatz oder in seiner Stimmigkeit. Wenn alles relativ ist, dann gilt nur noch die Straßenverkehrsordnung – als höchstes Gut. Der Verzicht auf die Wahrheit ist der Kern der heutigen Krise, schreibt Joseph Ratzinger, und deshalb sieht er die Kirche als „Treuhänderin der Wahrheit". Die Kirchen erinnern – oder sollten es tun – die Demokratie an ihre Prinzipien, an die Hierarchie der Werte, insbesondere an die Unantastbarkeit der Würde des Menschen. Sie seien das Gewissen des demokratischen Staates, der die Wahrheit nicht wie Pilatus einfach suspendieren dürfe.

Ratzinger breitete diese Gedanken aus in seinem Buch „Wahrheit, Werte, Macht – Prüfsteine der pluralistischen Gesellschaft". Nun ist in der pluralistischen Welt das Grundrecht der Meinungsfreiheit ein „schlechthin konstituierendes" Element des demokratischen Staatsgefüges, wie das Bundesverfassungsgericht im Januar 1958 schon ausdrücklich festgestellt hat; beim Recht der Gegendarstellung zum Beispiel spielt es in den meisten Landespressegesetzen in Deutschland keine Rolle, ob die Gegenaussage wahr ist, also der Wirklichkeit entspricht oder nicht. Man mag das als ein Stück Perversion der Demokratie sehen. Aber in einem Staatsgebilde, wo die Entscheidungen de facto doch mehr nach dem Prinzip der Mehrheit gefällt werden, bleibt wenig Raum für das Wahre und Schöne. Der politische Kampf dreht sich darum, Mehrheiten zu sammeln. Daß dies für die Politik und Gesellschaft auf Dauer nicht reicht, das sieht man an verschiedenen Debatten: Alle Vernünftigen und von Ideologien Ungetrübten sind sich einig, daß Abtreibung Tötung eines Menschen ist, dennoch lassen sie es zu – weil „der Lärm immer größer", das Geschrei der Manipulierten immer lauter wird. Erst jetzt fragt man sich schüchtern hier und da, ob das klug war, denn es fehlen ja die künftigen Beitragszahler. Alle sind sich einig, daß der Sozialstaat überlastet ist, daß das Rentensystem zur Neige geht, daß die Generationenkonflikte schärfer werden. Aber es gibt keine Mehrheit für das einzig Vernünftige: die Familie zu stärken. Hier schweigt die Menge, also schweigen auch die Medien. Dabei kann nach Lage der Dinge nur die Familie der Verflüchtigung der Solidarität und dem demographischen Defizit entgegenwirken, abgesehen davon, daß es sich hier auch um ein Frage der Gerechtigkeit handelt. Die wahren Zusammenhänge zwischen Familie und Sozialstaat werden von vielen Medienleuten schlicht übersehen oder verdrängt.

Hier, in der Gesellschaftspolitik, sind die neuen Tabus zu finden. Zum Beispiel beim Thema Vereinbarkeit von Familie und Beruf. Diese „Vereinbarkeit" ist gar nicht das erste Ziel der Krippenpolitik aller Parteien, sondern Erwerbsarbeit. Auch die propagierte Wahlfreiheit ist nur ein Phantom. Junge Familien haben überhaupt keine Wahl, wenn sie nicht verarmen wollen. Sie können sich heute gar nicht mehrere Kinder leisten. Dennoch tut man so, auch in der CDU, als ob dies ganz einfach möglich wäre. Auch das ist Pilatismus. Und so schaffen die späten Jünger des Pilatus eine öffentliche Meinung, die andere Entscheidungen erst gar nicht zuläßt und nur selten gewähren läßt.

Und dennoch: Bei aller Verzerrung, politischen Korrektheit und Manipulation: Das Grundrecht der Meinungsfreiheit ist in unserer pluralistischen Gesellschaft konstitutiv. Es ermöglicht erst öffentliche Meinung als einen Prozeß sozialer, demokratischer Kontrolle.

Selbstermächtiger und Skeptiker

Dieses mediale Leben, das Zustandekommen der öffentlichen Meinung, läßt sich in zwei Konzepten denken, wie unter anderem

Elisabeth Noelle-Neumann in ihrem bekannten Werk „Die Schwei-
gespirale. Öffentliche Meinung, unsere soziale Haut" aufgezeigt
hat. Öffentliche Meinung fördere die soziale Komponente des Menschen. Sie knüpft ein Geflecht eigenständiger Ideen, das Netz oder
Koordinatensystem, in dem und an dem sich die Mitglieder der Gesellschaft orientieren können. Es ist die „anonyme Urteilsinstanz", die
„soziale Haut", die den wertetragenden Funktionsraum des sozialen
Verbandes bestimmt. Wer sich dem Urteil dieser Instanz nicht beugt,
der isoliert sich, macht sich zum Außenseiter der Gesellschaft – zum
Fundamentalisten, würden die neudeutschen Meinungsführer sagen. Oder aber er bewirkt eine Änderung des Meinungsnetzes, einen Umschwung des Meinungsklimas, indem er neue Werte oder
andere Wertprioritäten einführt, denen sich dann die Masse an-
schließt. Dieser Prozeß geht natürlich nur über die Medien.

   Die subjektive Wahrhaftigkeit wird vielfach ersetzt durch einen
moralischen Nihilismus, der sich an den Gesetzen des Wettbewerbs
in der Marktwirtschaft, an Karriere-Gesichtspunkten orientiert oder
schlicht durch Bequemlichkeit und menschliche Trägheit bestimmen
läßt. Wo die Wahrheit sich dem Wort und Wunsch der Mächtigen
beugt, wo Werte durch die Politik relativiert und nivelliert werden,
da entsteht ein Bewußtsein der Unfehlbarkeit derjenigen, die in die
Mikrofone und Kameras sprechen und ihre Meinung in Zeitungsspal-
ten kundtun. Dieses Bewußtsein der Unfehlbarkeit, das übrigens den
Kommunisten zu eigen war, weil sie in ihrem Sendungsbewußtsein
die Geschichte für ihre Idee gepachtet glaubten, bildet die Grundlage für eine Art „moralistischer Selbstermächtigung".

   Herrmann Lübbe hat in seinem bekannten Essay über den politischen Moralismus diese Selbstermächtigung beschrieben als „Verstoß gegen die Regeln des gemeinen Rechts und des moralischen
Common sense unter Berufung auf das höhere Recht der eigenen,
nach ideologischen Maßgaben moralisch besseren Sache". Die
eigene Gesinnung wird zur letzten Urteilsinstanz, der Subjektivismus, das angeblich autonome Gewissen verdrängt die Beziehung
zur Wahrheit. Aus dieser Haltung nährt sich die Manipulation etlicher Medienleute. Sie glauben, recht zu tun, und glauben doch
nur an sich. Sie glauben richtig zu handeln, und richten doch nur
andere hin. Sie glauben zu informieren, und treiben doch nur Propaganda in eigener Sache. Ihre Hybris legt fertige Meinungsmuster
vor, drängt Urteile auf. So ist den heimlichen oder auch offenen
Manipulatoren von heute oft ein inquisitorischer Charakter eigen,

Toleranz geht ihnen vielfach ab. Das wird besonders deutlich im familienpolitischen Diskurs.

Wird die Wahrheit ausgebootet? Man muß die Wahrheit auch wollen, meinte Max Weber mit Blick auf die Handelnden in Politik und Gesellschaft. Aber die Skeptiker und Selbstermächtiger prägen den Diskurs. Der bretonische Schriftsteller Ernst Hello – er lebte im 19. Jahrhundert – beschrieb diesen Geist des Zweifelns und Kritisierens, jene immerwährende Skepsis und Kritik der Besserwisser. Er nannte diese Skepsis „die Königin der Leere". In seinem Buch „Welt ohne Gott" beschreibt er dieses Negativdenken mit genialer Treffsicherheit. „Diese Königin der Leere hat Augenblicke der Begeisterung, die Furcht einflößen. Ihre Begeisterung ist ein schwungvoller Trieb zum Tod. Die Freude am Leugnen geht bei ihr bis zur Verblendung, und ich glaube, ich gebe die Formel für sie an, wenn ich sage: Das Nichts ist ihr Ideal."

Im Jahrhundert nach Hello und bis in unsere Tage hinein hat der Nihilismus im öffentlichen und auch im privaten Leben steile Karrieren gemacht. Und zwar unter verschiedenen Namen, am gängigsten heute dürfte der Relativismus sein, das Einebnen und Aushöhlen aller Werte, das nur noch das eigene Gewissen als höhere Instanz akzeptiert – natürlich, wie gesagt, vom Ordnungsamt und der Straßenverkehrsordnung einmal abgesehen. Hier ist die Wurzel der Krise um die Wahrheit. Johannes Paul II. beschreibt sie in „Veritatis splendor" mit diesen Worten: „Nachdem die Idee von einer für die menschliche Vernunft erkennbaren universalen Wahrheit über das Gute verlorengegangen war, hat sich unvermeidlich auch der Begriff des ‚Gewissens' gewandelt. Das Gewissen wird nicht mehr in seiner ursprünglichen Wirklichkeit gesehen, das heißt als ein Akt der Einsicht der Person, der es obliegt, die allgemeine Erkenntnis des Guten auf eine bestimmte Situation anzuwenden und so ein Urteil über das richtige zu wählende Verhalten zu fällen. Man stellte sich darauf ein, dem Gewissen des einzelnen das Vorrecht zuzugestehen, die Kriterien für Gut und Böse autonom festzulegen und dementsprechend zu handeln. Diese Sicht ist nichts anderes als eine individualistische Ethik, aufgrund welcher sich jeder mit seiner Wahrheit, die von der Wahrheit der anderen verschieden ist, konfrontiert sieht. In seinen äußersten Konsequenzen mündet der Individualismus in die Verneinung sogar der Idee einer menschlichen Natur."

Das ist die Quintessenz des Nihilismus, die Verneinung an sich. Natürlich auch der Schöpfungswirklichkeit. Verneinung als Prinzip im Dienst der eigenen Autonomie. Es ist, wie Hello prophetisch fragend schrieb, eine „Leidenschaft, die das Nichts zum Gegenstand hat. Gibt es diese Leidenschaft bei der Menschheit? Hat sie einen Sinn? Nein. Aber diese Leidenschaft enthält ein Geheimnis: Die Liebe zum Nichts ist der Haß gegen das Sein."

Das mag den meisten Skeptikern, Selbstermächtigern und Pilatisten so nicht bewußt sein. Ihnen ist dann aber auch nicht klar, daß mit dem Verzicht auf die beständige und ausdauernde Suche nach Wahrheiten auch die Freiheit verlorengeht. Ohne wahre Information gibt es zum Beispiel keine Wahlfreiheit, weil die Wahloptionen nicht offenliegen. Wer nicht weiß, was die Mutter-Kind-Bindung in den ersten Jahren für das Kind (oft auch für die Mutter) bedeutet, kann nicht wirklichkeitsgemäß abwägen, was besser ist für Mutter und/oder Kind. Freiheit ist grundlegend abhängig von der Wahrheit. Der griechische Geschichtsschreiber Polybios hat einmal gesagt, Geschichte ohne Wahrheit ist wie ein Gesicht ohne Augen, und Hermann Boventer meint zutreffend, „ein Journalismus, der nicht von einem höheren Prinzip gehalten wird, produziert ohne Widerstand mit den Mitteln der Technik alle jene Ergebnisse und Wirkungen, die der jeweilige Machtorganismus ihm abverlangt."

Der Fall Eva Herman

Die Debatte um die Thesen von Eva Herman verlief hochemotionalisiert. Das lag und liegt daran, daß es hier eben nicht nur um Vorlieben und Geschmacksfragen, sondern mehr noch um Lebensmodelle geht, die von Medienleuten in ihrem Selbstverständnis als ultimativ und nicht verhandelbar gelten. Die frühere Tagesschau-Sprecherin und Fernsehmoderatorin sah sich seit der Veröffentlichung ihrer feminismuskritischen Thesen im permanentem Kreuzfeuer der Kollegen. Überraschend war in der Tat die Heftigkeit, mit der diese Debatte auch in persönlichen Angriffen geführt wurde. Das mag an der Provokation der Thesen selbst liegen, vor allem für die Medienschaffenden. Aber, so sagte sie in einem Interview mit dem Autor im Deutschlandfunk, „ich hatte nicht damit gerechnet, daß die Medienseite so über mich kommen würde, und zwar so wütend". Nicht weniger als 37 Bücher wurden gegen ihr „Eva-Prinzip" geschrieben. Andererseits fühle sie sich auch durch zahlreiche Zuschriften bestärkt in ihrem Plädoyer für eine neue Frauenrolle.

Ein Vorwurf betraf ihre persönliche Glaubwürdigkeit. Graham Greene hat einmal gesagt: „Die meisten Menschen beichten am liebsten die Sünden anderer Leute." Ist das bei den Thesen gegen den Feminismus nicht auch so? Schließlich habe Frau Herman das, was sie beschreibt, ja selbst gelebt. Drei Scheidungen, Feminismus pur. „Ja," sagt sie, „vier Ehen und ein Kind, umgekehrt wäre es mir heute lieber. Aber gerade, weil ich es gelebt habe, bin ich glaubwürdig. Weil ich die Höhen und Tiefen, die Schmerzen, Ängste, aber auch die Freuden kenne, denke ich, daß ich ganz gut einordnen kann, wie gefährlich dieser Weg sein kann, nämlich dieser Weg des Erfolges, der angeblichen Selbstverwirklichung, wenn er nur einseitig begangen wird."

Sie habe, weil sie die andere Seite kenne, auch „eine ganze Menge Rummel erwartet, denn ich hatte ja den ‚Cicero'-Artikel vorher schon veröffentlicht, der noch ein bißchen provokanter formuliert war, und da brach ja einiges über mich herein". Aber sie hatte nicht mit der Wut der Kritiker gerechnet und es „auch nicht für möglich gehalten, daß die Macht dieser Menschen, die an den Hebeln der öffentlichen Meinung sitzen, in diesem Maße genutzt wird, und zwar einseitig. Sie versuchen das, was sie leben, als Maß aller Dinge zu nehmen. Dabei leben sie aber ein abgeschlossenes, nämlich ein öffentliches Leben, was nicht viel zu tun hat mit dem ganz normalen Leben des Durchschnittsbürgers."

Sie hat nicht nur Feinde. Ihr erstes Buch (Das Eva-Prinzip) wurde ein Bestseller, sie erhielt mehr als dreitausend Mails, die sie in einem zweiten Buch zu Papier brachte. Ihr drittes Buch (Das Arche-Noah-Prinzip), in dem sie unter anderem die Familienpolitik im Licht der Bindungsforschung betrachtet, dürfte erneut ein Bestseller werden, trotz überaus kritischer Rezensionen der Kollegen. Ein Magazin titelte treffend ihre Debatte mit „Die Hermansschlacht". In diesem Schlachtgetümmel komme sie sich „manchmal ganz schön verprügelt" vor. „Andererseits fühle ich mich verstanden und fühle mich als eine von Millionen, nämlich der Leute, die mir auch schreiben. In mehreren tausend Mails schreibt mir der ganz normale Mensch: eine Mutter von drei Kindern, eine berufstätige Frau, die außerdem zu Hause arbeitet im Haushalt und den Kindern, Väter, die sich um die Kinder kümmern, Väter, die sich nicht um die Kinder kümmern, junge Menschen, die eine Familie planen wollen, Ältere, die es hinter sich haben. Alle melden sich zu Wort. Alle schreiben mir ihre Geschichte. Und alle sagen, fast unisono: Vielen Dank, daß wir endlich darüber sprechen dürfen."

Eva Herman hat offenbar den Eindruck, daß bei uns zu viel gefiltert wird, vor allem bei den Themen, die sie selbst in die öffentliche Debatte wirft, also Frau und Familie. Das liege zunächst daran, daß „das mediale Establishment eine einseitige Gesellschaft ist, die aber öffentliche Meinung macht. Viele Kolleginnen glauben, daß das, was sie selber leben und empfinden, das Maß aller Dinge ist." Leider sei das weit entfernt von dem normalen Leben. Ihr seien all diese Einstellungen und Urteile, auch Vorurteile bekannt, „die man in Redaktionskonferenzen hat oder wenn man sich abends zum Weintrinken trifft". Das Schlimme sei die Eingeschlossenheit in dieser Welt, man glaube, das sei das Leben. „Nur wenn man zwei, drei Tage mal nicht in die Redaktion geht und eintaucht in das wirklich normale Leben, dann sieht man, daß man weit von der Wahrheit entfernt ist. Das Fatale und das Gefährliche ist, daß eben genau aber diese Leute Meinung machen und davon ausgehen, daß das Deutschland ist. Aber Deutschland ist anders."

Sie stoße immer wieder auf den Begriff „die schweigende Mehrheit". Die Leute schrieben ihr darüber. Sie habe den Eindruck, daß es einen „Bruch zwischen Bevölkerung und Medien bei dieser Thematik" gebe. Auf jeden Fall stelle sie „auch eine Verhinderungspolitik der Medien-Machthaber, ein angstvolles Verhindern der Wahrheit fest. Ich vermute auch deswegen, weil sie ansonsten gezwungen wären, ihren eigenen Lebensentwurf zu überdenken. Und der bricht relativ schnell zusammen". Das erlebe sie zum Beispiel in Interviews, in denen Journalistinnen sie „zum Schluß anschreien vor Wut, die also die Contenance verlieren und wirklich Haß in sich aufsteigen fühlen, weil ich immer weiter in Richtung Wahrheit argumentiere".

Frau Herman ist überzeugt, daß die schweigende Mehrheit in diesen Fragen auf ihrer Seite steht. Rund 70 Prozent der Journalisten seien kinderlos, hätten keinen oder kaum einen persönlichen Bezug zu Kindern und Familie. Karriere und Arbeit, auch Ideologie trennten sie oft vom wirklichen Leben. Auch durch Umfragen sieht sie sich bestätigt. Vor Erscheinen ihres Buches habe ein Institut „sehr nachlässig und pauschal" gefragt: Glauben Sie Eva Hermans Thesen, daß berufstätige Frauen unglücklich sind? „Ich meine, da antwortet natürlich jeder: Nein. Und diese Umfrage ist auch dementsprechend ausgefallen, nämlich über 80 Prozent sagten nein, und das haben seriöse Zeitungen und Zeitschriften nachgedruckt – ungeprüft – und daraus den Schluß gezogen, 80 Prozent der Deutschen seien nicht Eva Hermans Meinung. Wir haben dann beim gleichen Institut zwei weitere Umfragen in Auftrag gegeben und denselben Sachverhalt einfach anders formuliert und gefragt: Glauben Sie, daß berufstätige Mütter überlastet sind? Und da hieß es wieder zu über 80 Prozent: Ja. Und die zweite Frage lautete: Glauben Sie, daß die Kinder dieser berufstätigen Mütter darunter leiden? Und da haben über zwei Drittel mit Ja geantwortet." Auch das entspricht den Mechanismen der Filterjournalisten: Frau Herman soll als Einzelfall dargestellt werden, sie soll isoliert dastehen. So verfuhr man früher in der Kommunistischen Partei mit Renegaten. Isolierung gehört traditionell zum Sanktionsinstrumentarium von Ideologen. Aber auch das dürfte fehlschlagen. Denn anders als früher bietet das Internet heute die Möglichkeit, den Filter der traditionellen Medien zu überspringen und durch ein Online-Magazin oder eine interaktive Webseite direkt mit dem Publikum in Kontakt zu treten und die Kommunikation zu pflegen. Genau das führt die Autorin Herman derzeit vor. Auf diese Weise sollen die Isolation durchbrochen und die Thesen des Eva-Prinzips weiter diskutiert werden, „damit auch die Politik sie nicht weiter verdrängen kann". Sie habe übrigens nicht vor, eine neue Partei zu gründen oder sich in den Dienst einer bestehenden Partei zu stellen.

Ein Aspekt kommt in den Thesen des ersten Buchs der Autorin selten vor: die Väter. Man könnte fast den Eindruck gewinnen, daß nicht wenig Männer sich angesichts der Debatte klammheimlich die Hände reiben. Frau Herman nickt. „Ja das tun sie vielleicht auch zum Teil. Viele sagen: Habe ich doch schon immer gesagt, nur auf mich hört keiner. Das ist die eine Seite. Die andere Seite der Männer ist nach wie vor verunsichert, denn durch den Feminismus, der uns Frauen gepredigt hat, ‚ihr könnt alles, ihr dürft alles, ihr seid genauso stark wie die Männer, es gibt keinen Geschlechtsunterschied', sind diese Männer im Laufe der letzten Jahrzehnte einfach auf einen Nebenplatz geschoben worden, wo sie nun irritiert herumschauen und sich fragen: Was wollen die denn jetzt eigentlich? Entweder sind Männer gewaltbereite Machos oder sie sind Trottel und Weicheier. Wo und was bin ich eigentlich? Und wofür braucht mich eine Frau überhaupt noch? Zum Geldverdienen braucht sie mich nicht. Zur Selbstverwirklichung braucht sie mich nicht. Für Kinder braucht sie mich auch nicht, denn Kinder will sie meistens gar nicht haben." Viele Männer wüßten heute gar nicht, wohin sie gehören. „Meine Hoffnung ist, wenn wir Frauen uns ein bißchen besinnen, daß die Männer sich von ganz alleine auch wieder an unsere Seite stellen."

Goethe und das behagliche Gefühl der Mehrheit

Eva Herman verfolgt in ihrer Arbeit einen Rat, den Geheimrat Johann Wolfgang Goethe seinem Freund Eckermann schon vor 180 Jahren gab: „Und dann, man muß das Wahre immer wiederholen, weil auch der Irrtum um uns her immer wieder gepredigt wird, und zwar nicht von einzelnen, sondern von der Masse. In Zeitungen und Enzyklopädien, auf Schulen und Universitäten ist der Irrtum obenauf, und es ist ihm wohl und behaglich im Gefühl der Majorität, die auf seiner Seite ist." Noelle-Neumann hat dieses behagliche Gefühl der Mehrheit mit der sozialen Haut und der Isolationsfurcht umschrieben. Vor Goethe haben sich auch schon andere Geistesgrößen Gedanken darüber gemacht. Schließlich geht es hier um ein Urgefühl, das mit existentieller Sicherheit und dem bedingungslosen Angenommensein zu tun hat. Jean-Jacques Rousseau kam zu dem Ergebnis: „Der Mensch, das soziale Wesen, ist immer wie nach außen gewendet: Lebensgefühl gewinnt er im Grunde erst durch die Wahrnehmung, was andere von ihm denken." Deshalb ist die Isolation, das permanente Mißtrauen, eine Art Folter, die der Mensch kaum auszuhalten vermag. Und John Locke schrieb: „Wer überhaupt ein menschenähnliches Wesen hat, bringt es nicht fertig, in einer Welt zu leben, in der ihm seine Mitmenschen ständig abweisend und verächtlich begegnen. Diese Last ist zu schwer, als daß ein Mensch sie ertragen könnte." Deshalb ist es behaglich, auf seiten der Mehrheit im Irrtum zu leben, und diese Behaglichkeit verhindert nicht selten, daß man den Sachverhalt hinterfragt.

Mehr noch: Der Fall Eva Herman hat gezeigt, übrigens ebenso wie die Reaktionen im Fall von Bischof Walter Mixa, daß selbst die Fragenden und Zweifelnden mit Spott und Hohn bedacht werden, statt daß auf die Fragen rationale Antworten gesucht werden. Hier kommt ein Phänomen zum Tragen, das wir aus der Massenpsychologie kennen und das in der Publizistik schon seit achtzig Jahren mehrfach untersucht wurde. Hans Matthias Kepplinger etwa hat es in seinem Buch „Die Kunst der Skandalisierung und die Ilusion der Wahrheit" (2001) mit vielen Beispielen aus der Politik und den Medien beschrieben und sich bei der Erklärung des „autokinetischen Effekts" bedient. Er schreibt: „Beschreiben mehrere Personen in einer Gruppe nacheinander ihre Beobachtungen, gleichen sich ihre Urteile schnell an, weil eine Gruppennorm, eine in der Gruppe allgemein akzeptierte Sichtweise entsteht. Indem sich die Urteile der einzelnen annähern, trägt jeder zur Bildung der Gruppennorm bei. Je eindeutiger die Gruppennorm wird, desto stärker beeinflußt sie die einzelnen: Sie fühlen sich in ihrem Urteil immer sicherer, weil sie die Urteile der anderen für eine Bestätigung der eigenen Sichtweise halten. Trotzdem behaupten fast alle Versuchspersonen bei späteren Befragungen, sie hätten eigenständig geurteilt. So legen sie großen Wert auf die Feststellung, sie hätten sich ihr Urteil schon gebildet, bevor die anderen Gruppenmitglieder ihre Ansichten geäußert hätten."

Beim Thema Familie ist die „in der Gruppe allgemein akzeptierte Sichtweise" von Journalisten, die Gruppennorm, besonders stark. Hier wird schnell und entschieden „auf der Grundlage unzureichender Informationen" ge- und gern auch verurteilt. Das mag an der vorherrschend kinderlosen Lebensform in der „Bewußtseinsindustrie", wie Enzensberger die Medienwelt nennt, liegen. Auch die Ideologisierung der Thematik durch den Feminismus, den Relativismus und den Nihilismus sowie die gängige Übersexualisierung wirken dauerhaft nach, zumal die Generation, die von ihren Propheten wie Jean-Paul Sartre, Simone de Beauvoir, Herbert Marcuse, Alice Schwarzer und anderen beeinflußt wurde, jetzt in einem Alter ist, in dem man auf der Karriereleiter schon auf entscheidungsrelevanten Sprossen steht. In der Politik war diese Generation vertreten von Joschka Fischer und Gerhard Schröder, beide bezeichnenderweise kinderlos und viermal verheiratet. Daß sie überhaupt noch geheiratet haben, könnte mit politischen Motiven zusammenhängen, typisch ist es nicht.

An der Familie scheiden sich die Geister, wobei es de facto nicht um die Familie geht, sondern um die Natur des Menschen. „La nature de l'homme n'existe pas" – die Natur des Menschen existiert nicht, meinte Sartre. Der Satz ist konstitutiv nicht nur für den Existentialismus, sondern auch für die Haltung der Pilatisten und Relativisten. In der Bewußtseinsindustrie hat er besonders viele Anhänger, bewußte und unbewußte, ausschlaggebend ist der persönliche Lebensentwurf.

Natürlich läßt sich das nicht verallgemeinern und wird eine solche These unter Berufung auf die persönliche Freiheit und Selbstbestimmung auch bestritten. Das Problem ist auch nicht die Lebensweise einzelner oder vieler Journalisten, sondern der Anspruch auf Allgemeingültigkeit, der in der Bewußtseinsindustrie „behaglich im Gefühl der Majorität" für bestimmte Lebensformen aufgestellt oder anderen verweigert wird. Hier setzt die Suche nach der Wahrheit aus. Hier beginnt auch, was der italienische Journalist Lucio Lami die „Autodesinformation" genannt hat. Die Majorität macht weitere Recherchen unbequem oder überflüssig. Viel karrierefördernder als die Suche nach Wahrheit(en) ist der Wettlauf gegen die Konkurrenz, der zu einem selbstsättigenden Medienhype und zu einem Phänomen führt, das die amerikanische Publizistik den pack-journalism nennt, man könnte es übersetzen mit „Meutenjournalismus". Er sondert Kollegen, die nicht mitlaufen, schlicht aus. Meuten nehmen Fährten auf und jagen. Wenn die Meute erst mal läuft, dann greifen Mechanismen der kapitalistischen Medienindustrie, und dann ist die Gefahr der Autodesinformation groß, weil dann die Sachverhalte zweitrangig werden. Hauptsache, man hat Exklusivinformationen, hängt nicht nach, hat überraschende, ungewöhnliche oder ausgeflippte Gesprächspartner, die entweder gut unterhalten oder die Meinung der Meute bestätigen. Lami erläutert: „Wie einem tierischen Herdentrieb gehorchend sind die Vertreter der Informationswelt bei einem Ereignis präsent oder abwesend, gemäß einem geheimnisvollen Ruf, der nichts mit der Pflicht zur Information zu tun hat (…) Die Welt der Information ist vom Virus der Ideologie befallen."

Das selbstermächtigte Verschweigen oder Übergehen politisch relevanter Sachverhalte geht über die herkömmliche Debatte in pluralistischen Demokratien hinaus. Es macht die publizistische Meinungsauseinandersetzung zum Kampf, um nicht zu sagen zum politischen Krieg. Denn hier geht es nicht mehr um die Sache, sondern um Herrschaft einer Meinung, um Propaganda. Die Propaganda, „Zwillingsschwester der Desinformation" – so nannte sie der frühere polnische Botschafter Zdzislaw Rurarz –, versucht, „die Einstellung großer Menschenmengen zu beeinflussen und zwar in umstrittenen kontroversen Fragen, in denen sich eine bestimmte Gruppe engagiert hat" (Lasswell). Die Encyclopaedia Britannica geht noch weiter, wenn sie die Propaganda als „bewußt einseitige Orientierung einer Massenzuhörer- oder zuschauerschaft" definiert, als einen „Akt der gerichteten, gezielten Meinungslenkung bei umstrittenen Sachverhalten". Propaganda legt fertige Meinungsmuster vor, sie drängt ein fertiges Urteil auf, sie richtet sich immer an die Masse. Genau das geschieht im familienpolitischen Diskurs von seiten der Regierung und ihrer Genossen in den Medien.

Kapitel III

Demographie, Wirtschaft, Familie – verdrängte und verschwiegene Zusammenhänge

Demographie und Nationalismusverdacht

Man hat oft und gern die Wirtschaftsleistungen Europas mit denen der Vereinigten Staaten verglichen. Erstaunlich ist allerdings, daß bei diesen Vergleichen die demographischen Daten meistens unbeachtet bleiben. Dabei sollte ein Überblick über die letzten drei Jahrzehnte doch nahelegen, daß die Demographie keine unbedeutende Rolle mit Blick auf die Wirtschaftsleistung spielt. Aber hier wird sektoriell und nicht integral gedacht. Man läßt die Demographie als solche außer acht. Dabei wäre es sicher den Stirnschweiß der Weisen wert nachzuforschen, warum die amerikanische Wirtschaft gerade in den letzten Jahrzehnten konstant ein höheres Wachstum aufwies als die europäische und ob diese Leistungsunterschiede nicht auch damit zu tun haben, daß die Bevölkerung in den USA als einzigem Industrieland ebenfalls konstant wächst, mittlerweile die 300 Millionen überschritten hat, und daß dies nicht nur der Einwanderung, sondern eben auch einer populationserhaltenden Geburtenquote von 2,1 Kindern pro Frau geschuldet ist. Diese Quote ging nur in den 60er und 70er Jahren auf 1,8 zurück, um seit den 80er Jahren wieder auf die 2,1 zu steigen, während die Geburtenquote in Europa ebenfalls in den 60er Jahren sank, sich aber nie mehr erholte. Nur Frankreich hat mittlerweile wieder fast die Reproduktionsrate von 2,1 erreicht, Deutschland liegt mit 1,3 Kindern pro Frau weit unter dem Erhaltungswert. Eine jüngere und wachsende Erwerbsbevölkerung in den USA mit geringeren Arbeitslosenquoten und relativ hohen Wachstumszahlen, eine älterwerdende in Europa mit einem hohen Sockel an Langzeitarbeitslosen und auch permanent hohen Arbeitslosenquoten, aber mit sehr bescheidenen Wachstumszahlen – warum sollte es keinen Zusammenhang zwischen diesen Daten geben? Es gibt ihn, aber die Politik hat ihn jahrzehntelang verdrängt. Demographie blieb für sie immer ein Thema mit Hautgout, besonders in Deutschland. Der lange Schatten der braunen Diktatur, die alle Lebensbereiche, gerade die Familie und ihre Zeugungs- und Erziehungskräfte unter rassistische Vorgaben gestellt hatte, wirkte in den Köpfen nach, besonders in den Köpfen der 68er, die die Restauration und Rehabilitation der Familie als braunes Remake brandmarkte. Wer sich bis in die 90er Jahre zu eifrig für Familie engagierte, stand sofort unter Nationalismusverdacht, und das gilt für bestimmte, meist multikulturell denkende Kreise im politisch-medialen Establishment auch heute noch.

In Deutschland sind Mythen, die mit Volk und Vaterland zu tun haben, offenbar zählebiger als anderswo, sie wechseln nur gelegentlich mal das Gewand. So feiert Malthus derzeit ein neues Comeback in der Ökologie, sein Gesetz vom abnehmenden Ertragszuwachs, das zentrale Element der malthusianischen Theorie, das noch in den Studien „Grenzen des Wachstums" und „Global 2000" des Club of Rome einen nachhaltigen Niederschlag fand, wird jetzt schlicht auf das Klima und die Umwelt angewandt. Dabei sind die fatalen Theorien des Thomas Robert Malthus längst und mehrfach widerlegt, „das dümmste Buch der Weltliteratur" nannte Werner Sombart schon das „Bevölkerungsgesetz" des englischen Gelehrten. Es war eigentlich sogar schon vor Erscheinen widerlegt durch die Arbeiten des deutschen Demographen Johann Peter Süßmilch und sein Buch über die Tragfähigkeit der Erde, erschienen 1741, mit erstaunlich genauen Berechnungen. Der derzeit renommierteste Demograph, Herwig Birg, hat die beiden unlängst in interessanter Weise gegenübergestellt (Die ausgefallene Generation – Was die Demographie über unsere Zukunft sagt, 2005). Und dennoch finden sich stets Politiker und Publizisten, die beim Thema Bevölkerungswachstum immer noch warnend die Stimme heben, während das Schrumpfen der Germanen fast freudig begrüßt wird. Man hat dann schnell das Argument zur Hand, daß das Schrumpfen der Bevölkerung in Europa durch das Wachstum in Afrika oder Asien neutralisiert werde. Herwig Birg meint dazu lakonisch: Das wäre so, wie wenn man mit einem Bein in einem Eimer voll heißem und mit dem anderen in einem Eimer mit eiskaltem Wasser stünde. Insgesamt stimme die Temperatur, trotzdem sei das kein angenehmes Gefühl.

Erst die Folgen des demographischen Defizits auf Wirtschaft, Wohlstand und vor allem auf die Sozialsysteme haben eine Besinnung und schließlich ein erstes Umdenken bewirkt. Man nimmt die Bevölkerungswissenschaften und ihre Erkenntnisse etwas ernster, aber noch nicht wirklich ernst. Sonst hätte man es nicht zugelassen, daß von den vier Demographie-Lehrstühlen in Deutschland heute nur noch einer existiert. Diese für die Gesellschaft und ihre Zukunftsplanung so unverzichtbare wissenschaftliche Disziplin kann man nicht nur einem universitären Institut (Rostock) und einigen Stiftungen sowie nicht-universitären Instituten überlassen, die gelegentlich in den Ruf kommen, wegen ihrer Marktabhängigkeit ihre Ergebnisse von bestimmten Interessen oder Sponsoren leiten zu lassen. Auch dieses staatliche Desinteresse an der demographischen Forschung ist eine Form von Verrat an der Familie und an der Zukunft künftiger Generationen. Es hat sozusagen Tradition. Als in den 80er Jahren die Ergebnisse der Enquête-Kommission des Bundestages zum demographischen Wandel auf dem Tisch lagen, beriet das Präsidium der CDU über die zu ergreifenden Maßnahmen. Der damalige Bundeskanzler Helmut Kohl plädierte entgegen den Empfehlungen von Kurt Biedenkopf dafür, überhaupt nichts zu tun. Der Grund: Hier stelle sich die Machtfrage. Maßnahmen könnten nur bedeuten, den Rentnern die Leistungen zu kürzen oder den Erwerbstätigen höhere Beiträge zur Rentenversicherung abzuverlangen. Beides würde Stimmen kosten. Also tue man besser nichts, darum sollten sich spätere Regierungen kümmern. Diese Nach-uns-die-Sintflut-Politik wurde von seinem damaligen Arbeits- und Sozialminister Norbert Blüm noch verschärft. Der gab zusätzlich die Devise aus, Prognosen über das Jahr 2000 hinaus seien nicht seriös. Vermutlich wußte auch er, daß gerade die Prognosen der Demographie zu den treffsichersten im ganzen Wissenschaftsbetrieb gehören.

Kohl und Blüm wollten kein Risiko eingehen. Sie haben die Risiken einfach verschoben – auf das Konto der späteren Generationen. Auch Blüms Satz von den sicheren Renten war ein ungedeckter Scheck auf die Zukunft der Jungen. Damals war die finanzielle Situation der Bundesrepublik im Vergleich zu heute rosig, man hätte mit familienpolitischen Maßnahmen durchaus eine demographische Wende bewirken können, die auch erhebliche Einflüsse auf die Wirtschaft gehabt hätte. Man hätte es sogar tun müssen, denn das Bundesverfassungsgericht hat in seinen Urteilen 1990 bereits auf die Unwucht in den Steuer- und Sozialsystemen hingewiesen. Der Mangel an Mut hat es verhindert, so wie Unentschlossenheit und Wagnisangst, um nicht zu sagen Feigheit, schon mal die Weichen für historische Fehlentwicklungen verursachten. Auch diese aus Gründen des Machterhalts rein gegenwartsbezogene und zukunftsblinde Politik ist eine Form von Verrat. Sie entspricht jedenfalls nicht dem Versprechen der Politiker, für das Wohl des deutschen Volkes zu arbeiten. Dieses Wohl gilt auch den Kindern und ihrer Zukunft.

Heute ist die Situation ungleich komplexer. Es gehört immer noch zum guten Ton in der Politik, Migrationsströme nicht zu bewerten. Aber es ist ein statistisch nachweisbares Faktum, daß „bei den unter Vierzigjährigen die Zugewanderten in vielen Großstädten ab 2010 einen Anteil von fünfzig Prozent erreichen werden, nur bei den Älteren bleiben die Deutschen in allen Regionen in der Mehrheit" (Herwig Birg). Ferner: Der Migrantenanteil in der Gruppe der unter 25jährigen beträgt insgesamt 27 Prozent (Statistisches Bundesamt, Mikrozensus 2005), die Geburtenquote deutscher Frauen liegt bei 1,2 Kindern pro Frau, bei Zugewanderten bei 1,9 Kindern; jedes dritte Kind hat heute einen Migrationshintergrund, die Arbeitslosenquote ist bei Ausländern rund doppelt so hoch (bei Türken liegt sie über 30 Prozent), 75 Prozent aller arbeitslosen Ausländer haben keine abgeschlossene Berufsausbildung, und die Belastung der Sozialsysteme durch Zuwanderung schwankt pro Person je nach Länge des Aufenthalts zwischen 2300 und 1300 Euro. Damit kein Mißverständnis aufkommt: Dies sind nur Zahlen, wer sie als Wertung begreift, wertet selbst. Hier wird auch nicht einem Zuwanderungsstop oder sonstigen ausländerfeindlichen Maßnahmen das Wort geredet (das wäre absurd: die Frau des Autors ist Ausländerin, die zehn Kinder der Familie Liminski haben alle die doppelte Staatsbürgerschaft). Aber auch diese Tatsachen sind Folgen demographischer Veränderungen, sie verändern das Gesicht der Gesellschaft, sie haben Einfluß auf die Wirtschaft, sie werden die Zukunft prägen. Man muß das zur Kenntnis nehmen und dann entscheiden, ob man solche Prägungen will oder nicht. Und ob man in einem Land leben will, dessen Bevölkerung altert und schrumpft. Unabhängig von jeder Bewertung stimmt jedenfalls, was der große Demograph Alfred Sauvy sagte: „Niemals gab es in der Geschichte den Fall, daß ein Land mit sinkender und alternder Bevölkerung eine glückliche Zukunft gehabt hätte."

Der Fachkräftemangel

Die Politik weigert sich beharrlich seit Jahrzehnten und unter allen Koalitionsfarben, ein gesellschaftliches Konzept zu erarbeiten, das dem demographischen Wandel Rechnung trägt. Hier und da werden Teilreformen ins Werk gesetzt, vor allem bei der Altersvorsorge (Riester-Rente, Rürup-Rente, Renteneintrittsalter mit 67) oder bei Gesundheitsreformen. Sie gehen meist zu Lasten der jüngeren (noch nicht stimmberechtigten) Generationen, so wie beim Zahnersatz. Aber es fehlt ein Gesamtkonzept, das die Interdependenzen zwischen Demographie, Familie und Wirtschaft ins Auge faßt. Vor allem der Zusammenhang zwischen Demographie und Wirtschaft wird vernachlässigt. Zwar gibt es auf lokaler Ebene durchaus gelungene Ansätze, etwa in den lokalen Bündnissen für die Familie. Aber selbst die Familienministerin räumt ein, daß man auf Bundesebene noch nicht weit gekommen ist. Freilich weist sie die Schuld der Wirtschaft zu, wenn sie in einem Interview auf die Frage „Erwartet nicht die Wirtschaft von ihrem Führungspersonal die Allverfügbarkeit?" antwortet: „Wenn die deutsche Wirtschaft so weitermacht, wird es ihr das Genick brechen. Wir sind in puncto ‚familienbewußte Arbeitswelt' noch weit zurück. Andere Länder haben längst verstanden, daß hochqualifizierte Arbeitskräfte danach schauen, welche Möglichkeiten ihnen eine Firma bietet, Familie und Beruf zu verbinden. Aber ich glaube, das Gespür dafür steigt auch bei uns."

Gespür für eine Problematik bedeutet noch lange kein Handeln. Auch die Politik selbst ist da gefordert. Und gelegentlich blitzt auch so etwas wie eine Erkenntnis vom Zusammenhang zwischen Demographie und Wirtschaft auf, etwa wenn die Bundesfamilienministerin auf eine bedrohliche Lage hinweist, was man übrigens auch als Drohung an die Verantwortlichen der Republik verstehen könnte, die in der einen oder anderen Form über ihre Krippenoffensive zu befinden haben. Bei der Sommertagung des Politischen Clubs der Evangelischen Akademie Tutzing sagte sie Mitte Juni 2007, Deutschland müsse eine bessere Vereinbarkeit von Beruf und Familie schaffen, wenn es im Wettbewerb um hochqualifizierte Arbeitskräfte nicht „vollständig abgehängt" werden wolle. Deshalb warne sie auch vor einer Abwanderung junger Familien ins Ausland. „Nicht nur das Kapital und die Arbeitsplätze sind mobil – auch junge Menschen sind mobil", meinte sie. 80 Prozent der deutschen

Frauen wünschen sich laut der Ministerin Beruf und Kinder zugleich. 40 Prozent aber kehrten nach der Geburt ihres Kindes nicht an ihren Arbeitsplatz zurück. Länder wie Frankreich hätten demgegenüber gute Rahmenbedingungen für berufstätige Mütter geschaffen. Je größer der Fachkräftemangel in Europa werde, desto mehr stellten sich junge Familien und Frauen die Frage, wo sie ihre Vorstellungen am besten verwirklichen könnten. Deutschland könne nicht auf die Hälfte seiner Talente verzichten. Von der Leyen betonte, daß der demographische Wandel „nicht gottgegeben" sei. Mit gezielten finanziellen Hilfen, einer besseren Infrastruktur für Familien und einer Allianz mit der Wirtschaft könne man die nötige Unterstützung für junge Familien schaffen. Kinder dürften nicht weiter als „Privatproblem" begriffen werden, sondern müßten „mittendrin im modernen Alltag" integriert sein.

Diese Warnung vor einer Abwanderung decouvriert allerdings auch andere Denkmuster der Ministerin in puncto Familie. Man könnte sechs verschleierte Grundsätze Ursula von der Leyens nennen: 1. Es geht nicht um das Kindeswohl, sondern um die Fachkräftereserve der gut ausgebildeten jungen Frauen. 2. Da Kinder kein Privatproblem, sondern mittendrin im modernen Alltag, sprich eine Sache der Gesellschaft seien (Experten nennen ein Kind auch ein privat-öffentliches „Mischgut"), und da dieser Alltag Arbeit ist, ist die Betreuung Sache des Staates. 3. Es geht um die Rahmenbedingungen – aber nicht für die Mütter und ihre Kinder allgemein, sondern für „berufstätige Mütter", mithin für die Produktion in Staat und Wirtschaft. 4. „Hilfen für die Familie" heißt nicht Gerechtigkeit schaffen, sondern Familienpolitik verstehen als eine Unterabteilung der Sozialhilfe. 5. Das Ausland dient als Vorbild, allerdings nur für bestimmte Bereiche und auf jeden Fall als Mythos für die Debatte hierzulande. 6. Das demographische Defizit läßt sich beheben, der Staat könne es richten. In ihrem ministeriellen Newsletter bezeichnete sie kurz zuvor den demographischen Wandel sogar als „vor allem eine Chance".

In solchen, man möchte fast sagen, naiven Äußerungen kommt eine „lineare Fortschrittsweltgeschichtsauffassung" (Volkmar Weiss) zum Ausdruck, die früher totalitär denkenden Marxisten zu eigen war und mit der die Ministerin heute lächelnd über die tatsächlichen Gegebenheiten hinweggeht. In diesem Fall über die Realitäten der demographischen Entwicklung oder auch auf dem Arbeitsmarkt, die für ältere Menschen eben nicht eine Chance sind.

In Hessen etwa liegt der Anteil der sozialversicherungspflichtigen Beschäftigten im Alter über 50 Jahren bei knapp einem Fünftel. Denn anders als politisch gern beschworen, machen die Unternehmen weniger die „Potentiale des Alterns" aus, sondern vor allem die Risiken der Älteren in unserer Höchstleistungsgesellschaft. Auch das demographische Defizit stellt uns vor eine historisch nie dagewesene Herausforderung, die man mit heiterem Optimismus und unzureichenden Erhöhungen des Renteneintrittsalters kaum wird meistern können. Erstens fehlen die Arbeitsplätze für die Älteren, und zweitens wird die Lebenserwartung zu dem Zeitpunkt des Inkrafttretens dieser Minireform um drei Jahre gestiegen sein, die Entlastung für die Rentenkasse findet also nicht statt. Ernst und richtig erkannt ist indes das Problem des Fachkräftemangels. Die Bundesagentur für Arbeit sprach Mitte des Jahres erstmals von der Möglichkeit eines generellen Fachkräftemangels. Sektoral und lokal komme es zu Engpässen, vor allem in den Ballungsräumen. In Hamburg, Frankfurt und Düsseldorf würden Elektriker und Ingenieure gesucht. Nach Angaben des Branchenverbandes Bitcom fehlen in der IT-Branche etwa 20.000 Fachleute, der Bedarf an Ingenieuren erreicht nach Angaben mancher Verbände mehrere Zehntausend. Aber auch hier wird einmal mehr die Einäugigkeit der Familien-und Frauenministerin deutlich und ihre ausgeprägte Fähigkeit, in monokausalen Zusammenhängen zu denken. Der Mangel an Fachkräften ist real existent. Aber diese Fachkräfte sind nicht ausgewandert oder wandern nicht deswegen aus, weil es im Ausland mehr Krippenplätze gibt. Auch sind die Sozialsysteme in den meisten der gewünschten Zielländer bei weitem nicht so ausgebaut und engmaschig wie das deutsche (z. B. in Kanada, Neuseeland, Australien). Es dürfte auch nicht zu den ersten Überlegungen junger Frauen gehören, ihr Zielland nach dem Stand des dortigen Fachkräftemangels und damit nach ihrem Marktwert auszusuchen, abgesehen davon, daß dies auch in den einzelnen Ländern regional sehr unterschiedlich ist. Dann gibt es auch noch die Sprachbarriere und menschliche Bedürfnisse jenseits von Beruf und Arbeit, zum Beispiel Freundschaft oder kulturelle Identitätsfragen. Die Gründe für die Auswanderung sind so vielschichtig wie die Gründe für das generative Verhalten. Die Befürchtungen oder Drohungen der Ministerin sind leer.

Mehr noch: Das Denken in Zusammenhängen zwischen demographischem Defizit und Veränderungen von Angebot und Nachfrage, zwischen Arbeitsmarkt und Produktionsfaktoren, zwischen Sozialstaat und menschlichen Bedürfnissen und vielen Faktoren mehr müßte gerade in einem Querschnittsministerium wie dem Bundesministerium für Familie, Senioren, Frauen und Jugend intensiv betrieben werden. Statt dessen sieht die Ministerin, wie die Bemerkung von Tutzing zeigt, die kurzfristigen Bedürfnisse des Arbeitsmarkts und denkt dabei an die stille Reserve der jungen Frauen. So dachten auch die Marxisten, und deshalb schmeckt das Ganze nach Alt-Feminismus und Ökonomismus pur. Mit einer Gesamtkonzeption und einer an den Interessen der Familie und dem Kindeswohl orientierten Politik hat das jedenfalls nichts zu tun. Diese Politik ist rein gegenwartsbezogen, sie entspricht dem Denken des politisch-medialen Establishments. Historische Perspektiven gehen ihm ab.

Wie immer man solches Denken beurteilt, ein Blick in die Geschichte zeigt, daß ein maßvolles Bevölkerungswachstum einen „schöpferischen Druck" (Jean-Didier Lecaillon) auf Wirtschaft und Gesellschaft im allgemeinen und auf die Art und Weise der Produktion im besonderen ausgeübt hat und die Innovation beflügelte, sofern sie nicht durch totalitäre Systeme (siehe China oder die Sowjetunion) gebremst wurde. Manche Autoren (z. B. Gunter Steinmann, Julien Simon, Gerard-François Dumont, Jean-Didier Lecaillon, Simon Kuznets) halten es sogar für möglich, daß die industrielle Revolution erst durch die Beschleunigung des Bevölkerungswachstums initiiert worden sei. Nachweisbar ist jedenfalls, daß die Entwicklungsländer im letzten halben Jahrhundert trotz Zunahme der Bevölkerung das reale Bruttoinlandsprodukt (BIP) zum Teil fast verdoppelt haben. Die Erhöhung des Pro-Kopf-BIPs war, die afrikanischen Länder ausgenommen, sogar stärker als in den westlichen Industriestaaten. China ist wohl das Beispiel, das am meisten Staunen erregt. Die Zahlen belegen es, aber gerade China wird auch ein Beispiel dafür sein, wie eine verfehlte Bevölkerungspolitik zu Katastrophen führen kann. China wird (wegen der Ein-Kind-Politik) bald eine sehr rasch alternde Bevölkerung haben, und allein die Fragen, was mit den 300–400 Millionen Alten geschehen wird, die zum Teil keine Familie mehr haben, und wo die Arbeitskräfte zur Ernährung dieser Massen herkommen sollen, läßt soziale Verwerfungen größeren Ausmaßes befürchten.

In den Vereinigten Staaten von Amerika, einem Land mit maßvollem Wachstum oder wenigstens dem Stand der Reproduktionsrate, war in den 70er Jahren so wie in Europa Bevölkerungspessimismus Trumpf. Die apokalyptischen Reiter der Malthusianer hatten vor allem in den Medien so ziemlich alle Andersdenkenden niedergeritten. Von jener intellektuellen Arroganz, die wegen der „Bevölkerungsexplosion" den Weltfrieden gefährdet und überall Hungersnöte und in Amerika selbst Unruhen wegen knapper Lebensmittel aufkommen sah, ist heute nichts mehr zu spüren. Im Gegenteil: Das größte Gesundheitsrisiko für amerikanische Kinder heute ist das Übergewicht. Natürlich ist der Hunger ein Weltproblem. Aber dieses Problem ist lösbar, denn es ist im Kern ein politisches, kein demographisches Problem. Wer es sich malthusianisch einfach macht, der verweigert politische Lösungen. NGOs (Nichtregierungsorganisationen) in Darfur oder in Zimbabwe können ein trauriges Lied davon singen. Und natürlich sollte die Regierung Deutschlands, eines der noch reichsten Länder der Welt, hier einen größeren Beitrag leisten, als die mageren Zahlen der Entwicklungshilfe andeuten. Noch schlimmer allerdings als die Knausrigkeit ist das Ansinnen, die Zahlen der Zuwanderer zu erhöhen und dabei vor allem auf gut ausgebildete Fachkräfte zu setzen. Der Mangel hierzulande soll behoben werden, ganz gleich ob dadurch in den Entwicklungsländern noch größere Lücken aufgerissen werden. Das ist eine Form von Neokolonialismus, der sich nicht nur eine Partei mit dem hohen C versagen sollte. Die Fachkräfte werden in Afrika, Lateinamerika und Asien stärker gebraucht als hier. Dort geht es um Aufbau und Entwicklung, hier nur um die Erhaltung eines hohen Wohlstandsniveaus.

Gerade so lange die Wirtschaft boomt, sollte man jetzt auf die eigenen Kräfte setzen und die Familien stärken. Es ist zum Beispiel kontraproduktiv, jetzt mit Studiengebühren schwächere Begabungen von Fachhochschulen und Universitäten zu belasten oder gar abzuschrecken. Auch die Wirtschaft sollte die Blüte nutzen und stärker eigenen Fachnachwuchs fördern. Daran führt kein Weg vorbei. Nur durch die hohle Gasse der Förderung des eigenen Fachkräftenachwuchses führt der Weg zum dauerhaften Boom. Schon der jetzige Aufschwung stößt an die Grenze des demographischen Defizits, man braucht die Fachkräfte jetzt, und ohne sie wird das Tempo des derzeitigen Wachstums nicht durchzuhalten sein, die Konjunktur könnte sogar abgebremst werden. Und auch wenn die Sozialkassen wegen der gestiegenen Zahl der sozialpflichtigen Jobs nicht mehr ganz so leer sind: Keine noch so brummende Konjunktur kann die Arithmetik der Demographie außer Kraft setzen. Aber kein Profit rechtfertigt einen Neokolonialismus, der letztlich gerade auf eine Exportnation wie Deutschland zurückschlagen würde.

Ethische Abwägungen zwischen Profit, Wohlstand und Aussaugen fremder Nationen sind offenbar nicht das Geschäft der christlich-sozialdemokratischen Regierung. Sie will die Zuwanderung von Fachkräften. Das ist kurzfristiges Denken. Es ist auch nicht neu. Was moralisch falsch ist, kann politisch nicht richtig sein, meinten schon britische Staatsmänner in Zeiten des Kolonialismus. Langfristig schlägt eine ethikfremde Politik auf ihre Verursacher zurück. Das kann man auch in Deutschland selbst am Beispiel der Liberalisierung der Abtreibung beobachten. Unabhängig von jeder ethischen Bewertung – es rächt sich, daß die Abtreibung liberalisiert wurde, auf ihr Konto gehen viele tausend potentielle Ingenieure und Akademiker. Aber die Politik traut sich nicht, diesen Zusammenhang zu thematisieren, es könnte Stimmen kosten und natürlich im medialen Establishment schlafende Hunde wecken.

Das Heidelberger Büro für Familienfragen und soziale Sicherheit hält die Ursachen des Fachkräftemangels für hausgemacht, diagnostiziert eine „Familienfeindlichkeit der Politik" und „eine konsequent an die Wand gefahrene Nachwuchspolitik". Dazu gehörten unter anderem: „80.000 bis 90.000 junge Menschen, die derzeit die Schule ohne Hauptschulabschluß verlassen; 5.300 zur Zeit arbeitslose Junglehrer allein in Baden-Württemberg, die keine Einstellungschance haben, weil ihre Abschlußnoten schlechter als 1,3 sind; Unternehmen, die trotz ‚Fachkräftemangel' wenig Interesse an der staatlich geförderten Weiterbildung zeigen; Studienbedingungen, die bereits ohne Studiengebühren, etwa im Bereich Natur- und Ingenieurwissenschaften mit zu einer Abbrecherquote von rund 40 Prozent beitragen; eine bürokratisch-dirigistische Forschungspolitik, die selbst einen Träger des höchsten deutschen Wissenschaftspreises ins Ausland treibt".

Kaufkraft, Konsum, Börse –
die Familie in den Mühlsteinen des Markts

Immerhin ist ein Zusammenhang erkannt und auch für eine Gruppe von Frauen (erwerbstätige Akademikerinnen, zum Beispiel in den Ministerien) umgesetzt: der Zusammenhang zwischen Geld und

Fertilität. Neunzig Prozent der Paare, die Kinder wollten und dennoch keine oder nur eins bekommen, geben als Grund die Kosten an. Übrigens nur 14 Prozent führen als Grund auch das Problem der Betreuung an (Allensbach-Umfrage). Das ist verständlich. Niemand wird gern freiwillig arm. Hier ist eine, vielleicht sogar die wichtigste Schnittstelle zwischen Familien-, Wirtschafts- und Bevölkerungspolitik. Es geht konkret um die Kaufkraft und die Konsummöglichkeiten. Der Konsum ist in vielen Ländern die Stütze der Konjunktur, etwa in Frankreich oder auch in den USA. Der Amerikaner Harry Dent hat zum Beispiel einen engen Zusammenhang zwischen der Demographie eines Landes und der Entwicklung der Börsenkurse festgestellt. Die treibende Kraft einer Volkswirtschaft sind die Ausgaben der Konsumenten, sagt er, und das Ausgabenverhalten lasse sich relativ genau bestimmen. Der gemeine Amerikaner sozusagen gibt demnach mit 46,5 Jahren am meisten aus, der deutsche Normalverbraucher mit 50 Jahren. Dent hat nun die Entwicklung der Geburtenrate mit dem Dow Jones verglichen und festgestellt, daß eine Geburtenwelle eine hausse-trächtige Ausgabenwelle zur Folge hat, die die Börsenkurse beflügelt, und zwar dann, wenn die Menschen das Alter mit den höchsten Ausgaben (49,5 Jahre) erreichen. Diese These läßt sich auch am Beispiel Japan historisch nachweisen, und die seit fast zwei Jahrzehnten anhaltende Baisse und die Konjunkturschwäche Japans haben auch mit der Alterung der dortigen Bevölkerung zu tun. Für Deutschland, wo allerdings der Export eine entscheidende Rolle bei der Konjunkturentwicklung spielt, hieße das: Bis Mitte des nächsten Jahrzehnts wird der Aktienmarkt von der kommenden Ausgabenwelle der geburtenstarken Jahrgänge noch getragen oder gehalten, und dann kommen vermutlich magere Zeiten. Erst recht, wenn auch der Export sich wegen des veränderten Konsumverhaltens in den alternden Exportmärkten abschwächen sollte. Das gilt vor allem für die Schwellenländer, die Entwicklungsländer und selbst für die Vereinigten Staaten.

Während die Politik Lösungen im Ausland sucht, paßt sich im Inland der Markt bereits den neuen Gegebenheiten an. Die unsichtbare Hand aus dem Wohlstand der Nationen geht dabei konsequent an den Familien vorbei. Zum Beispiel beim Wohnungsbau. Größere, familiengerechte und das heißt preiswerte Wohnungen gibt es eigentlich nur in Randlagen oder auf dem Land. In großen Städten stellen Einzelpersonen bereits die Hälfte der Haushalte. In Berlin, Frankfurt, Hamburg, Düsseldorf, München bestimmen Singles, Dinks (Double income no kids – doppeltes Einkommen, keine Kinder) und Oldies die Wohnstruktur und den Markt. Und mit dem Markt auch das öffentliche Leben und Lebensgefühl, wenigstens in den Medien. Es ist geradezu symptomatisch, wie sehr der Anteil von Börsennachrichten in den Medien gestiegen ist. Beim Deutschlandfunk zum Beispiel gab es vor 15 Jahren fünf bis zehn Minuten Börse, in der reinen Wirtschaftssendung und in der Sendung Journal vor Mitternacht, heute mindestens eine halbe Stunde über den Tag verteilt. Untrügliche Zeichen der neuen Zeit sind auch: (singlegerechte) Tiefkühlprodukte boomen durch alle Konjunkturzyklen hinweg, Babyartikel werden zu Ladenhütern oder bestenfalls zu Exportartikeln.

Einzelpersonen haben Geld, aber sie konsumieren wenig. Familien konsumieren mehr, aber das Geld fehlt. Es käme also darauf an, daß man die Kaufkraft der Familie, jener Einheit, die zum Konsum gezwungen ist, erhöht. Genau das geschieht nicht. Im Gegenteil, immer wieder werden Maßnahmen diskutiert, die der Familie noch mehr Kaufkraft abschöpfen. Zum Beispiel bei der Debatte über die Finanzierung der Krippenoffensive durch die Eltern selbst oder auch bei der Diskussion über die Abschaffung oder Ersetzung des Ehegattensplitting oder auch bei den Vorschlägen, das Kindergeld einzufrieren – übrigens Pläne, die mit der Verfassung nicht konform gehen. Und die das Unrecht an Familien noch weiter erhöhen, so wie auch die pauschale Erhöhung der Mehrwertsteuer, die Kürzung der Pendlerpauschale, die Kürzung des Kindergeldes um zwei Jahre, die Streichung der Eigenheimzulage, die Erhöhung der Ökosteuer, etc. So kann der Binnenkonsum nicht gesteigert werden. Apropos: Nicht nur 14 Prozent der Kinderlosen gaben in der genannten großen Umfrage von Allensbach an, daß sie Kinder bekämen, wenn die Betreuungssituation besser wäre: 47 Prozent würden ihren Kinderwunsch realisieren, wenn die finanzielle Hilfe – man sollte besser sagen: die Honorierung der Erziehungsleistung – durch den Staat gesichert wäre.

Man fragt sich, ob die seit Jahrzehnten maßgeblichen Männer und Frauen in der Politik überhaupt Notiz nehmen von den wiederholten Vorgaben des Bundesverfassungsgerichts. Demnach hat nämlich die Regierung dafür Sorge zu tragen, daß der Einkommensabstand zwischen Kinderlosen und Familien nicht größer wird. Das Gegenteil ist in der Großen Koalition und auch davor geschehen. Die Belastung von Familien gegenüber Kinderlosen sei durch „Mehrwertsteuererhöhung, Ökosteuer und Steuerreform in den letzten acht Jahren rasant gestiegen", schreibt im Herbst 2006 der Sozialrichter Jürgen Borchert. Überschlägig berechnet ergebe sich: „Der Abstand ist durch diese Maßnahmen von 1998 bis 2006 um etwa 1.000 Euro pro Kopf gestiegen. Das heißt, ein gigantischer Abstand wächst da heran trotz eines verfassungsgerichtlichen Verbotes."

Es geht bei einer umfassend verstandenen Bevölkerungspolitik nicht um Almosen, es geht auch um Gerechtigkeit für eine erbrachte Leistung. Wenn aber von Leistungsgerechtigkeit für Familie die Rede ist, verhalten sich Politiker in Deutschland wie zwei der drei berühmten Affen: Nichts sehen, nichts hören. Nur beim dritten Affen verhalten sie sich umgekehrt. Statt schamvoll zu schweigen, reden sie unentwegt, natürlich die Großtaten ihrer jeweiligen Partei preisend. Seit Monaten tragen sie wie eine Monstranz die ominöse Zahl von 184 Milliarden vor sich her, soviel gebe der Staat für Familien aus. Aber daß die Familien davon selber fast zwei Drittel erbringen und diese „Hilfen" also eigentlich nur die Rückgabe von Beutegut sind, wie manche Experten selbst in den Ministerien einräumen, das wird in der veröffentlichten Meinung nur leise gemurmelt. Das Jonglieren mit aktuellen Milliarden ist Teil des inszenierten Großbetrugs. All die Maßnahmen der Parteien der letzten Jahrzehnte halten einem Vergleich der Kaufkraft nicht stand, und das ist die einzige relevante Größe für Familien, auch wenn es um Wirtschaftspolitik, um Wachstum und um Bevölkerungspolitik geht. Hier ist zu sagen: Die staatlichen Leistungen an die Familie (Familienlastenausgleich) machten bis in die 70er Jahre rund 400 Arbeitsstunden pro Jahr aus, heute sind es wohl weniger als 200. Während Löhne, Gehälter und Renten kräftige Steigerungen verbuchten, blieben die Leistungen für Familien weit zurück, so daß kinderreiche Familien heute eben zu den ersten Kategorien der Armen gehören. Das wirkt auf junge Leute abschreckend, wenn es darum geht, Familie zu gründen.

Langsam sickert das ins Bewußtsein. Es erscheinen mittlerweile auch Artikel, die Zusammenhänge herstellen zwischen Alterung und Wachstum, zwischen Börse und Geburten. Kostprobe aus „Die Welt": „Wegen der demographischen Entwicklung kann das Wirtschaftswachstum in Europa langfristig um bis zu 1,5 Prozent jährlich gedrückt werden. Ohne ökonomisches Wachstum fällt es Unternehmen aber schwer, ihre Umsätze und Gewinne zu erhöhen. Das sind schlechte Nachrichten für Anleger, die auf steigende Dividende und Aktienkurse hoffen. Aber auch Anleihebesitzer könnten eine unangenehme Überraschung erleben. Falls die Staaten ihre Verschuldung erhöhen müssen, um die Sozialsysteme zu retten, könnte dies mit hochschnellenden Renditen einhergehen. Steigende Renditen indes bringen einen Verfall der Bondnotierungen mit sich." Auch die OECD berechnet schon jetzt das jährliche Minus beim Wachstum in Deutschland aufgrund des demographischen Defizits auf 0,5 Prozent. Und selbst die Wirtschaftsinstitute räumen ein, daß der demographische Wandel das Wachstum begrenzt. Das eben zitierte Wirtschaftsforschungsinstitut ifo beziffert in einer Studie über den Zusammenhang zwischen Fertilität und Wirtschaftswachstum den demographic gap, die „demographische Lücke", eine Lücke im Wachstum aufgrund des demographischen Defizits, auf 0,5 bis ein Prozent, je nach den Variablen im Verlauf der kommenden Jahre. Erstaunlich ist, daß man mit solchen Forschungen Neuland betritt. Man hat sich vorher eigentlich kaum um den Faktor Familie im Wirtschaftsprozeß gekümmert. Noch erstaunlicher ist, wie eine Familienministerin, die soviel von Arbeitsmarkt und Wachstum redet, den demographischen Wandel als Chance bezeichnen kann. Das ist wohl nur als Teil der üblich gewordenen Propaganda zu begreifen.

Lange hat man sich gegen die Wahrnehmung solcher Zusammenhänge gewehrt. Das hat natürlich zu tun mit den traditionellen Denkfehlern in der Nationalökonomie (siehe Kapitel I) und mit den zählebigen Mythen des Malthusianismus. Dabei genügt ein simples Gedankenexperiment, um den Zusammenhang zwischen Demographie und Sozialsystemen (denen die Beitragszahler abhanden kommen), Arbeitsmarkt, Konsum und Wachstum plastisch darzustellen. Wenn die Konsumenten fehlen, entfällt auch der Produktionsanreiz. Der Mainzer Physiker Hermann Adrian illustriert es in seinen Vorträgen folgendermaßen: Wenn seit 1974, dem Jahr, da die Geburtenzahlen auf die Hälfte der 50er Jahre fiel und den Stand nach dem Krieg erreichte, wenn also seit 1974 gar keine Kinder mehr geboren worden wären, wäre der jüngste Bundesbürger jetzt 33 Jahre alt. Wir bräuchten keine Kinderärzte, Schulen, Lehrer, Kinderkleidung, Kindernahrung, etc. Dieser Prozeß läuft nun in historischer Zeitlupe ab. Ganze Branchen siechen dahin. Gleichzeitig drängen die über 33jährigen in diesem Experiment auf den Arbeitsmarkt, wo es aber weniger Arbeit gibt. Und in der Politik tut man weitgehend so, als sei das eine momentane Krise. In Amerika geht schon lange ein Bonmot über die Deutschen und ihre Reformen um: Man sei bemüht, akkurat die Liegestühle zurechtzurücken– an Deck der Titanic.

Die Demographie ist der größte Eisberg. Es gibt noch andere, kleinere, etwa die Überregulierung des Arbeitsmarkts oder das unübersichtlich gewordene Steuersystem. Hier ließe sich sofort etwas machen, bei der Demographie liegen die Dinge komplizierter. Aber den Zusammenhang zwischen Demographie und Wachstum, zwischen Fertilität und Finanzen, zwischen Markt und Bevölkerungsstruktur gibt es. Sicher ist auch: Unser Umlagesystem prämiert die Kinderlosen und benachteiligt die Eltern. Der Soziologe Franz-Xaver Kaufmann, eine Art Nestor der Sozial- und Familienwissenschaften, hat dafür den Begriff von der „strukturellen Rücksichtslosigkeit" geprägt. Sie gefährdet die Solidarität, sie zehrt am Humanvermögen.

Das politisch-mediale Establishment hat diese Zusammenhänge weitgehend verdrängt und ignoriert. Familie ist für Politik und Medien zunächst ein Kostenfaktor und Kostengänger. In der Wissenschaft aber wird man auf diese Zusammenhänge immer stärker aufmerksam. Immer öfter wird von namhaften Professoren darauf hingewiesen, daß mit der Alterung der Konsum sinkt, die Innovationskraft nachläßt und die Kosten der Sozialsysteme steigen. Wir befinden uns bereits auf einer schiefen Ebene. Aber der Neigungswinkel ist noch so sanft, daß man den Zusammenhang zwischen dem Wohl der Familie und dem Gemeinwohl, oder der Gesamtwirtschaft verdrängen kann, ohne sich lächerlich zu machen. In spätestens sieben, acht Jahren, wenn die Babyboomer massiv anfangen, in Rente zu gehen, wird das anders sein. Dann wird man klarer sehen, daß ein sozialer Tsunami auf die Gesellschaft zurollt, in Zeitlupe und über Jahre hinweg. Er wird die Küsten der Wohlstandsinsel Deutschland verwüsten. Es ist die Sintflut nach Kohl, Blüm, Schröder, Merkel und von der Leyen. Aber niemand wird behaupten können, das hat uns keiner gesagt. Der Präsident des ifo, Professor Hans Werner Sinn, hat genau davor mit Blick auf das Rentensystem schon vor fünf Jahren gewarnt: „Die Kohorten (Altersgruppen, Anm. des Verf.) um 40 erzeugen derzeit den Rest an wirtschaftlicher Dynamik, der in Deutschland noch anzutreffen ist, und sie zahlen die Renten. In 30 Jahren werden diese Kohorten um die 70 sein und allesamt im Rentenalter stehen, ohne daß ihr andere Kohorten nachfolgen, die dann die Alterslast tragen können. Das ist das Problem."

Alfred Sauvy hat die Bevölkerungsprobleme als „so fundamental" definiert, daß „sie auf diejenigen, die sie ignorieren, mit schrecklicher Wucht zurückfallen". Die die Grenzen zum Verrat überschreitende Ignoranz aller Regierungen seit Mitte der 60er Jahre fällt nun auf die künftigen Generationen zurück. Die Wucht wird um so gewaltiger sein, je länger die Politik radikale Maßnahmen hinauszögert. Bei der derzeitigen ist nicht zu sehen, daß sie mittel- und langfristig diese Herausforderung zu schultern bereit ist. Dafür müßte sie eine Familienpolitik entwerfen, die die Familie als quantitativen und qualitativen Reproduktionsfaktor würdigt. Frank Schirrmacher hat in seinem Buch „Minimum" die Familie als rettende Instanz vor den Abgründen der Demographie dargestellt. Das Buch hat eine umfassende gesellschaftliche Debatte ausgelöst. Die Folgen waren minimal, die Politik duckte sich und wartete ab. Die Kurzatmigkeit und der Meutenjournalismus unserer Mediengesellschaft kam ihr zu Hilfe. Schon bald konnte sie wieder fortfahren mit ihrem Klein-Klein und der Löcherstopferei.

Aber Schirrmacher hat recht. Gegen die fundamentalen Probleme der Demographie hilft nur eine Stärkung der Familie. Diese Institution ist grundlegend, auch für die Wirtschaft. Die Politik zeigt sich derzeit beratungsresistent, die Wirtschaft, insbesondere der Mittelstand und Familienbetriebe dagegen weniger. Sie sind näher an den Lebensumständen der Menschen und wissen, daß in intakten, also emotional stabilen Familien heute das sogenannte Humanvermögen gebildet wird, wovon die Wirtschaft später profitiert (siehe Kapitel VI).

Wie geht das vergleichbare Ausland mit dieser Problematik um? Zunächst das Denken. Der Professor für Volkswirtschaft Jean-Didier Lecaillon sagte auf dem Straßburger Kongreß „Familie als Beruf" im Europaparlament im November 2000 zum heutigen Denken: „Ökonomie wird allzuoft mit Rechnungswesen verwechselt. Man betrachtet nur die Höhe einer Ausgabe, ohne zu unterscheiden, ob es sich bei ihr um Konsum oder um Investition handelt. Die wichtigste Frage ist nicht: Wieviel kostet es? Sondern: Wieviel bringt es ein? Wenn es um die Familie geht, muß man sich darauf einigen können, daß man es im allgemeinen mit Investitionen zu tun hat."

Dann die Frauenerwerbsquote, Fetisch der deutschen Diskussion. Sie liegt in Frankreich nach OECD-Angaben niedriger als in Deutschland, und zwar bei 59 Prozent im Vergleich zu knapp 61 Prozent in Deutschland. Die höhere Geburtenrate von 2,1 Kindern pro Frau korreliert also nicht immer mit einer höheren Frauenerwerbsquote, wie es heute in der deutschen Diskussion suggeriert wird. Schließlich die Frage: Wie halten es die Unternehmen mit der Familie? Der soziale Druck auf die Mitarbeiter ist geringer, es ist selbstverständlich, Kinder zu haben. Übrigens auch in der Regierung; die neue Regierung um Premierminister François Fillon legt großen Wert auf familiäre Stabilität, wie in Interviews und Statements immer wieder zu lesen und zu sehen ist.

Wie sieht das in Deutschland aus? Der Chef vom Trendbüro in Hamburg Professor Wippermann, sagte dazu: „Wir haben eine Studie für einen großen Lebensmittelkonzern gemacht. Die wollten wissen: Wie kann man Produkte für Mütter gestalten, die assoziieren, daß man noch Single ist, daß man attraktiv ist, daß man eben nicht das Hausfrauendasein lebt. Herausgekommen ist ein ganz wichtiger Unterschied: Die Französinnen haben überhaupt kein Problem damit, die Deutschen hingegen fühlen sich immer schuldig – egal ob sie Kinder haben und zu Hause sind, ob sie Kinder haben und diese abgeben, ob sie arbeiten oder keine Kinder haben: deutsche Frauen fühlen sich schuldig. Ich glaube das ist ein sehr germanisches Problem."

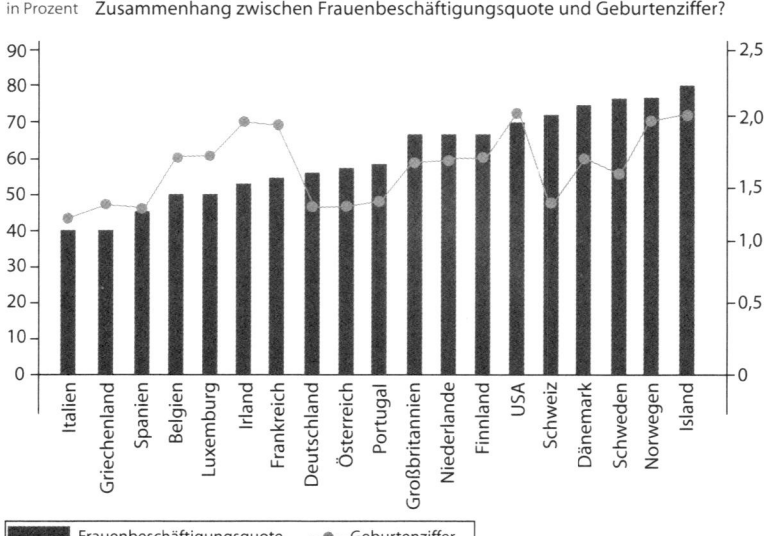

in Prozent   Zusammenhang zwischen Frauenbeschäftigungsquote und Geburtenziffer?

Frauenbeschäftigungsquote   Geburtenziffer

Nach Rürüp/Gruescu, „Nachhaltige Familienpolitik im Interesse einer aktiven Bevölkerungsentwicklung", 2003

Kapitel IV

Karrierefrauen, Hausfrauen, Mütter, Väter – Wünsche und Optionen

Reale Bedürfnisse und politische Vorstellungen

Am Muttertag reden alle freundlich über die Mütter. Mütter würden wohl eher sagen: „Rente statt Rosen" oder „Mutterliebe statt Fremdbetreuung". Wo käme Vater Staat hin, wenn er an diesem Tag die Mütter selber reden ließe? Genau das aber hatte sich eine Umfrage vorgenommen. Anläßlich des Muttertags 2006 stellte Emnid im Auftrag der „wellcome gGmbH" 1.000 Mütter zwischen 18 und 60 Jahren zehn Fragen zu ihrer Lebenssituation. Die Ergebnisse dieser repräsentativen Umfrage überraschten in vielen Punkten, eine Frage war: Sind deutsche Mütter faul? Nach dem Familienbericht der Bundesregierung, der Ende April 2006 vorgestellt worden war und der Hausfrauen und Müttern ein Mehr an Freizeit bescheinigte (ohne das zu belegen), konnten sich Ministerin und Experten Bemerkungen nicht verkneifen, die nahelegten, deutsche Mütter seien schlicht faul. Zu dieser Frage nun sagten die Mütter selbstbewußt: Nein. Und sie konnten es belegen. Denn 89 Prozent aller Mütter nehmen keine bezahlte Hilfe im Haushalt in Anspruch, zum Beispiel beim Putzen – egal ob sie berufstätig sind oder nicht.

Ein zweites überraschendes Ergebnis, das auch etwas mit dem ersten zu tun hat: Die größte Alltagsbelastung stellen für die deutschen Mütter Geldsorgen dar. Jede dritte Mutter sieht darin ihre größte Sorge, in den neuen Bundesländern sind es sogar 53 Prozent. Erst danach kommen der Haushalt (22 %) und die mangelnde Kinderbetreuung (15 %). Das stimmt mit den bereits erwähnten Befunden von Allensbach überein. Es ist eine Konstante auf der Wunschliste der Frauen und (potentiellen) Mütter. Auch für sie gilt wie für alle anderen: Ohne Geld ist alles nichts.

Ein weiteres überraschendes Ergebnis, jedenfalls für das politisch-mediale Establishment überraschender als für die in Familien lebenden Menschen: Jede zweite Mutter (55 Prozent, in der Altersgruppe zwischen 18 und 40 sind es sogar über 60 Prozent) ist der Meinung, daß Mütter bis zum Kindergartenalter der Kinder zu Hause bleiben und sich selbst um die Erziehung der Kinder kümmern sollten. Sie stellen die eigene Berufstätigkeit hinter das Wohl ihrer Kinder zurück. Aber gleichzeitig sagen nur 6 Prozent, daß Mütter generell nicht außerhäusig berufstätig sein sollen. Das ist kein Widerspruch. Wer selbst seine Kinder erzieht (statt das Volk zu erreichen versucht), weiß natürlich, daß schon die Präsenz der Mutter gerade in den ersten Jahren kaum ersetzbar ist und daß Frauen, die ihre Kinder erzogen haben, gerne während der Schulstunden morgens auch anderen Beschäftigungen als dem Haushalt nachgehen. Und daß die Erziehungsphase nicht ewig dauert, bei der gewachsenen Lebenserwartung macht sie je nach Zahl der Kinder zwischen zehn und 20 Prozent der Lebensspanne aus. Das sind Binsenweisheiten, die die Ideologen im Establishment dann auf Totschlagargumente reduzieren wie „Ihr wollt die Frauen an den Herd binden". Es ist müßig, auf die Kochphobie der Ideologen einzugehen, die übrigens nur bei Müttern gilt, bei Männern wie Alfred Biolek offenbar nicht. Und natürlich wünschen sich die meisten Mütter auch, daß der Vater Anteil nimmt an der Erziehung auch in den ersten Monaten des Kindes. Die meisten Väter tun dies auch, so wie sie können. Da braucht es keine finanziellen Extra-Karotten, die zudem zeitlich befristet sind. Da braucht es schlicht einen Mentalitätswechsel in Politik, Medien und Wirtschaft.

Die Ergebnisse der Emnid-Umfrage faßte die Initiatorin von wellcome und der Mütterumfrage, Rose Volz-Schmidt, so zusammen: „Wer eine mütterfreundliche Familienpolitik will, muß sehr viel differenzierter über Förderungsmaßnahmen nachdenken als das bisher in der Diskussion erkennbar ist. Die Befindlichkeit von Müttern hängt von sehr vielen Faktoren ab – Ausbildung, Wohnort, Alter der Kinder oder Einkommen. Wenn man Frauen mit Kindern fördern möchte, muß man nicht nur für flexiblere Betreuungsangebote sorgen, sondern auch von Arbeitgeberseite Modelle entwickeln, die den Frauen den Wiedereinstieg in den Beruf ermöglichen." Und, so möchte man hinzufügen, auch den Vätern ermöglichen, mehr Zeit mit ihren Kindern zu verbringen.

Soweit einige der real existierenden Wünsche von Müttern. Sie kontrastieren oft mit den Wünschen, die im veröffentlichten Diskurs den Frauen zugeschrieben werden. Die Politik sieht das Leben der Frauen offenbar durch eine andere Brille. Für das Establishment ist Frausein selbst ein Politikum. Seit 1986 führt das Familienministerium auch die Zuständigkeit für Frauen, seit Mitte der 70er Jahre gibt es auf Landesebene Frauenministerinnen, auf kommunaler Ebene und in Betrieben Frauenbeauftragte, später hießen sie Gleichstellungsbeauftragte. Und die Mütter? Mütter zählen nicht. Mit Müttern hat man kein Mitleid, schrieb schon der Herold des Sowjetsystems, Maxim Gorki.

Für die Sowjets oder die dirigistische Wirtschaft war ebenso wie heute für die kapitalistische Marktwirtschaft die Frau im Erwerbsleben eine Selbstverständlichkeit, die in unseren Tagen nicht eigens betont werden muß, aus der sich aber, anders als zu Sowjetzeiten, doch einige Wünsche ergeben, die man immerhin noch nennen kann. Denn die Gleichbehandlung, zum Beispiel bei der Entlohnung, ist noch keineswegs erreicht. Das ist übrigens nicht nur ein germanisches Phänomen, in den letzten zehn Jahren ist die Zahl der weiblichen Arbeitskräfte um fast 200 Millionen gestiegen, weltweit stellen Frauen heute mehr als 40 Prozent der insgesamt rund drei Milliarden Beschäftigten, in Deutschland sind es nach Angaben des Instituts für Arbeitsmarkt und Berufsforschung 49 Prozent. Aber da Frauen drei Viertel aller Teilzeitstellen, hingegen nur ein gutes Drittel der Vollzeitstellen besetzen, beträgt ihr Anteil am Arbeitsvolumen lediglich 41 Prozent – sagt das Institut und übergeht dabei die im Haus und in der Familie geleistete Arbeit. Natürlich sind die Unterschiede je nach Branche sehr groß, im Baugewerbe beträgt der Anteil der Frauen rund 15 Prozent, bei den Dienstleistungen sind es an die 60 Prozent. Ein durchaus verständlicher Wunsch der meisten dieser Frauen dürfte sein, genauso bezahlt zu werden wie die Männer, unverständlich ist nur, warum das noch nicht der Fall ist in einem angeblich so modernen Wirtschaftsland wie Deutschland. Ein weiterer Wunsch ist die Verbesserung der Kinderbetreuung, wobei Verbesserung sowohl qualitativ als auch zeitlich-quantitativ zu sehen ist.

Ab dem Herbst 2007 will die Bundesregierung die Einrichtung betrieblicher Kindergärten fördern. Eine Stichprobe hatte ergeben, daß weniger als fünf Prozent der Betriebe Kindergärten führen, und das gilt sogar für Betriebe, die mit Kinderprodukten zu tun haben. Das Ziel ist, ähnlich wie bei der Krippenoffensive, noch mehr Frauen in den Erwerbsberuf zu bringen, und zwar vollzeitig. Aber die hohe Teilzeitquote – fast die Hälfte aller Frauen ist teilzeitbeschäftigt, be-

sonders weit verbreitet ist Teilzeit bei den Frauen zwischen 30 und
45 , also den Frauen mit kleineren Kindern – zeigt, daß die Wünsche
der Mütter über die Bezahlung hinausgehen. Sie wünschen sich
mehr Zeit mit den Kindern. Hier stößt die Politik an die Grenzen
der nach ökonomischen Kriterien organisierten Arbeitswelt. Zwar
gibt es eine ganze Reihe von Anreizen für die Betriebe, ihre Organisation familienfreundlicher zu gestalten, aber die Familienpolitik
räumt den Bedürfnissen der Wirtschaft Vorrang ein, übrigens ganz
im Sinn des radikal-feministischen Denkens, das, wie Alice Schwarzer in ihrem neuen Buch bemerkt, die Teilzeit als Falle für Mütter
bezeichnet. Das entspricht eben dem Lebensstil des politisch-medialen Establishments. Sie können nicht anders, weil sie es nicht
anders verstehen. Für die meisten Politikerinnen, die kinderlosen
zumal, ist eine Frau nur glücklich, wenn sie außerhäusig erwerbstätig ist. Daher die mit prophetischem Eifer unternommenen Versuche, den berufstätigen Frauen und Müttern mehr Zeit für die Arbeit zu verschaffen oder wenigstens mehr Optionen, um flexibler
zwischen den beiden Berufen (Erwerbsberuf und Familienmanagement) zu pendeln, de facto also die Doppelbelastung besser in den
Griff zu bekommen. Von dieser Warte aus gesehen könnte man die
Politik sogar verstehen. Aber es ist eine Politik für nur einen Teil der
Frauen. Jener andere Teil, der als Familienmanagerinnen gratis die
Arbeit der Erziehung und des Haushalts verrichtet, gilt als Quantité
négligeable. Sie hat man einfach nicht auf dem Schirm. Und wenn,
dann vor allem als stille Reserve für den an Fachkräftemangel lei-
denden Arbeitsmarkt. Es ist für das Establishment einfach eine Ver-
schwendung, wenn nur in 23 Prozent der Haushalte beide Partner
vollzeitig einer Erwerbsarbeit nachgehen (Mikrozensus 2005) und
nur in jeder zweiten deutschen Familie mit Kindern beide Eltern erwerbstätig sind, wobei in knapp drei Viertel der Fälle der Vater einer
Vollzeitbeschäftigung nachging und die Mutter Teilzeit arbeitete.

Lieber der Puff als der Herd –
das neue Idealbild der Feministen?

Die Wünsche der reinen Familienmanagerinnen werden jedenfalls
nicht ins politische Kalkül gezogen. Und wenn mal von den Wünschen der Hausfrauen und Mütter die Rede ist, dann wie bei der
Internet-Suchmaschine Google unter dem Stichwort „Hausfrau"

überwiegend mit Kochrezepten oder Sexangeboten. Die Diskriminierung ist real existent, oder hat je ein Politiker schon einmal etwas gegen diese öffentliche Verunglimpfung unternommen? Im Gegenteil, die (rotgrüne) Bundesregierung hat den Beruf der Prostituierten anerkannt, den der Hausfrau und Mutter nicht. Und auch für die gegenwärtige Regierung gilt offenbar wirtschaftlich gesehen das Frauenbild: lieber der Puff als der Herd.

Das ist eine Perversion, wie sie das radikal-feministische Denken erzeugt. Denn der radikale Feminismus hat das Frausein auf eine archaisch-männliche Denkweise reduziert: Was zählt, ist die sozialpflichtige Arbeit, sind die damit verbundene Teilhabe an und der Gewinn von Macht: über andere verfügen wollen, statt ihnen als Mensch zu begegnen. Auch diese reaktionäre Haltung, die sich den modernen Verhältnissen und dem Druck der Arbeitswelt völlig unterwirft, ist in dem neuen Buch der Vorzeigefeministin Alice Schwarzer erschreckend klar herauszulesen. Der Feminismus kennt nicht – hier ist er allen Ideologien gleich – den Menschen als Person, die sich der Verzweckung entzieht. Man ist Frau, um irgendetwas zu tun, zu denken oder zu fühlen. Für Christen dagegen ist die Frau (auch der Mann) zunächst Person, das heißt Ebenbild Gottes. Gott hat nicht das Paar als sein Ebenbild erschaffen, sondern Mann und Frau als einzelne Personen. Und als Frau kann man so denken, handeln, fühlen, wie Männer es meistens eben nicht tun. Mann und Frau sind gleichwertig, nicht gleichartig. Und deshalb ist es auch unsinnig, die Gleichartigkeit anzustreben oder von einer „Entmannung des Zeitalters" (Ernst Bloch) zu sprechen. Es geht bei der „Selbstbefreiung" der Frau „nicht um ein billiges Angleichen an den Mann", schreibt die Frauenforscherin Jutta Burggraf, „etwas viel Lohnenderes, aber auch Schwierigeres muß angestrebt werden: die Selbstannahme der Frau in ihrem Anderssein, in ihrem Einmaligsein als Frau. Ziel der Emanzipation ist es, sich der Manipulation zu entziehen, nicht Produkt zu werden, sondern Original zu sein."

Das radikal-feministische Denken lebt heute fort unter Bezeichnungen wie Gender-Mainstreaming und drückt sich darin immer noch aus wie in dem ergrauten Satz: „Man wird nicht als Frau geboren, man wird zur Frau gemacht" von Simone de Beauvoir (1949). Aber selbst Milieu-Existentialismus, Konstruktivismus, Feminismus und Marxismus – Komponenten der Genderideologie – kommen an der Existenz der 24 Chromosomen und der Asymmetrie, besser der Komplementarität der Organe und Funktionen der beiden Geschlechter nicht vorbei. Auch sie können die biologischen Funktionen der Frau bei der Fortpflanzung der Art nicht ignorieren, und deshalb sagt Thierry Maulnier von der Académie Française auch zu Recht: „Der Kampf um die Gleichberechtigung ist legitim, der Kampf um die gleiche Identität hingegen vermessen."

Zu dieser Identität gehört die Mutterschaft. Mit ihr hat Gott der Frau „in einer besonderen Weise den Menschen anvertraut", formulierte Papst Johannes Paul II. in seinem Apostolischen Schreiben über die Würde der Frau, „Mulieris dignitatem", bereits im August 1985, und er wurde nicht müde zu wiederholen, daß es heute mehr denn je notwendig sei, das Bild der Mutterschaft aufzuwerten. Kein anderer Papst hat so viel und so tief über die Frau geschrieben. Bei einer Generalaudienz am 20. Juli 1994 sagte er: „So sehr man auch die Aufgaben der Frau vervielfachen und erweitern kann, alles in ihr – Physiologie, Psychologie, beinahe natürliche Gewohnheiten, moralisches, religiöses und sogar ästhetisches Empfinden – offenbart und betont ihre Veranlagung, Fähigkeit und Sendung, aus sich ein neues Menschenleben hervorzubringen. Viel mehr als der Mann neigt sie zur Zeugungsaufgabe. Durch die Schwangerschaft und Geburt ist sie mit dem Kind enger verbunden, seiner ganzen Entwicklung näher, für sein Wachstum direkter verantwortlich und hat stärker Anteil an seiner Freude, seinem Schmerz und seiner Gefährdung im Leben." Es wundert nicht, daß dieser Papst dem Beruf der Mutter höchste Priorität einräumte, und sein Nachfolger tut es auch. Es ist in gewissem Sinn der Beruf der Liebe, des Lebens pur. Bei einer Ansprache an Väter und Mütter in Irland sagte Johannes Paul II.: „Meint nicht, daß ihr Bedeutenderes in eurem Leben tun könntet, als gute christliche Väter und Mütter zu sein. Mögen die Väter und Mütter, jungen Frauen und Mädchen nicht auf jene hören, die ihnen sagen, es sei wichtiger, in einem weltlichen Beruf zu arbeiten und dort Berufserfolg zu haben, als die Berufung, Leben zu schenken und für dieses Leben als Mutter zu sorgen. Die Zukunft der Kirche, die Zukunft der Menschheit hängen großenteils von den Eltern und vom Familienleben ab, das sie in ihrem Heim entfalten". Die Familie, so der Papst weiter, „ist das wahre Maß für die Größe einer Nation, so wie die Würde des Menschen das wahre Maß der Zivilisation ist".

Von solchen Gedanken und Idealen sind die meisten Frauen im politisch-medialen Establishment meilenweit entfernt. Ihr Frauenbild entspricht eher der Beschreibung, die eine Beratungsstelle, die „Birke" in Heidelberg, auf ihrer Webseite entwirft. Die „Birke" beschreibt die neue Frau so: „Nach der 68er Revolution geboren, keine existentielle Bedrohung erlebt, immer in materieller Sicherheit gelebt. Verzicht, Verzichtenkönnen unbekannt. Sie ist überzeugt: Für Geld ist alles zu haben. Häufig ohne sachliche Orientierung, ohne persönliche Vorbilder. Dafür überschwemmt durch Reizfluten der Medien: Pornographie, Gewalt, Horror, Perversion. Mutter war meist berufstätig, das Kind also fremdbetreut mit wechselnden Bezugspersonen. Oft kommen Trennungen, Scheidungen, Ein-Eltern-Familie, neue Partnerschaften, Patchwork-Konstellationen hinzu. Solche Bindungsdefizite schwächen das Urvertrauen und führen zu Bindungsängsten und Bindungsunfähigkeit. Die ‚neue Frau' kann auch nicht im Geschwisterverband diese Defizite wettmachen, sie ist entweder Einzelkind, Halbschwester, Stiefschwester oder Patchwork-Kind und das alles nur auf Zeit. Deshalb praktiziert die neue Frau Schmerzvermeidung und Enttäuschungsprophylaxe in Beziehungen, sie läßt sich nicht mehr tief auf einen anderen Menschen ein. Dennoch hat sie große Ansprüche an den Partner. Er soll ihr alles geben, was sie seit der Kindheit schmerzlich vermißt: Geborgenheit, Wärme, Halt, ständige Gegenwart, Versorgung. Da sie keine echte Erfahrung dessen hat, was ihr fehlt, greift sie zu Ersatzgefühlen aus dem Fernsehen – und verwechselt das flüchtige Gefühl der Leidenschaft mit der Haltung des Liebens. Liebe ist für sie daher kein Zustand von Dauer. Die Folge: Liebe muß erst mal probiert werden, häufig wechselnde Partnerschaften werden als normal angesehen. Sie will Genuß sofort. Grundlegendes geistiges Muster der neuen Frau ist: Sie kennt nicht den Unterschied zwischen ‚gut fühlen' und ‚gut sein'. Orientierung an objektiven Maßstäben, die zum Gutsein (früher: zur Tugend) führt, wird abgelehnt. Es gilt der reine Subjektivismus, ‚Gut draufsein' ist letztes Ziel und höchstes Gebot. Eine Schwangerschaft ist in den Augen der ‚neuen Frau' nur störend, ‚das' muß weg. Ein Schuld- oder Verantwortungsbewußtsein fehlt. Die Beraterin muß praktisch bei null anfangen."

Dieser neuen Frau gilt die Aufmerksamkeit der Politik, in der CDU schon deswegen, weil man diese neue Frau vor allem in der urbanen Wählerschaft vermutet. Für sie werden Modelle ersonnen und soll die Wirtschaft umgestaltet werden, denn ohne Kind bleibt sie total disponibel. Für sie werden Forderungen an die Wirtschaft gestellt. Insofern dient die neue Frau der Politik als Argument für ihre Arbeitsmarkt- und Wirtschaftspolitik. Daß diese Frau kinderlos bleibt, ist ein Problem künftiger Generationen. In der Tat sind derzeit 43 Prozent aller Akademikerinnen in der Altersgruppe zwischen 37 und 40 kinderlos, belegt Volkmar Weiss in seinem Buch „Die IQ-Falle". Das seien 13 Prozent mehr als der Durchschnitt in dieser Altersgruppe. Angesichts der harten Konkurrenz im universitären Betrieb dürfte der Prozentsatz bei Jüngeren noch höher liegen. Gelegentlich rutscht dem einen oder anderen Politiker deshalb auch ein Satz aus wie: „Die Falschen bekommen die Kinder". Und deshalb ist das Elterngeld auch vor allem als Angebot an Akademikerinnen zu verstehen.

Aber das Angebot ist nicht so attraktiv, daß es die moderne, akademisch gebildete Frau dazu verleiten könnte, Kinder zu bekommen. Elternschaft ist keine Frage der Bildung, sondern der Liebe. Kinder sind sichtbar gewordene Liebe, beschreibt der Frühromantiker Novalis bündig das generative Verhalten. Das gilt auch für Akademiker. Das Problem ist der Partner, den man für die „Sichtbarmachung der Liebe" braucht. Fast die Hälfte der Kinderlosen nennt das Fehlen eines geeigneten Partners als den Hauptgrund für die eigene Kinderlosigkeit. Das läßt tiefe Einblicke auf die Bindungs(un)fähigkeit ganzer Generationen zu. Diese Bindungsmängel werden durch das aktuelle Sozialsystem mit seiner Zwangsversicherung für alle noch potenziert. Das System sichert vorerst den Fortbestand der Rente, der Krankenversicherung und der Pflege – weshalb sich um Nachwuchs kümmern? Und wenn hier und da der natürliche Kinderwunsch erfüllt wird, dann, so die Logik im Establishment, muß dieser künftige Beitragszahler eben irgendwie betreut werden, damit er als Störfaktor im Arbeitsleben ausfällt. Also „muß die Wirtschaft familienfreundlicher werden".

Mehr Zeit – für Karriere oder Kind?

Mehr Familienfreundlichkeit in den Betrieben – der altbekannte Appell wurde von den EU-Familienministern im Juni erneut an die Unternehmen der Unionsländer gerichtet. Zum Abschluß eines Treffens in Bad Pyrmont forderte die damalige Ratsvorsitzende Bundesfamilienministerin Ursula von der Leyen die Unternehmen auf, gerade angesichts des Fachkräftemangels die Vereinbarkeit von Karriere und Kindern zu verbessern. Zugleich sollten Väter, die für die Kinderbetreuung eine Jobpause einlegen wollen, breite Unterstützung in der Wirtschaft finden. „Die Unternehmen, die sich für gleiche Chancen von Frauen und Männern einsetzen, werden in Zukunft die Nase vorn haben", sagte von der Leyen. Für den EU-Arbeitsmarkt sei es „überlebensnotwendig, daß es das Signal an junge Menschen gibt, daß sie hier gut arbeiten und auch gut mit ihren Familien leben können". Die dänische Familienministerin Carina Christensen bekräftigte: Die Wirtschaft könne auf das Potential weiblicher Arbeitnehmer nicht verzichten. Von der Leyen warnte die Unternehmen: „Wer noch im letzten Jahrhundert schläft, wird bald von diesem globalisierten Markt verschwunden sein."

Das Institut für Arbeitsmarkt- und Berufsforschung (IAB) führt in einer Studie aus: Beruf und Familie ließen sich für weibliche Führungskräfte deutlich schwerer miteinander vereinbaren als für männliche. Denn die Partnerinnen von Führungskräften seien meist teilzeitbeschäftigt oder nicht erwerbstätig. Umgekehrt seien die Partner von Frauen in Führungspositionen mehrheitlich vollzeiterwerbstätig und nicht selten selbst Führungskraft. Wenig überraschend ist daher, daß weibliche Chefs deutlich seltener Kinder haben als männliche. Im Jahr 2004 lebten nur 32 Prozent der weiblichen, aber 53 Prozent der männlichen Führungskräfte in Familien mit Kindern. Die Autorinnen der Studie plädieren dafür, die Nachwuchsführungskräfte systematisch zu fördern und Arbeitsbedingungen zu schaffen, die den Flexibilisierungsbedürfnissen der Familien entgegenkommen. Das Einheitsdenken des Establishments macht aber auch vor dem Institut nicht halt, denn dieses geht wie die Politik von den Bedürfnissen der Betriebe, allenfalls auch der Frauen aus, aber nicht der Kinder und der Zukunft. Bessere Möglichkeiten der Kinderbetreuung könnten eine längere Unterbrechung im Job verhindern und damit die Karrierechancen von Frauen deutlich erhöhen. Mehr ist den Autorinnen nicht eingefallen. Vielleicht war auch mehr nicht gefragt.

Eine in New York ansässige Expertengruppe unter dem Dach des Instituts „Family and Work" machte im Januar 2007 unter dem Titel „Making Work Work" neue Vorschläge zur bestmöglichen Flexibilität am Arbeitsplatz. Stapelweise werden in diesem Report Fallstudien über die Einführung innovativer, flexiblerer Betriebsabläufe durch Unternehmer präsentiert. Er zeigt auf, daß Frauen eine immer wichtigere, unverzichtbare Rolle in der Arbeitswelt spielen, da sie nahezu die Hälfte der Lohn- und Gehaltsarbeit leisten. Dies bringe auch wichtige Veränderungen innerhalb der Familie mit sich, wenn man an die Zahl der Doppelverdiener am Arbeitsplatz denke, die von 66 Prozent im Jahr 1977 auf gegenwärtig 78 Prozent gestiegen sei. Dazu komme, daß für viele Angestellte die Arbeitsstundenzahlen höher und die Arbeit hektischer und fordernder werde. Diese Faktoren erzeugten bei Familien, in denen beide Elternteile arbeiten, großen Streß, heißt es in dem Bericht. Statistische Erhebungen zeigten, daß 55 Prozent der Angestellten darunter leiden, daß sie nicht genug Zeit für sich selbst haben. 63 Prozent gaben an, daß sie nicht genug Zeit für ihre Ehegatten oder Lebensgefährten haben, und 67 Prozent, daß sie nicht genug Zeit für ihre Kinder haben. Die Flexibilität bei den Betriebsabläufen sei, so der Bericht weiter, nicht nur ein springender Punkt für das Familienleben, sondern auch für die Effektivität und die Zufriedenheit im Erwerbsleben. Mit anderen Worten: Die Investition in mehr Flexibilität lohnt sich.

Die Flexibilität hat ein Ziel: mehr Zeit für die Kinder. Daß dies das große Manko gerade der außer Haus berufstätigen Frauen ist, spricht sich nicht nur in den Industrieländern, sondern auch in Deutschland mittlerweile herum. In Amerika liegt seit sieben Jahren schon ein vieldiskutiertes Buch mit dem Titel „The Time Bind", auf deutsch „Keine Zeit" vor, es stammt aus der Feder von Arlie Russell Hochschild, behandelt die work-life-balance und trägt den Untertitel: „Wenn die Firma zum Zuhause wird und zu Hause nur Arbeit wartet". In unserer durchökonomisierten Welt ist Zeit Mangelware. Mangel an Zeit aber bedeutet Streß, und Streß ist ein Beziehungs-killer. Da, wo der sogenannte Turbokapitalismus blüht, etwa im Silicon Valley oder an der Wall Street, liegt die Scheidungsquote bei fast hundert Prozent. Beispiele von prominenten Persönlichkeiten beschleunigen auch hierzulande die Diskussion. Zu ihnen gehört die Hannoveraner Bischöfin Margot Käßmann. Als verheiratete Mutter von vier Kindern schien sie das Ideal der Meinungseliten zu verkörpern. Bis sie einräumen mußte, nach 26 Jahren in ihrer Ehe gescheitert zu sein. Sie hat die Scheidung eingereicht – eine Privatsache. Von öffentlichem Interesse ist jedoch genau dieser Aspekt: der Zeitmangel. In einem journalistischen Porträt sprach sie offen über den Preis ihres Karrieremodells – den ständigen Zeitmangel, bei dem die Zweisamkeit mit ihrem Mann auf der Strecke geblieben sei. Damit steht die Bischöfin nicht allein da, wie andere Nahaufnahmen prominenter Erfolgsfrauen zeigen. Das Heidelberger Büro für Familienfragen sieht das als erneuten „Anlaß, über Arbeitsstrukturen nachzudenken, die Müttern und Vätern erlauben, als Eltern zu leben, ohne dabei dauerhaft von beruflichen Aufstiegsmöglichkeiten ausgeschlossen zu werden. Das großkoalitionäre Modell, über das Elterngeld eine zwölfmonatige Vollzeitelternschaft zu ermöglichen und dabei die Arbeitswelt komplett unverändert zu lassen, kann da als wenig zielführend eingestuft werden".

Auch in Australien werden mittlerweile öfter Daten erhoben, die zeigen, wie dringlich es ist, ein besseres Gleichgewicht zwischen den beruflichen und familiären Verpflichtungen herzustellen. Am 18. Dezember 2006 berichtete die „Courier Mail" ausführlich über eine Untersuchung der Universität Queensland über die Frage des Elternurlaubs. Die Studie bestätigte, daß sich Eltern Zeit für ihre Kinder wünschen. 46 Prozent der australischen Mütter, die sich beurlauben lassen und innerhalb von 15 Monaten zur Arbeit zurückkehren, gaben an, daß sie sich länger hätten beurlauben lassen, wenn sie bezahlten Urlaub beziehungsweise längeren bezahlten Urlaub hätten nehmen können.

Die wenigen Beispiele zeigen, daß in der industrialisierten Welt ein Umdenken über die Rolle der Frau in der Arbeitswelt im Gang ist. Ministerin von der Leyen hat durchaus recht mit der Bemerkung, daß mehr Flexibilität und Familienfreundlichkeit in den Betrieben ein Standortvorteil in der globalisierten Welt sein kann. Aber das Umdenken geht in den anderen Ländern erheblich weiter. In Großbritannien, Frankreich und in Amerika nimmt man zunehmend das Kindeswohl in den Blick, und das auch unter wirtschaftlichen Gesichtspunkten. Hier hat die Diskussion aus anderen Forschungsbereichen starke Impulse erhalten. Erziehung als Bildung von Humanvermögen, mithin als Aufbau und Entwicklung von menschlichen Ressourcen für den späteren Arbeitsprozeß wird offenbar ernster genommen als hierzulande.

Irrtümer und Altbekanntes aus dem Establishment

Ein Wunsch, der ebenfalls an mentalen und faktischen Barrieren in Politik und Wirtschaft scheitert, ist der Wiedereinstieg in den Beruf nach einer Phase der Erziehungs- oder Familienarbeit. Aber auch hier haben die Vertreter des politisch-medialen Establishments andere Vorstellungen als die real mit dieser Problematik konfrontierten Frauen und Mütter. EU-Sozialkommissar Vladimir Spidla meinte auf dem Treffen in Pyrmont, der Wiedereinstieg in den Beruf „nach einigen Monaten" Jobpause müsse für Männer und für Frauen unkompliziert sein: „Hier ist die Wirtschaft gefragt." Die Familienfreundlichkeit eines Unternehmens werde für Arbeitssuchende zu einem entscheidenden Auswahlkriterium. Spidla: „In Deutschland werden die drei Ks – Kinder, Küche, Kirche – ja bekanntlich hochgehalten: Dabei ist Karriere auch ein schönes K-Wort."

Spidla hat wohl recht, wenn er die Wirtschaft diesbezüglich zu mehr Flexibilität auffordert. Die Aufforderung zu mehr Phantasie könnte er aber auch an die Politik richten. Denn die rührt sich selbst dann nicht, wenn es gebotene Möglichkeiten gibt, den Wiedereinstieg zu erleichtern. Eine der besonders regierungsfreundlichen Werkstätten, das Deutsche Institut für Wirtschaftsforschung (DIW Berlin), verbreitete jüngst die alte Erkenntnis, daß die Wiederaufnahme der Erwerbstätigkeit von Müttern durch das geltende Abgabensystem finanziell reichlich unattraktiv sei. Rechnete man noch die Folgekosten für die familienexterne Kinderbetreuung ein, stünden die Familien häufig sogar noch viel schlechter da als beim Alleinverdiener-Status. Wie gesagt, nichts Neues. Man fragt sich, warum gerade im Juni 2007 diese Tatsache neu aufgelegt wird. Die Erklärung bietet die ebenfalls seit dem Frühsommer wieder angelaufene Debatte um das Ehegattensplitting. Nach der Ideologie der Polit-Elite soll das Ehegattensplitting verändert oder abgeschafft werden zugunsten eines Familiensplittings. Auch das würde Zweiverdienerpaare begünstigen, das Alleinverdienerpaar (sprich die Familie, bei der die Frau sich der Erziehung der Kinder zu Hause widmet) würde benachteiligt. Diese Argumentation lenkt zudem vom eigentlichen Mißstand ab: der faktischen Bestrafung von Teilzeitarbeit für Mütter und Väter durch das Abgabenrecht. Dabei hat der Gesetzgeber nicht nur die Möglichkeit, sondern sogar den Verfassungsauftrag, hier für Abhilfe zu sorgen. Beispielsweise müßte er nur das Familien-Pflegeurteil des Bundesverfassungsgerichtes umsetzen und die Unterhaltskosten für Kinder in ihrer realen Höhe (pro Kind mindestens 8.000 Euro/Jahr) vom Bruttoeinkommen abziehen und erst dann mit Sozialabgaben belasten. Das wäre, so Kostas Petropulos vom Heidelberger Büro für Familienfragen und soziale Sicherheit, „ein wirkungsvolles Instrument zur Schaffung finanzieller Leistungsgerechtigkeit für Familien und damit auch zur Verbesserung der Chancen für Mütter (und auch der Väter) auf dem Arbeitsmarkt, die ihr Recht auf Elternzeit voll in Anspruch genommen haben".

Hier ist die Politik gefordert, die Arbeitgeber würden ein entsprechendes Gesetz begrüßen, denn sie bräuchten auf diese Weise nicht so viel Sozialabgaben für Eltern entrichten. Das eben zitierte

Heidelberger Büro meinte einmal lapidar: „Für die Bundesregierung ist der familienpolitische Idealzustand erreicht, wenn alle Kinder in einer öffentlichen Betreuungseinrichtung unterkommen und beide Eltern Teilzeit arbeiten können." Das war zu rotgrünen Zeiten so und es gilt auch heute. Aber dieser politische Denkansatz geht an der Lebensrealität der meisten Familien vorbei. Teilzeitarbeit können sich gerade junge Familien finanziell nicht leisten, weshalb ja auch nur in zwei von hundert Fällen der Mann die „Erziehungszeit" in Anspruch nimmt.

Familienpolitik ist in Deutschland zur reinen Symbolpolitik heruntergekommen. Darauf hat vor Jahren schon der bekannte Bielefelder Familienforscher und Soziologe Professor Franz-Xaver Kaufmann hingewiesen. Das sei die „Achillesferse des Sozialstaates" und keine Sache der Finanzen, „sondern der Mentalitäten". Die deutsche Wirtschaft und ihre Manager würden das Resultat in Gestalt von mangelndem Humankapital und fehlender Binnennachfrage in den nächsten Jahren „schmerzlich zu spüren bekommen". Es war in der Tat eine Forderung der Bundesvereinigung der Deutschen Arbeitgeberverbände (BDA), die Elternzeit zu verkürzen; das Elterngeld tut dies durch die Hintertür, indem die Zahlung des Erziehungsgeldes von zwei Jahren auf ein Jahr verkürzt wurde. Die Funktionäre der Wirtschaftsverbände und nicht wenige Manager sehen in den Frauen eine stille Reserve. Aus ihr wollen sie schöpfen und den bedrohlich wachsenden Mangel an Fachkräften beheben. Und das zu einem guten Preis. Frauen kosten weniger als Männer, sind aber ebenso leistungsfähig. Außerdem sind sie jung, auch das drückt den Preis. Ferner sind sie heute mindestens ebenso gut ausgebildet wie die Männer. Also sollen junge Frauen in die Betriebe und nur für kurze Zeit ausfallen, wenn sie denn schon Kinder bekommen wollen. All diese Bedürfnisse befriedigt das Elterngeld. Auch die Steuerabsetzbarkeit weist in diese Richtung. Sie gelten für erwerbstätige Frauen und Männer und helfen naturgemäß den Geringverdienenden und hier vor allem den Alleinerziehenden wenig.

Es geht der Wirtschaft und der Politik in ihrem Schlepptau auch nicht um die einfachen Leute, sondern um die gut ausgebildeten Akademikerinnen. Sie sollen außer Haus arbeiten und dennoch Kinder haben, und diese Kinder sollen so früh wie möglich fremdbetreut werden. Hier beginnt ein neuer Irrtum der Politik: Betreuung ist nicht Erziehung. Die Politik, insbesondere die Familienministerin tut so, als sei die Fremdbetreuung genauso gut oder vielleicht sogar besser als die Erziehung durch die Mutter. Ihr Lebenskonzept heißt: Glückliche Kinder gäbe es nur mit zufriedenen Müttern, und Mütter wären nur zufrieden, wenn sie einem Erwerbsberuf nachgingen. Die Erwerbsarbeit wird zum Maßstab und die Vereinbarkeit zum Dogma. Zwar redet sie oft von der Wahlfreiheit. Aber die existiert de facto nicht, wenn eine junge Familie die Wahl hat zwischen Arbeit oder Armut. Für Betreuung aber gilt: Satt, sauber, beschäftigt. Erziehung dagegen ist „Beschenkung mit Menschlichkeit" (Johannes Paul II.), also Beschenkung mit Zeit und Liebe. Davon redet die Politik nicht. Müßte sie aber, denn diese Beschenkung begünstigt die Hirnbildung, schafft eine dauerhafte Beziehung, bildet das Humanvermögen, jene soziale Kompetenz und emotionale Intelligenz, die zur Bewältigung des Alltags nötig sind und über deren Fehlen die Wirtschaft immer lautere Klagelieder anstimmt.

Diese Zusammenhänge sind auf den ersten Blick nicht produktiv. Sie behindern außerdem die angebliche Selbstverwirklichung der Frauen. Und hier ist ein weiterer Irrtum des Establishments in puncto Frauen: Die Selbstverwirklichungsprogramme für Frauen werden als Familienpolitik verkauft. Das ist klassischer Etikettenschwindel. Mehr noch. Sie entpuppen die momentane Politik als hoffnungslos reaktionär. Denn schon seit einigen Jahren haben selbst Feministinnen (außer Alice Schwarzer) entdeckt, daß Mutterschaft zur Frau gehört. Für Germaine Greer ist erst die Mutter „die ganze Frau", und eine jüngere Feministin, die amerikanische Psychologin Daphne de Marneffe, verweist in ihrem neuen Buch auf das tiefreichende Verlangen von Frauen, Mutter zu sein. Dieses Verlangen präge das Leben und die Persönlichkeitsentwicklung der Frauen genauso tief wie ihre Sexualität. Sie bleibt Feministin im Sinn vieler Errungenschaften, lenkt aber die Aufmerksamkeit auf eine neue Sichtweise des Verhältnisses zwischen Mutterschaft und Erwerbsarbeit. Feministinnen beschäftigten sich vornehmlich mit der Frage, was es für Frauen bedeutete, auf Erwerbsarbeit zu verzichten, um für ihre Kinder zu sorgen. Aber es gehe darum, zu begreifen, „was es für Frauen bedeute, auf die Versorgung ihrer Kinder verzichten zu müssen, um zu arbeiten". Hier ist Flexibilität der Wirtschaft und Politik verlangt, nicht noch weitere Unterwerfung der Frau, indem sie ihre Kinder in die Staatsbetreuung abgibt.

Die Journalistin Iris Radisch (Die Zeit) schildert in ihrem Buch „Die Schule der Frauen", wie das Familienleben im beruflich erfolgreichen Akademikermilieu aussieht. Ihr Fazit: „Der Doppelverdienerfamilie allerdings fehlen all diese alltäglichen, oft auch zähen und mühseligen Erfahrungen, die Mütter in traditionellen Familien mit ihren Kindern noch machen. Wenn die Doppelverdienerfamilie endlich beisammen ist, handelt es sich immer um eine Ausnahmesituation, fern vom Alltag (…) Wenn es wahr ist, daß Erziehung durch das geschieht, was gerade geschieht, und nicht durch das, was beabsichtigt ist, kann man davon sprechen, daß wir unsere Kinder im Doppelernährerhaushalt überhaupt nicht erziehen. Was uns dort fehlt, sind identitätsstiftende Erfahrungen, ein gemeinsames Familien-Fundament und vor allem: primäre Erlebnisse (…) Für den Erfolg und die Produktivität unserer Gesellschaft spielt das kurzfristig gesehen keine Rolle, für Kinder und Familien ist diese Entwertung eine Katastrophe."

In der Tat, die Präsenz zu Hause ist konstitutiv für die Erziehung, wie Martine Liminski in dem von ihr mitverfaßten Buch „Abenteuer Familie" schreibt. „Ohne sie geben wir die Erziehung ab, entweder an eine Erzieherin oder an die sogenannten Miterzieher in den Medien oder auf der Straße. Das kann im Einzelfall auch mal eine Lösung sein, prinzipiell aber kann man sagen: Es gibt für Eltern keinen Ersatz. Das ist wie ein physikalisches Gesetz: Ein Vakuum ist nicht möglich. Die Lücke wird sofort von anderen Elementen gefüllt. Früher gab es die Tanten, die Onkel, die Verwandten und Bekannten. Dieses Netz ist weitgehend verlorengegangen, die Kleinfamilie lebt heute, wie die Soziologen sagen, in einer insulären Situation. In dieser Situation ist sie einer scharfen Konkurrenz ausgesetzt."

Bei jeder Arbeit komme es darauf an, so fährt die ehemalige Directrice einer École Maternelle fort, mit wieviel Engagement und Gründlichkeit man sie verrichte. Davon hänge ihre Qualität ab, übrigens auch bei mechanischen Arbeiten. „Bei der Familien- und Hausarbeit ist dies noch wichtiger. Hier ist die konkrete Kraftarbeit – putzen, waschen, kochen – zwar auch die materielle Grundlage für Erziehungsarbeit. Aber die wirklichen Komponenten zur Bildung des Humankapitals sind schwer meßbar, weil es sich um persönliche Beziehungen handelt, in die Nachdenken, Einstellungen und Vorstellungen, Vorlieben, Gefühle, Erfahrungen, Vertrauen und vieles mehr einfließen, was sich in Elternherzen bewegt und was man eben nicht in Zahlen und Statistiken ermessen kann. Bei der konkreten Kraftarbeit können Eltern entlastet werden. Bei einer Voraussetzung für die Erziehungsarbeit allerdings nicht: bei der Präsenz."

Erziehung geschieht zu großen und guten Teilen spontan. Natürlich sollte man ein pädagogisches Konzept, besser noch eine Lebensphilosophie haben, um die Spontaneität richtig kanalisieren zu können. Aber zunächst muß man überhaupt präsent sein. Ohne physische Präsenz läuft die Spontaneität ins Leere. Wenn der vier- oder fünfjährigen Tochter beim Spielen eine Frage in den Sinn kommt, wird sie diese Frage stellen wollen, und zwar in der Regel der ersten Bezugsperson, der Mutter. Ist die Mutter nicht da, wird das Kind kaum auf die Idee kommen, die Frage aufzuschreiben oder abzuspeichern, um sie erst am Abend zu stellen. Kinder stellen ihre Fragen aus der Situation heraus. Das können auch Bemerkungen oder Behauptungen oder auch Beschreibungen sein, die sie mitteilen wollen. Um diese Mitteilungen zu bestätigen, zu korrigieren oder auch zu kommentieren, müssen sie erst einmal wahrgenommen werden. Für Martine Liminski ist damit „nicht nur die physische Präsenz gemeint, sondern auch die innere Hinwendung oder Präsenz des Herzens. Vanessa (eines unserer zehn Kinder, Anm. des Verf.) hat das mal einer Journalistin so gesagt: ‚Mama ist nicht da, wenn sie Zeit hat, sondern wenn ich sie brauche'."

Der Wert der Hausfrauen

Die Wünsche der Hausfrauen und Mütter sind gegenüber den Wünschen der Karrierefrauen bescheiden. Man wäre froh, überhaupt anerkannt zu werden, dann freilich auch eine monetäre Honorierung zu erfahren. Laut einer Allensbach-Umfrage fühlen sich nur noch sieben Prozent der deutschen Hausfrauen und Mütter von der Gesellschaft in ihrer Rolle anerkannt. Die Mutter, Hausfrau, Psychologin und Journalistin Catharina Aanderud erklärt diesen Imageverlust der sogenannten Nur-Hausfrauen und den Wandel im Frauenbild allgemein mit einer „überzogenen Erwerbsorientierung in unserer Gesellschaft, die der Fürsorge für andere keinen Wert mehr einräumt". Darin sieht sie übrigens auch den Grund für den allgemein beklagten Werteverlust. In ihrem Buch „Schatz, wie war dein Tag auf dem Sofa? Hausfrau – die unterschätzte Familienmanagerin" führt sie aus: „Die fehlende Anerkennung für Erziehungs- und Fürsorgearbeit betrifft nicht nur die privaten Haushalte, sondern unser gesamtes gesellschaftliches Gefüge, das sich zusehends mehr am Leitbild des gesunden erwerbstätigen Erwachsenen orientiert – so als seien diese nie kleine Kinder gewesen und würden niemals alt! Wenn typisch weibliche Qualitäten wie Fürsorge für andere weiter mit gesellschaftlicher Mißachtung honoriert werden, wird es hierzulande über kurz oder lang für Kinder und alte Menschen sehr ungemütlich werden, denn Frauen werden nicht mehr dazu bereit sein, diesen ‚Job' zu übernehmen. Schon gar nicht umsonst. Warum sollten sie? Eine Mikrowelle in der Küche sowie eine Pinnwand zur Terminkoordination der Familienmitglieder werden dann die hausfraulichen Handreichungen ersetzen, während der Staat die dann allerdings zu bezahlende ‚Lufthoheit über die Kinderbetten' übernimmt."

Catharina Aanderud plädiert wie inzwischen viele Experten, die sich mit der juristischen, gesellschaftlichen, wirtschaftlichen oder auch finanziellen Situation der Familien in Deutschland auseinandersetzen, für ein Erziehungsgehalt als Mittel der Aufwertung und trifft damit ins Schwarze vieler Mütterwünsche. „Da in einer erwerbsfixierten Gesellschaft nur wertgeschätzt wird, was etwas kostet (und Dinge, die umsonst sind, für selbstverständlich und wertlos erachtet werden), erhebt sich die Frage, warum Hausfrauen kein Gehalt für ihre Arbeit gezahlt wird. Das würde ihre Tätigkeit, auf die unser Wirtschaftssystem, um zu funktionieren, in höchstem Maße angewiesen ist (über die Hälfte aller Dienstleistungen finden hier statt), mit Sicherheit aufwerten. Ein solches Hausfrauen-Gehalt könnte an eine Professionalisierung der Bereiche gekoppelt werden, für die Hausfrauen als Familienmanagerinnen schon heute verantwortlich sind: Psychologie, Erziehung, Pädagogik, Ernährungskunde, Coaching, Moderation, Motivation, Event-Organisation, Networking, um nur eine Auswahl zu nennen. Der Satz: ‚Dafür hat der Staat kein Geld' ist zu übersetzen mit: Dafür möchte er kein Geld ausgeben. Es ist eben alles eine Frage der Prioritäten und der Werte. Doch um Kinder fit für die Wissensgesellschaft zu machen, bedarf es neben besser qualifizierten Erziehern auch motivierter und gut ausgebildeter Mütter, die für das Aufziehen ihrer Kinder genug Zeit, Ruhe und Energie aufbringen können. Mit einem Hausfrauengehalt könnten Frauen sich stundenweise ersetzen, indem sie auf dem Markt Dienstleistungen kaufen, wodurch Tausende von Arbeitsplätzen entstehen würden. Eine auf mehrere Schultern verteilte, professioneller gestaltete Betreuung würde auch den Kindern sehr zugute kommen, die fitte, und nicht ausgebrannte Mütter (und Väter) brauchen! Letztlich ist es vermutlich die Weigerung,

Fürsorgearbeit als Erwerbsarbeit anzuerkennen und angemessen zu bezahlen, die im Kern die Krise der Erwerbsgesellschaft ausmacht!"

Arbeitsmarktexperten in den USA haben 2005 einmal den monetären Wert der Arbeit der Hausfrau und Mutter ausgerechnet. Sie haben sie mit zehn anderen Berufen verglichen, Berufe, die die Hausfrau und Mutter eben auch ausfüllt, und sind zu dem Ergebnis gekommen, daß das Gehalt rund 134.000 Dollar betragen müßte. Mit anderen Worten und umgerechnet: Rund 9.000 Euro pro Monat (brutto) ist die Managementtätigkeit der Hausfrau und Mutter wert. Aber damit ist die Familienmanagerin noch unterbezahlt. Denn Mütter arbeiten bis zu 24 Stunden pro Tag, bei anderen Berufen, auch Erzieherinnen, fällt nach acht Stunden spätestens der Hammer. Aber wer oder was bestimmt den Marktwert? Ausgerechnet die Zeitschrift „ADAC-Motorwelt" stellte schon vor Jahren diese Frage. Wieviel ist eine Mutter wert? Und sie berechnete anhand einer Universitätsstudie den Wert der deutschen Hausfrau: rund 3.700 Mark im Monat, bei einer Wochenarbeitszeit von durchschnittlich 70 Stunden. Keine Spur von einer Vier-Tage-Woche. Mutter ist die Beste – und die Billigste. Ein Rechtsanwalt mit dem Spezialgebiet Hausfrauen-Unfälle meinte einmal zum Muttertag: „Eine Hausfrau ist im Schnitt 30 Prozent weniger wert als ein beliebiger Arbeitnehmer. Im Falle eines Unfalls wäre ich lieber ein Auto als eine Hausfrau. Das hat wenigstens einen Marktwert."

Das ist die Wirklichkeit. Dagegen stehen die Sprechblasen und Versprechungen der Politik. Auch das Elterngeld wird ja ausdrücklich nicht als Anerkennung der Haus- und Erziehungsarbeit gesehen, sondern nur als Ersatz für entgangenen Lohn einer außerhäusigen Erwerbsarbeit. Dabei wäre es nicht teurer gewesen, auch mal diese Arbeit anzuerkennen. Man hätte sich dabei nur auf das Bundesverfassungsgericht zu berufen brauchen, das diese Arbeit als gleichwertig zu der Erwerbsarbeit ansieht, und man hätte sagen können, dies sei ein erster Schritt. Niemand zwingt die Politik zur Revolution. Aber gegen diese Idee steht die Ideologie, wonach nur die außerhäusige Erwerbsarbeit wirklich anerkennenswerte, das heißt auch honorierbare Arbeit sei.

Vorurteile und Tatsachen – die Position der Kirche

Das politisch-mediale Establishment und seine Familiengegner pflegen gern ein altes Vorurteil. Es lautet: Die Kirche, vor allem die katholische, sei in Sachen Familie und Frauen reaktionär, sie wolle die Frauen an den Herd ketten usw. Daher sei an dieser Stelle auf das Kompendium der Soziallehre der Kirche (Sozialkatechismus) hingewiesen. In ihm nimmt der Päpstliche Rat für Gerechtigkeit und Frieden zum Thema Frauen, Arbeit und Familie Stellung. Einerseits wird festgestellt, daß die Erwerbstätigkeit unerläßlich ist, weil sie für den Unterhalt der Familie sorgt, anderseits wird betont, daß die Familie durch die Erziehung und Charakterbildung der Kinder einen entscheidenden Beitrag gerade auch im Hinblick auf die Arbeitswelt leiste. Im Abschnitt 250 plädiert das Kompendium dafür, den Familien einen familiengerechten Lohn zu garantieren, der ihr ein angemessenes Auskommen bietet. Hinsichtlich der Frauen fordert das Kompendium im folgenden Abschnitt eine größere Wertschätzung der Arbeit, die Frauen in der Familie und beim Haushalt leisten. Die Arbeit in und für die Familie – an erster Stelle die der Mutter – stelle eine eminent wichtige und auf die einzelnen Mitglieder der Familie persönlich eingehende Form von Betätigung dar, die vor allem deshalb so notwendig sei, weil sie ein Dienst ist, der sich auf die Qualität des Lebens richtet und ihr ganz gewidmet ist. Dies müsse von der Gesellschaft anerkannt und entsprechend gewürdigt werden – auch durch eine finanzielle Vergütung, die mit dem Lohn für andere Formen von Arbeit Schritt halten könne.

Die Soziallehre der Kirche will also das Bewußtsein dafür schärfen, daß die Familie eine wesentliche Rolle im Wirtschaftsleben spielt und daß sie von der Gesellschaft und durch eine angemessene Politik unterstützt werden sollte. Auch Papst Johannes Paul II. hat die Arbeit der Hausfrau und Mutter wiederholt gewürdigt und in seinem Brief an die Familien vom 2. Februar 1994 auch als lohnwürdig anerkannt. In diesem Brief schreibt er: „Die Mühen der Frau, die, nachdem sie ein Kind zur Welt gebracht hat, dieses nährt und pflegt und sich besonders in den ersten Jahren um seine Erziehung kümmert, ist so groß, daß sie den Vergleich mit keiner Berufsarbeit zu fürchten braucht. Das wird klar anerkannt und nicht weniger geltend gemacht als jedes andere mit der Arbeit verbundene Recht. Die Mutterschaft und all das, was sie an Mühen mit sich bringt, muß auch eine ökonomische Anerkennung erhalten, die wenigstens der anderer Arbeiten entspricht, von denen die Erhaltung der Familie in einer derart heiklen Phase ihrer Existenz abhängt."

Papst Benedikt XVI. hat, noch als Präfekt der Glaubenskongregation, also zusammen mit Johannes Paul II., in einem Schreiben „über die Zusammenarbeit von Mann und Frau in der Kirche und der Welt" vom 31. Mai 2004 die Lehre der Kirche auch über die einzigartige Bedeutung der Frau formuliert. Darin nimmt er auch Stellung zum Thema Frau und Mutterschaft: „Auch wenn die Mutterschaft eine zentrale Bedeutung für die weibliche Identität hat, ist es aber nicht richtig, die Frau nur unter dem Aspekt der biologischen Fortpflanzung zu sehen. In dieser Hinsicht kann es schwerwiegende Übertreibungen geben, welche die biologische Fruchtbarkeit mit vitalistischen Ausdrücken verherrlichen und oft mit einer gefährlichen Abwertung der Frau verbunden sind." Die christliche Berufung zur Jungfräulichkeit mache das klar, denn „diese Berufung widerlegt radikal jeden Anspruch, die Frauen in ein bloß biologisches Schicksal einzuschließen. Wie die Jungfräulichkeit durch die leibliche Mutterschaft daran erinnert wird, daß zur christlichen Berufung immer die konkrete Selbsthingabe an den anderen gehört, so wird die leibliche Mutterschaft durch die Jungfräulichkeit an ihre wesentlich geistliche Dimension erinnert: Um dem anderen wirklich das Leben zu schenken, darf man sich nicht mit der physischen Zeugung begnügen. Dies bedeutet, daß es Formen der vollen Verwirklichung der Mutterschaft auch dort geben kann, wo keine physische Zeugung erfolgt."

In dieser Perspektive werde, so die Glaubenskongregation, „die unersetzliche Rolle der Frau in allen Bereichen des familiären und gesellschaftlichen Lebens verständlich, bei denen es um die menschlichen Beziehungen und die Sorge um den anderen geht". Johannes Paul II. habe in diesem Sinn vom „Genius der Frau" gesprochen. Dieser Genius komme vor allem in der Familie, „der anfänglichen und in gewissem Sinn souveränen Gesellschaft", zur Entfaltung. Besonders hier werde „nämlich das Antlitz eines Volkes geformt, hier eignen sich seine Glieder die grundlegenden Kenntnisse an. Sie lernen lieben, weil sie selber umsonst geliebt werden; sie lernen jede andere Person achten, weil sie selber geachtet werden; sie lernen das Antlitz Gottes kennen, weil sie dessen erste Offenbarung von einem Vater und einer Mutter erhalten, die ihnen ihre ganze Zuwendung schenken. Jedes Mal, wenn diese Grunderfahrungen fehlen, wird der ganzen Gesellschaft Gewalt angetan und bringt die Gesellschaft dann ihrerseits vielfältige Formen der Gewalt hervor."

Der Genius der Frau beinhalte „darüber hinaus", betont das Schreiben, „daß die Frauen in der Welt der Arbeit und des gesellschaftlichen Lebens gegenwärtig sein und zu verantwortungsvollen Stellen Zugang haben sollen, die ihnen die Möglichkeit bieten, die Politik der Völker zu inspirieren und neue Lösungen für die wirtschaftlichen und sozialen Probleme anzuregen". Man dürfe aber in diesem Zusammenhang nicht vergessen, daß „die Überschneidung von zwei Tätigkeiten – Familie und Arbeit – bei der Frau andere Merkmale annimmt als beim Mann. Deshalb stellt sich die Aufgabe, die Gesetzgebung und die Organisation der Arbeit mit den Anforderungen der Sendung der Frau innerhalb der Familie zu harmonisieren. Hier geht es nicht nur um eine rechtliche, wirtschaftliche und organisatorische Frage, sondern vor allem um eine Frage der Mentalität, der Kultur und der Achtung." Erforderlich sei, und das sollten sich Feministinnen einmal bewußt machen, „eine gerechte Wertschätzung der Arbeit, welche die Frau in der Familie leistet. So könnten die Frauen, die es freiwillig wünschen, ihre ganze Zeit der häuslichen Arbeit widmen, ohne sozial gebrandmarkt und wirtschaftlich bestraft zu werden. Jene hingegen, die auch andere Tätigkeiten verrichten möchten, könnten dies in einem angepaßten Arbeitsrhythmus tun, ohne vor die Alternative gestellt zu werden, ihr Familienleben aufzugeben oder einer ständigen Streßsituation ausgesetzt zu sein, die weder dem persönlichen Gleichgewicht noch der Harmonie in der Familie förderlich ist." Schon Johannes Paul II. hat dieses Erfordernis formuliert, als er 1981 in der Enzyklika über die menschliche Arbeit (Laborem exercens) schrieb: „Es wird einer Gesellschaft zur Ehre gereichen, wenn sie es der Mutter ermöglicht, sich ohne Behinderung ihrer freien Entscheidung, ohne psychologische oder praktische Diskriminierung und ohne Benachteiligung gegenüber ihren Kolleginnen der Pflege und Erziehung ihrer Kinder je nach den verschiedenen Bedürfnissen ihres Alters zu widmen."

Hinter solchen Worten verbirgt sich kein reaktionäres, sondern eher ein revolutionäres Programm, ein Programm der Befreiung. Das sehen die Ideologen des Establishments anders, weil sie in reinen Machtkategorien denken und die geistige Dimension des personalen Menschseins ignorieren. Für sie existiert der Genius der Frau nicht, sie wollen alles in einen Brei der Gleichmacherei mit dem Etikett Gender verrühren. Auch hier ist die Position der katholischen Kirche klar. Kardinal Ratzinger legt die „Lehraussagen der biblischen Anthropologie, die unerläßlich sind, um die Identität der menschlichen Person zu wahren", dar und schreibt zur Gender-Ideologie: „Die Verschleierung der Verschiedenheit oder Dualität der Geschlechter bringt gewaltige Auswirkungen auf verschiedenen Ebenen mit sich. Diese Anthropologie, die Perspektiven für eine Gleichberechtigung der Frau fördern und sie von jedem biologischen Determinismus befreien wollte, inspiriert in Wirklichkeit Ideologien, die zum Beispiel die Infragestellung der Familie, zu der naturgemäß Eltern, also Vater und Mutter, gehören, die Gleichstellung der Homosexualität mit der Heterosexualität sowie ein neues Modell polymorpher Sexualität fördern."

Eine potentielle Schnittmenge zwischen Feministen und Kirche allerdings könnte man sehen in der konkreten Forderung der Päpste nach einer gerechten, wirtschaftlichen Entlohnung für die Arbeit der Frau, sei es im Erwerbsberuf, sei es im Familienmanagement. Ein Erziehungslohn für Mütter, wofür die Päpste eintreten, wäre in der Tat ein Hebel, ein Instrument für eine wirkliche Strukturreform der Gesellschaft. Die sogenannte Gerechtigkeitslücke zwischen Familien mit Kindern und den bewußt Kinderlosen würde halbwegs geschlossen, die Leistung der Mütter würde anerkannt, es gäbe Renten für eine Lebensleistung statt Rosen zum Muttertag. Ein Erziehungslohn hätte außerdem Folgen für den Arbeitsmarkt, er würde ferner helfen, der Verwahrlosung von Kindern und Jugendlichen gegenzusteuern, denen durch die Kürzung öffentlicher Mittel in vielen Kommunen Treffpunkte für Jugendliche abhanden gekommen sind. Er würde helfen, Gewalt unter den Jugendlichen zu reduzieren, er würde dazu beitragen, die Solidarität unter den Generationen zu beleben und zu festigen, er würde die Familien stärken und damit auch die Gesellschaft. „Eine starke Nation", hat Johannes Paul II. 1995 vor der UNO gesagt, „besteht immer aus starken Familien".

Seit mehr als zehn Jahren schon werden Modelle zum Erziehungs-und Pflegelohn in der Öffentlichkeit diskutiert. Die Bundespolitik allerdings traut sich nicht, dieses zukunftsweisende und angesichts des demographischen Niedergangs möglicherweise auch not-wendende Thema aufzugreifen, noch nicht einmal, wenn es kostenneutral wäre, was ja die übliche Forderung bei familienpolitischen Maßnahmen ist. 1998 fand im Frankfurter Römer sogar ein europäischer Fachkongreß zur Aufwertung der Erziehungsarbeit statt, der Experten aus zehn europäischen Ländern zum Thema Erziehungslohn zusammenführte und auf der bei einer anschließenden Festversammlung in der Paulskirche auch der damalige Ministerpräsident von Sachsen, Prof. Kurt Biedenkopf, sprach.

Victor Hugo hat einmal gesagt: „Nichts, auch keine Armee, ist so stark wie eine Idee, deren Zeit gekommen ist." Ist die Zeit für eine Idee wie den Erziehungslohn gekommen? Das Elterngeld ist ein Schritt in die richtige Richtung. Aber das Modell ist unausgewogen und nutzt nur erwerbstätigen Müttern. Für die Hausfrauen und Mütter ist es eine Verschlechterung, weil das frühere Erziehungsgeld länger gezahlt wurde. Dieses erneute Unrecht an denjenigen, die die Arbeit in den Familien verrichten, haben viele Familien erkannt. Derzeit läuft eine Kampagne unter dem Stichwort „Familie sind wir" (www.familie-sind-wir.de), die geeignet ist, auch mal die Stimme der Familien, der Hausfrauen und Mütter in der Politik zu Gehör zu bringen. In einem Brief an Bundeskanzlerin Merkel heißt es zum Beispiel:

„Familien in Deutschland sind im allgemeinen friedfertig. Wir haben auch keine Zeit für Protestaktionen. Aber man sollte uns nicht unterschätzen, schon gar nicht, wenn wir nichts oder nicht mehr viel zu verlieren haben, und ein Trend zu weiterer Ausbeutung zugunsten Kinderloser erkennbar ist. Unter uns sind im übrigen nicht wenige Mütter, auch Akademikerinnen, die sich sehr bewußt für die Familienarbeit entschieden haben, solange ihre Kinder klein sind. Denn wir wissen, daß es originäre mütterliche und familiäre Aufgaben gibt, wie Liebe schenken und Urvertrauen bilden, die keine noch so gut ausgebildete staatliche Pädagogin an unserer Stelle übernehmen kann und soll. Ja, wir Frauen wollen beides, Mutterschaft und Erwerbsberuf, aber nacheinander! Bei einer Lebenserwartung von über 80 Jahren ist dafür genügend Zeit. Wir sind weder bereit, das Wohl unserer Kinder dafür zu opfern, noch uns selbst und unsere Gesundheit ausbeuten zu lassen zugunsten des staatlich propagierten Doppelverdienermodells. Unsere Forderungen im einzelnen sind als Anlage beigefügt. Sehr geehrte Frau Bundeskanzlerin, dies ist keine Bitte um Almosen, wir wollen Gerechtigkeit. Gerechtigkeit ist das Brot des Volkes!"

Starke Frauen, schwache Männer?

Das sind Sätze von selbst-, das heißt sich ihrer Aufgabe und des Unrechts bewußten Frauen. Gerechtigkeit ist das Brot des Volkes – das war übrigens ein Spruch auf den Plakaten der Bürgerrechtsdemonstrationen in den letzten Tagen der DDR-Diktatur, Angela Merkel dürfte sich daran erinnern. Der Vergleich ist vermutlich gewollt. Das Unrecht heute an den Hausfrauen und Müttern ist willkürlich, denn das verfassungsrechtliche Gebot zur Änderung ist bekannt. Insofern schimmert auch hier wieder der Verrat am freiheitlichen System durch das Unrecht an den Familien durch. Wie weit der Widerstand und die Kampagne der selbstbewußten Frauen trägt, ist noch ungewiß. Er ist aber auch Ausdruck eines neuen Bewußtseins der Frauen insgesamt. Das zeigen auch die Ergebnisse einer Umfrage, die Allensbach im Auftrag des Forums „Familie Stark Machen" im Frühjahr 2007 durchgeführt hat. In ihr wurde die Persönlichkeitsstärke von gut 7.300 Frauen und Männern ab 16 Jahren ausgewertet. Im Vergleich zur Befragung einer ähnlich großen Stichprobe vor fast zwei Jahrzehnten ergab sich eine signifikante Verstärkung der Führungs- und Verantwortungsbereitschaft insbesondere bei Frauen. Vor allem zwei Aussagen werden heute deutlich häufiger gemacht als 1988: „Ich übernehme bei gemeinsamen Unternehmungen gern die Führung" erklärten damals 29 Prozent der Bevölkerung, heute 35 Prozent. Und „Ich übernehme gern Verantwortung" berichteten 1988 erst 50 Prozent, bei der aktuellen Messung bereits 59 Prozent. Vor zwei Jahrzehnten waren die Männer den Frauen bei diesen Aussagen noch deutlich voraus. 56 Prozent der Männer, aber nur 44 Prozent der Frauen beschrieben sich als verantwortungsbewußt; und die Führungsambitionen von 38 Prozent der Männer wurden unter den Frauen gar nur von 21 Prozent geteilt. Von den jüngeren Frauen bis 45 Jahre erklären bereits 59 Prozent, daß sie gern Verantwortung übernehmen.

Möglicherweise korreliert die neue Stärke von Frauen mit einer Veränderung bei den Männern, die man nicht unbedingt als Schwächung definieren muß, die sich aber im Bereich der Familiengründung in einer schwächer werdenden Bereitschaft niederschlägt, feste Bindungen einzugehen und Verantwortung für das Leben zu übernehmen. Junge Männer sind heute in noch geringerem Maße als junge Frauen bereit, zu heiraten, Kinder zu zeugen und Verantwortung dafür zu übernehmen. Das wiederum läßt junge Frauen zögern, den Kinderwunsch zu erfüllen, solange ihre wirtschaftliche und soziale Situation nicht gesichert ist. Sie fürchten mit dem Kind allein gelassen zu werden; und de facto ist der Druck der Männer auf die Frauen auch eine der Hauptursachen für die anhaltend hohen Abtreibungszahlen. Die Unsicherheit schafft Druck, das Kind wird als Bedrohung empfunden. Diese Unsicherheit ist auch einer der Gründe – es gibt natürlich noch etliche andere – für Frauen, den jeweiligen Erwerbsberuf nicht aufgeben zu wollen. Hier könnten sinnstiftende Institutionen wie die Kirchen helfen, den Druck zu mildern und die Angst zu neutralisieren, und das geschieht auch vielfach in den Beratungsstellen.

Es ist auffallend, daß die fortschreitende Abwendung von der Ehe zeitlich Hand in Hand ging mit dem Pillenknick und damit mit der Abwendung von der Mehrkinderfamilie. Darauf machte Kardinal Ratzinger schon 1980 aufmerksam: „Hier wird der unlösliche innere Zusammenhang zwischen Ehe und Familie auch statistisch sichtbar: In dem Augenblick, in dem das Sexuelle völlig losgetrennt wird von der Fruchtbarkeit, droht es sich auch dem geistigen Zusammenhang der Liebe von Mann und Frau und der mit ihr wesentlich verbundenen Gemeinschaft der Treue zu lösen. So wird sichtbar, daß ein scheinbar eher pharmazeutisches und technisches Ereignis, das Auftreten der Pille und die Folgen ihrer Anwendung, Ausdruck für eine tiefgehende geistige und moralische Revolution ist, die bis an die Fundamente unserer Gesellschaft rührt." Gewiß könne man für „das Absinken der Bereitschaft zur Bindung in Ehe und Familie auch eine Reihe eher vordergründiger Ursachen nennen: Wohnungsprobleme, wirtschaftliche Probleme, berufliche Probleme. Aber damit ist die eigentliche Tiefe des Ganzen nicht ausgelotet. Hier ist ein merkwürdiger Kreislauf zwischen äußeren und inneren Veränderungen des Menschlichen im Spiel."

Zu den inneren Veränderungen gehört sicher auch die Einstellung zur Vaterschaft. Sie wird nicht mehr als selbstverständlich gesehen. Das führt zu einer Polarisierung dergestalt, daß immer mehr Männer sich der Vaterschaft entziehen oder nicht mehr dazu bereit sind und daß diejenigen, die dieses Abenteuer des Menschlichen wagen wollen, es sehr viel bewußter tun. Man spricht hier von den neuen Vätern, die zwar nicht signifikant drängeln, wenn es um die Hausarbeit geht, die sich ihr aber auch nicht mehr generell versagen. Nach der jüngsten Eurobarometer-Umfrage ist die Wahrnehmung über die Arbeit im Haushalt sehr unterschiedlich. Auf die Frage, wer zu Hause hauptsächlich für das Putzen zuständig sei, antworteten die Männer zu 9 Prozent „ich selbst" und zu 66 Prozent „meine Partnerin". 18 Prozent der männlichen Befragten gaben an, „beide" übernähmen das Saubermachen. Das sehen aber nur

11 Prozent der Frauen so. Die Partnerinnen sehen sich zu 81 Prozent für das Putzen zuständig. Nur 4 Prozent sagen, das mache ihr Mann. Beim Kochen ist es ähnlich: Während 13 Prozent der Männer meist sich selbst am Herd stehen sehen, haben nur 6 Prozent der Frauen diesen Eindruck. Die Frauen glauben zu 82 Prozent, überwiegend für das Kochen zuständig zu sein, während nur 67 Prozent der Männer ihre Partnerin als wichtigste Köchin im Hause sehen. 16 Prozent der Männer meinen, diese Aufgabe sei gleich verteilt, aber nur 9 Prozent der Frauen teilen diese Wahrnehmung. Auch beim Bügeln überschätzen Männer – aus Frauensicht – ihre Rolle als Helfer im Haushalt. Immerhin liegen die Antworten, beide seien dafür zuständig, beim Bügeln näher zusammen als beim Putzen und Kochen. Zur Aufgabenteilung im Haushalt wurden nur die Antworten jener 27.000 Europäer ausgewertet, die bei der Umfrage Ende 2006 angaben, mit einem Partner zusammenzuleben.

Das sind Andeutungen, die nicht zwingend mit der neuen Vaterschaft zu verbinden sind. Signifikant für die neuen Väter aber ist, daß sie immer zahlreicher bei der Geburt ihrer Kinder präsent sein wollen. Fast drei Viertel der Väter sind dabei, hat Allensbach im Sommer 2007 festgestellt. Am höchsten ist die Zustimmung bei Eltern von Kindern unter 14 Jahren. Von ihnen plädieren über 80 Prozent für die Anwesenheit der Väter bei der Geburt. Von den jüngeren Menschen unter 45 Jahren sprechen sich über zwei Drittel dafür aus. Nur bei den über 60jährigen ist eine größere Gruppe von immerhin 28 Prozent gegen die Anwesenheit der Väter im Kreißsaal. In dieser Altersgruppe waren auch nur 16 Prozent bei der Geburt eines Kindes dabei. Von den jüngeren Vätern unter 45 Jahren nach eigenen Angaben aber bereits über drei Viertel (77 Prozent). Als Hauptergebnis hält Allensbach fest: Mütter wie Väter begreifen die Geburt ihrer Kinder immer seltener als „reine Frauensache".

Das neue Vaterbewußtsein läßt sich möglicherweise auch auf empirische Beobachtungen zurückführen, die heute schon jeder junge Mann machen kann. Denn die Veränderungen der sozialen Strukturen haben vor allem in den letzten vierzig Jahren stattgefunden (siehe Kapitel I), so daß potentielle Väter durchaus vergleichen können, auch wenn die Medien diesen Wandel fast immer verzerrt wiedergeben. In Amerika werden diese Unterschiede frei von ideologischen Vorgaben erforscht, insbesondere Pat Fagan von der heritage-foundation hat Daten und Ergebnisse aus Dutzenden von Studien zusammengetragen und aufbereitet. Demnach haben, summarisch gesehen, Kinder aus intakten Familien, in denen der Vater sich auch, und zwar nicht nur gelegentlich, um die Erziehung kümmert, erhebliche Vorteile. So sind zum Beispiel Jugendliche, deren (leiblicher) Vater sich intensiv um sie und ihr Leben kümmert, nicht nur weniger bis kaum aggressiv als andere, sondern legen auch ein deutlich sozialeres Verhalten an den Tag. „Sich kümmern" wurde dabei definiert mit: wie oft ein Vater mit den Jugendlichen redet, wieviel Zeit er mit ihnen verbringt, was er über ihre Pläne weiß und wie nah sich seine Kinder ihm fühlen. Andere Ergebnisse zeigen, daß das religiöse Glaubensleben des Vaters starke Auswirkungen auf sein familiäres Engagement und auf das Verhältnis Eltern-Kind hat, daß umgekehrt das väterliche Engagement bei den Aktivitäten der Kinder sich auf die schulischen und akademischen Leistungen auswirkt, ferner daß jugendliche Mädchen mit einer gesunden und engen Vaterbeziehung erheblich weniger anfällig sind für Depressionen und auch deutlich später sexuelle Erfahrungen haben, daß gesunde und enge Vater-Kind-Bindungen den Einfluß von Peergroups schmälern, etc. etc. Diese und viele weitere Ergebnisse erscheinen logisch. In intakten Familien ist die emotionale Stabilität größer, die Vorbildfunktion klarer, die Freiräume deutlicher abgesteckt.

Als Familienvater hat der Mann offenbar ein spezifisches Aufgabenfeld, erklärt die Psychologin Christa Meves dazu. „Bereits in seiner hormonellen Ausstattung kommt das zum Ausdruck. Der Vater ist besser zum Pfeileschießen und Fußballkicken mit seinen Kindern geeignet als die Mutter, besser zum Bauen von Baumhäusern, zum Zusammenzimmern von Kanus sowie zum Raketenschießen in der Neujahrsnacht. Nicht nur seine physische Ausstattung, auch sein im Gehirn angelegtes, auf dem Boden von geschlechtsspezifischen Begabungen und Interessen entwickeltes Können disponieren dazu. Die Bedeutung des Vaters für seine Kinder in ihrem Leben gleicht einer aufsteigenden Kurve. Je älter sie werden, um so nötiger haben sie ihn. Nicht für jede Betreuungs- und Erziehungsaufgabe sind Vater und Mutter gleich begabt. Sich nach ihrer Verschiedenheit zu richten, nach dieser natürlichen Realität, erbringt unverkrampft die besseren Ergebnisse." So könne ein liebevoller, verantwortungsbewußter Vater die eigene Beziehung zu seinen Kindern gewiß stärken, indem er ihnen zwischen ihrem 10. und 12. Lebensmonat die Windeln wechselt, den Brei einfüttert und Anregungen vermittelt, wie das neue Elternrecht es jetzt vorsieht, „aber allein entscheidend ist ein solcher Einsatz für die bessere Lebensgestaltung der Kinder und die verbesserte Beziehung zu ihren Vätern nicht. Der Vater ist im Säuglingsalter keineswegs so unentbehrlich wie der Einsatz der Mutter – schon ganz und gar nicht während der sich am besten bis ins zweite Lebensjahr hindehnenden Stillzeit. Das haben uns die Neurobiologen jetzt eindrücklich bestätigt. Die väterliche Wertigkeit beim direkten Umgang mit seinem Bambino steigt allerdings von Tag zu Tag kontinuierlich an, nachdem es sich auf die Beine gestellt hat, sie erhöhen sich durch wache Nähe, durch geistesgegenwärtige Vorausschau, durch rasche Handreichung, durch verantwortungsbewußte Schutzvorkehrungen. Der gute Vater nimmt sich nicht nur dafür Zeit, sondern er nimmt mit einer meist eher stillen Beobachtungsweise am Leben seiner Kinder teil, weil er sie liebt."

Zum einen erwarten die Kinder offensichtlich vom Vater, daß er nach innen und nach außen seine Autorität und die damit verbundene Macht gebraucht und zwar im Sinne Pascals: „Das Eigentliche jeder Macht ist, daß sie schützt." Hier ist das Proprium, das Wesentliche, die Urfunktion des Vaters. Er ist Garant des familiären Konsenses, der Wächter der Solidarität. In der partnerschaftlichen Ehe, die als dominierendes Modell des Zusammenlebens in der westlichen Gesellschaftsform das patriarchalische Modell im Lauf der ersten Hälfte des vergangenen Jahrhunderts abgelöst hat, wird das Ja am Traualtar zur Lebensmethode. Ja zum Du, ja zum Alltag mit dir. In diesem Alltag muß das Ja mit dem des Partners abgestimmt werden. Der gemeinsam gefundene Wille, das gemeinsame Denken und Fühlen, der Konsens, wird umgesetzt in Handlungen. Der permanente Austausch im Beziehungsprozeß, lehrt Pedro Juan-Viladrich, ehemals Direktor des Familienforschungsinstituts der Universität von Navarra, muß beschützt und freigehalten werden von den Einflüssen der Außenwelt. Er muß garantiert werden. Das ist vor allem die Aufgabe des Ehemannes und Vaters in der Familie – neben seiner Funktion als (Mit-)Ernährer.

Alexander Mitscherlich hat die Spannung zwischen Erziehungs- und Beschaffungsfunktion psychologisch untersucht. In seinem bekannten Buch „Auf dem Weg zur vaterlosen Gesellschaft" spricht er von der „Entleerung der Autorität". Die „Arbeitsfragmentierung" und der damit zusammenhängende „Übergang vom selbständigen Produzenten in den Stand des Arbeiters und Angestellten, der Lohn empfängt und Konsumgüter verbraucht, hat unaufhörlich zur Entleerung der auctoritas und zur Verringerung der innerfamiliären wie überfamiliären potestas des Vaters beigetragen." Der klassenlose Massenmensch habe den Vater sowohl als Vorbild wie als Quelle der Autorität verworfen. Es fehle „die verbindliche, anschauliche väterliche Unterweisung im tätigen Leben", die „verläßliche Tradition" entfalle, weshalb man sich mehr am Verhalten der Altersgenossen orientiere. „Die peer group wird zur Richtschnur des Verhaltens." Das habe gravierende Folgen für den Strukturaufbau der Gesellschaft.

Mitscherlichs Beobachtungen sind fast vierzig Jahre alt und in der Zwischenzeit vielfach bestätigt worden. Aber es gibt Hoffnung. In den an Zahl rasch wachsenden Büchern über Familie, Erziehung und ihre Defizite fehlt selten oder nie das Kapitel über die neue Begeisterung der Väter – und ihre Abwesenheit. Das Autorenehepaar Petra Gerster und Christian Nürnberger sehen das Problem aus dem Gesichtswinkel der Kinder. „Kindern sind pflichtvergessene, abwesende, treulose Väter immer noch lieber als gar kein Vater. Der Vater mag ein Taugenichts, ein Hallodri, ein unnahbarer Kühlschrank sein – egal, die Kinder lieben ihn. Sie wollen, daß es ihn gibt, und sei es auch nur, um anderen Kindern zu erzählen, daß sie einen Vater haben. Und aus den Untersuchungen mit geschändeten oder geprügelten Kindern weiß man, daß oft sogar diese, trotz allem, ihre Väter nicht verlieren wollen: Selbst der böse Vater soll nicht ins Gefängnis." Sie zitieren als Beleg amerikanische Studien, die zu dem knappen Befund kommen: „Fast zwei Drittel aller Vergewaltiger, drei Viertel der jugendlichen Mörder und ein ähnlich hoher Prozentsatz junger Gefängnisinsassen sind ohne Vater großgeworden." Ihnen fehlte eine Identifikationsperson, ein Teil des Beziehungsdreiecks vom Kind zu den Eltern, das für die Ich-Findung notwendig ist.

Der Psychologe Horst Schetelig beschreibt das gleichwertige Beziehungsdreieck, die sogenannte „Triangulation", in einem Kapitel seines Büchleins „Entscheidend sind die ersten Lebensjahre" so: „Der Vater verkörpert ein anderes Leitbild als die Mutter. Das allmähliche Kennenlernen und Aufwachsen zwischen den beiden Polen des väterlichen und mütterlichen Prinzips bereitet bereits in den ersten Lebensjahren auf die spätere Identität vor. Die Verschiedenheit und nicht die Gleichheit von Vater und Mutter erleichtert die Ich-Findung und Identifikation mit dem eigenen Geschlecht. Die Tatsache, daß Vater und Mutter geschlechtlich unterschiedliche Wesen sind, hat für die Erziehung der Kinder insofern eine Bedeutung, als sie Vorbild und Identifikation ermöglichen. Denn sowohl der kleine Sohn als auch die kleine Tochter identifizieren sich bereits im Kleinkindalter mit dem gleichgeschlechtlichen Elternteil. Darüber hinaus erhält der gegengeschlechtliche Elternteil Vorbildfunktion für die spätere Partnerwahl."

Die Präsenz des Vaters ist heute um so wichtiger, als die Medien, insbesondere das Fernsehen, die Identifikations- und Vorbildfunktion erheblich erschweren. Fast immer sieht man die Männer als monströs kämpfende Helden oder als Versager, als Liebhaber oder als Verbrecher, höchst selten aber als liebende Väter, schon gar nicht als solche, die Windeln wechseln oder beim Hausputz helfen. Hinzu kommt, daß auch im Kindergarten und in der Grundschule es keine oder kaum Erzieher gibt. In den ersten zehn Jahren haben die Kinder es fast ausschließlich mit Frauen zu tun, als Mutter, Erzieherin, Lehrerin. Da sollten die Väter wenigstens in der Familie präsent sein. Noch einmal Schetelig: „Nicht dasselbe tun wie die Mütter heißt Vater sein, sondern als männliches Vorbild in gütiger Liebe die geistige und reale Orientierung der Familie zu schaffen und zu erhalten (...) Nicht der unbarmherzige, nach Fehlern suchende Inquisitor erzeugt Achtung und Liebe, sondern der verständnisvolle und seiner Verantwortung bewußte Vater, der sich dennoch nicht um den Finger wickeln läßt. Sowohl die geopferte und gemeinsam mit den Kindern verbrachte Zeit ist entscheidend, als auch die nicht nachlässige Führung der Familie ohne Machtanmaßung."

Kinderlosigkeit, Partnerlosigkeit und Berufsposition von Frauen geb. 1955–65 in Deutschland (Mikrozensus 2000, Berechnung H. Bertram)

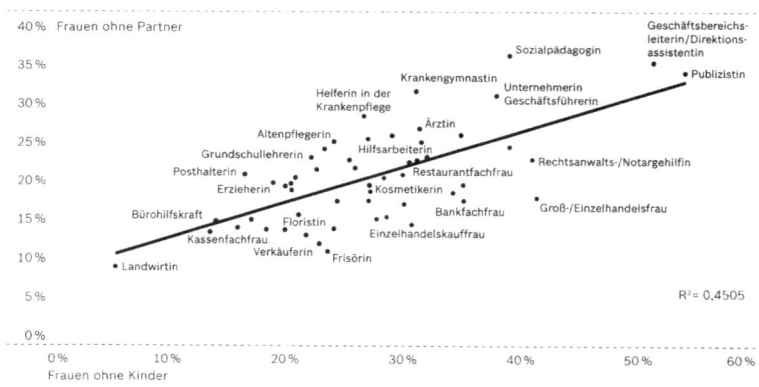

Kapitel V

Humanvermögen, Innovation und Wissenschaft

Familienmanagement als Beruf

Die Politik hat den Herd zum Feind der Frau erklärt. Diese Haltung, die man vor allem bei politisch tätigen Frauen antrifft, zeugt nicht gerade von Weitblick. Am Arbeitsplatz Herd werden Voraussetzungen zur Bildung von Humanvermögen im wahrsten Sinn des Wortes gekocht. Denn die gemeinsame Mahlzeit ist eine „kulturelle Tat" (Paul Kirchhof), am Tisch findet durch Kommunikation und Erfahrungsaustausch Erziehung statt. Das Tischgespräch – hier können Eltern meist en passant korrigierend ihre Meinung einbringen, ohne erhobene Zeigefinger. Dieser tägliche Termin ist für das Unternehmen Familie wichtig. Er stärkt die Einheit der Familie und gleicht Interessen aus. Hier werden Erfahrungen verarbeitet, mithin Wissen, soziale Kompetenz erwirtschaftet. Ohne sie, also das Humanvermögen und die Familien, wird die Gesellschaft zum sterilen Marktfaktor im Internet, ohne Gesicht, ohne menschliche Wärme. Ohne sie wird auch die Wirtschaft erheblich ärmer. Wenn Firmen heute einstellen, fragen sie nicht nur nach fachlicher Kompetenz, sondern vor allem nach sozialer Kompetenz, nach emotionaler Intelligenz, nach Teamfähigkeit, eben nach diesem Humanvermögen. Man darf sich fragen: Wer ist eigentlich stärker von wem abhängig, die Wirtschaft von der Familie oder die Familie von der Wirtschaft?

Der Familienmanager, Mann oder Frau, Vater und Mutter, oder beide, sind Hauptpersonen im Unternehmen Familie. Sie sind es, die für das Produkt Humanvermögen zuerst verantwortlich sind, vor sich, vor den Kindern, vor der Gesellschaft. Aber es gibt nicht nur die Verantwortung, es gibt auch Erfolgserlebnisse und Glücksmomente. Die Arbeit der Familienmanager ist nie beendet, sie ändert sich ständig, weil die menschlichen Beziehungen nicht statisch und „fertig" sind, sondern dynamisch und immer unterwegs. Das Endergebnis bilanzieren sowieso nicht die Manager der Familie, sondern die Träger oder Eigner des Humankapitals selbst, also die Kinder. Wichtig ist, daß sie die Fähigkeit entwickeln konnten und weiter daran arbeiten, ihre Situation perspektivisch zu sehen, daß sie wissen, woher sie kommen und wohin sie gehen. Kein Duckmäuser zu sein, zu sagen, was man denkt – über die Form läßt sich diskutieren – das ermöglicht sozialen Umgang, das setzt voraus, seine Intelligenz auch emotional richtig einzusetzen, das erlaubt Bestandsaufnahmen und Zukunftsplanung. Nur so können die Eigner des Humankapitals in Momentaufnahmen eine Tiefendimension erkennen, die ihnen hilft, Probleme auch ohne die Eltern dauerhaft zu lösen, sprich selbständig und erwachsen zu sein, als integre Menschen. Das muß das Ziel, das Endprodukt des Familienmanagements sein. Ohne Selbstdistanz ist das kaum möglich. Denn ohne Selbstdistanz gibt es auch keine Chance für die Selbständigkeit, für die Entdeckung und Beurteilung des eigenen Ich. Zu diesen persönlichen Fähigkeiten, die ein Ergebnis des Familienmanagements ausmachen, kommt noch die Beobachtung der Konkurrenz, der Miterzieher in Schule, Medien und auf der Straße. Man muß die ganze Realität, in der das Kind aufwächst, im Auge haben, nicht nur die eigenen vier Wände. Aus all diesen Elementen ergibt sich eine erste Definition des Familienmanagements:

Familienmanagement ist die Fähigkeit, verschiedenste Forderungen und Ansprüche aus Haus und Umwelt zielgerichtet und personalbezogen zu bündeln, gedanklich zu verarbeiten, in Handlungsweisen zur Pflege von Beziehungen umzusetzen und dadurch Humanvermögen zu bilden.

Die Schlüsselworte lauten zielgerichtet und personalbezogen. Was bedeuten sie? Der amerikanische Psychiater und Erfolgsautor Ross Campbell spricht vom integren Menschen als Erziehungsziel. Seine Definition ist es wert, wiederholt zu werden: „Ein integrer Mensch sagt immer die Wahrheit, hält stets, was er verspricht, übernimmt jederzeit die Verantwortung für sein Verhalten." Diese Definition enthält ein gerüttelt Maß an Humanvermögen und man sieht, daß angeblich altmodische Begriffe wie Wahrheit, Aufrichtigkeit, Verantwortungsbewußtsein und Verantwortungsbereitschaft – früher nannte man solche Eigenschaften übrigens Tugenden – nicht durch Eintrichtern oder Oktroyieren in die menschliche Psyche oder Seele eingepflanzt werden, sondern an der Werkbank des Zuhauses, im emotionalen Rahmen des Angenommenseins wie durch Osmose aufgesogen werden. Denn Erziehung ist Beziehung zwischen Personen, ist „Beschenken mit Menschlichkeit", wie Johannes Paul II. es in seinem Brief an die Familien formuliert, und deshalb seien die Eltern „Lehrer ihrer Kinder in Menschlichkeit".

Die Forderungen und Ansprüche an die Familienmanager bewegen sich auf drei Ebenen. Einer emotionalen, einer handwerklichen und einer kognitiven. Das Anforderungsprofil dieses Berufs könnte so lauten: „Unser Mann muß Beziehungen managen können, er muß kochen, putzen, waschen, bügeln und reparieren können, und er muß, um diese Fähigkeiten allzeit fachgerecht im Griff zu haben, auch über das entsprechende Know-how verfügen, er muß wissen, lernen und sich weiterbilden wollen." Am wichtigsten sind die emotionale und die kognitive Ebenen. Sie sind personengebunden und können kaum delegiert werden. Die handwerkliche Ebene dagegen kann delegiert werden. Sie kann aber auch, und das wäre die Optimierung des Managements, als Instrument zur besseren Handhabung der beiden anderen Ebenen dienen. Einem gebügelten Hemd (handwerkliche Ebene) kann man schon ansehen, ob es durch eine Maschine gepreßt wurde, oder ob auch die Rückenfalte oder der Kragen mit Sorgfalt, um nicht zu sagen mit Liebe, gebügelt wurde (emotionale Ebene), was das Wissen um die Funktionsweise eines Dampfbügeleisens und des Bügelbretts voraussetzt (kognitive Ebene). Auch das Delegieren kleiner handwerklicher Dienste im Haus, Jobs oder Aufträge, ist Mittel der Erziehung und damit Management auf mehreren Ebenen. Über die Handhabung muß gesprochen werden, es muß ein Controlling stattfinden, am besten in motivierender Team-Atmosphäre.

Die amerikanische Pädagogik hat dafür den Familienrat erfunden, Vorreiter war der Soziologe und Pädagoge Thomas Gordon. Er nannte es Familienkonferenz. In dieser Konferenz oder in diesem Familienrat werden die kleinen Dienste und Jobs, die jeder einzelne Mitarbeiter im Unternehmen Familie hat und die zur zweiten Ebene gehören, besprochen. Diese Reflektion und Betriebskontrolle der Dienste und Jobs sind mehr als Controlling oder „Betriebsratsstunden". Sie können natürlich zu Bemerkungen, bissigen und ironischen, lustigen und ärgerlichen, also Äußerungen der emotionalen Verfassung führen, die im Rat versachlicht werden. Das pflegt die Streitkultur. Die gekonnte Auseinandersetzung mit den Gedanken und Interessen anderer ist in der pluralistischen Gesellschaft von heute wichtiger denn je. Auch das ist ein Stück Bildung von Humanvermögen. Und wo, wenn nicht im Schutzraum der Familie, sollen die Kinder zuerst Argumente und Kriterien bekommen, um Handeln und Denken in Schule, Beruf und Gesellschaft zu beurteilen?

Die Politik will diesen Schutzraum auflösen. Sie glaubt an den funktional kalten Raum purer Wissensvermittlung und Betrieblichkeit. Aber indem jedes Kind kleinere und größere Aufgaben übernimmt, lernt es schrittweise, persönliche und soziale Verantwortung zu tragen und zu üben. Das braucht die individuelle Zuwendung. Wer seine Aufgabe auf Kosten anderer vernachlässigt, braucht im günstigen Fall im Familienrat nur dafür geradestehen, im ungünstigeren riskiert er einen pädagogischen Rempel. Die Politik erfindet dafür Vorschriften und Kompetenzen und ordnet sie nicht Menschen, sondern Ämtern zu. Sie traut dem Familienmanagement nicht. Der Staat soll's richten.

Das Managen von emotionalen, kognitiven und handwerklichen Aufgaben ist weit mehr als eine Beschäftigung. Es ist ein Beruf. Das bedeutet auch, daß der Manager ein Bewußtsein für seine eigene Funktion entwickeln sollte und das heißt, daß er weiterlernt, sich weiterbildet, sich weiter entfaltet. Er kann nicht nur aus dem Bauch heraus entscheiden. Dafür sind die Verhältnisse heute zu komplex. Er muß mehr wissen. Er muß seinen eigenen Fundus an Humanvermögen vermehren, er muß seinen Marktwert permanent steigern, indem er an sich selbst arbeitet und sich bewußt ist, daß er nicht nur eine Lebensphase mehr oder weniger gut hinter sich bringt, sondern daß er eine Aufgabe hat, eine Berufung zu diesem Beruf. (Eine Bemerkung am Rande: Das „er" steht hier geschlechtsneutral und richtet sich nur nach dem Wort „Manager"; natürlich könnte man es durch Managerin und „sie" ersetzen, aber vermutlich stößt das „er" im politisch-medialen Establishment auf weniger Widerspruch.)

Solche Selbsteinschätzung des Familienmanagers immunisiert gegenüber der ungerechten Bewertung seines Berufs durch Politik und Öffentlichkeit. Es ist evident, daß die Haus- und Familienarbeit gegenüber der Erwerbsarbeit außer Haus als geringer eingestuft wird. Das hat sicher auch damit zu tun, daß die eine Arbeit bezahlt wird, die andere nicht. Das liegt aber auch daran, daß die eine Arbeit in meßbaren Funktionen und Produktionen abläuft, die andere jedoch nicht, obwohl man auch hier in Funktion und Produktion denken will, also nur Putzen, Kochen, Windeln, Wäsche, Bügeln etc. vor Augen hat. Das jedoch betrifft nur die zweite, die handwerkliche Ebene. Die wird auch teilweise gemessen und in Lohnrechnungen festgehalten (siehe Kapitel IV). Die wirklich substantielle und unersetzliche Arbeit zu Hause aber ist die Gestaltung der zwischenmenschlichen Beziehungen, die Beschenkung mit Menschlichkeit. Sie erst macht die Erziehung aus, ihr „Produkt" sind erwachsene, verantwortungsbewußte und nicht nur satte und beschäftigte Menschen. Daran denkt man in Politik und Medien ebenso wenig wie an die Weiter- und Fortbildung der Familienmanager selbst. Hier jedoch liegt industrielles Potential. Es liegt brach, weil die Politik Familie als Wirtschaftsfaktor nicht ernst nimmt oder nicht ins Kalkül zieht (siehe Kapitel I). Würde sie diesen Beruf anerkennen und fördern, könnten Väter und Mütter aus dem Bewußtsein heraus arbeiten, daß man auch in der Familie Karriere machen kann. Nur heißt hier Karriere nicht Macht, sondern Freundschaft, nicht Geld, sondern Glück.

Was ist Humanvermögen?

Solcher Anerkennung steht das eindimensionale Denken entscheidender Politiker im Weg. Dieses Denken ist doch stärker vom Primat der Wirtschaft geprägt, als man als einfacher Bürger glauben will. Und das schon seit langer Zeit. Dazu eine Anekdote aus den 80er Jahren. Sie stammt von der Familienmanagerin, vulgo Hausfrau und Mutter, Martine Liminski aus dem Buch „Abenteuer Familie": „Wie oft haben wir dieses Denken auch schmerzlich erfahren, zum Beispiel auf Cocktailparties mit Geschäftsleuten und Diplomaten. Beim Kennenlernen fragt man nach dem Identitätsmerkmal Nummer eins: dem Beruf. Liebe Hausfrauen und Mütter, geben Sie sich einmal auf so einer Party der feinen Leute zu erkennen, indem Sie sagen, ich bin Hausfrau und Mutter. Das ist fast so, wie wenn Sie sagen würden, ich habe Lepra. Sie werden schnell erleben, wie einsam man in der Masse sein kann. Wir haben uns überlegt, daß das so nicht mehr weitergehen kann und bei der nächsten Party wurde ich wieder gefragt: ‚Und Sie, was machen Sie?' - ‚Ich bin mittelständische Unternehmerin.' Es entspann sich ein interessiertes Gespräch. ‚Wieviele Mitarbeiter haben Sie?' – ‚Zehn, gerade noch überschaubar.' – ‚Ach, interessant, als Frau. Da haben Sie doch sicher manchmal Probleme bei der Durchsetzung Ihrer Pläne?' – ‚Doch, gewiß, aber man muß eben auf jeden Mitarbeiter eingehen. Bei mir wird Mitbestimmung großgeschrieben. Das ist Management by everybody.' – Sofort entwickelt sich ein Smalltalk, ein spannendes Gespräch über Unternehmensführung (...) Was ich denn produziere, will man schließlich wissen. Die Antwort: ,Humanvermögen'."

Hier werden nur wirtschaftliche Begriffe auf eine Arbeit angewandt, die man freilich nach wie vor als Privatsache betrachtet. Und hier ist der Webfehler im heutigen sozialen Tuch, mit dem die Gesellschaft ihr Tischlein deckt. Erziehung ist keineswegs nur eine Privatsache. Von ihren Folgen, von der Erziehungsleistung, profitiert die Gesellschaft, weil sie das gebildete Humanvermögen nutzt. Oder sie leidet darunter, wenn diese Arbeit nicht oder nur mangelhaft getan wird, weil das Ergebnis dann eben die Nichtbildung von Humanvermögen bedeutet.

Diese Erkenntnis war der Politik auch schon mal bewußt. Heute rümpft man in Berlin gern die Nase, wenn der Begriff „Humanvermögen" fällt. Man erinnert sich, daß ein ähnliches Wort mal ein Unwort war: Humankapital. Der Begriff „Humankapital" ist alt, der englische Arzt und Ökonom William Petty benutzte ihn schon im 17. Jahrhundert, um den Wert von Arbeitskraft und Bildung für das Wohlergehen der Nation zu berechnen. Später wird es zur Rechengröße für Versicherungen und auch zur Unterscheidungsgröße für das Militär, das zwischen harten und weichen Kriegszielen unterscheidet und die Verlustbilanz in Sach- und Humankapital differenziert.

Humanvermögen ist davon sehr verschieden. Der große Unterschied ist, daß beim Humanvermögen sämtliche Kompetenzen des Menschen gemeint, beim Humankapital nur die, die für den Arbeitsmarkt und Arbeitsprozeß von Bedeutung sind. Man müßte den Begriff „Humankapital" um den Begriff „human assets" oder „human ressources" ergänzen, um an das Humanvermögen heranzukommen. Man könnte es die Gesamtheit der Fähigkeiten, der Daseinskompetenzen des einzelnen Menschen und der Gesellschaft nennen. Der fünfte Familienbericht der Bundesregierung, er datiert aus dem Jahre 1994, also aus einer Zeit, da man sich in der Politik gelegentlich noch tiefergehende Gedanken über Familie und das in ihr gebildete Humanvermögen machte, trägt den Titel „Familien und Familienpolitik im geeinten Deutschland – Zukunft des Humanvermögens". In diesem Bericht versteht man in der Tat unter Humanvermögen „die Gesamtheit der Kompetenzen aller Mitglieder einer Gesellschaft (...) und das Handlungspotential des einzelnen". Dazu gehört, wie der frühere sächsische Sozialminister Hans Geisler in einer Broschüre des Arbeitskreises evangelischer Unternehmer ausführte, „neben der

Fachkompetenz, den Fähigkeiten und Fertigkeiten zur Lösung unterschiedlicher Aufgaben, gleichwertig die Daseinskompetenz, also die Befähigung zur Alltagsbewältigung, sowie der Erwerb von Werthaltungen und Handlungsorientierungen". Vor allem die Familie sei der Ort, an dem solche Daseinskompetenz erzeugt und erhalten werde. „Mehr noch: Der Erwerb von Daseinskompetenz (…) gelingt nahezu ausschließlich nur in familialen Bezügen."

Mit anderen Worten: Das Humanvermögen, die mittlerweile wichtigste, weil knapper werdende Ressource der modernen Wirtschaft, macht die grundlegenden Fähigkeiten des Menschen aus. Das ist das Lernenkönnen, das Miteinander-Umgehen-Können, Ausdauer haben, nach Lösungen suchen statt zu jammern, Gefühle erkennen und einordnen, Vertrauen schenken ohne naiv zu sein, Alltagsprobleme meistern, es ist die soziale Kompetenz und die Fähigkeit, emotionale Intelligenz zu steuern und viele Eigenschaften mehr. Das ist weit mehr als faktisches Wissen. Der amerikanische Nobelpreisträger Gary Becker, ein neoliberaler Ökonom, der den Begriff des „Humankapitals" und des „Humanvermögens" in die Wirtschaft eingeführt hat und dafür auch seinen Preis bekam, sagte es auf einem Kongreß 2002 in Berlin so: „Das grundlegende Humanvermögen wird in der Familie erzeugt. Die Schule kann die Familie nicht ersetzen."

Sicher ist, zumindest für Personalchefs größerer Unternehmen, daß die grundlegenden Fähigkeiten, die Daseinskompetenzen, mittlerweile eine fast so große Bedeutung erlangt haben wie die reine Fachkompetenz. Man redet von den „soft skills", die von einem Human Ressource Management nutzbar gemacht werden. Denn die besten Zeugnisse nützen nichts, wenn man es mit einem hochintelligenten aber asozialen Ekelpaket zu tun hat, es kann dem Betriebsklima und damit der Produktion mehr Schaden als Nutzen bringen. Die Zukunftsstudie „Unternehmen 2010" der Beratungsgesellschaft Ernst & Young in Eschborn schreibt dazu: „Die entscheidenden Kompetenzen des Managers von morgen (sind) nicht sein Fachwissen, sondern seine Fähigkeit, mit anderen umzugehen und sich auf Menschen einzustellen," denn in der heutigen Managergeneration fehle schon vielen „die gute Kinderstube" – nicht zuletzt weil die Scheidungsrate längst bei 40 Prozent liege und die Familie fehle. Eine Umfrage der FH Rhein-Sieg stützt diese Aussage: Demnach finden 96 Prozent der Personalchefs Respekt vor persönlichen und kulturellen Unterschieden unerläßlich. Diese FH ist übrigens die erste, die Business Behaviour, also Benimm im Geschäftsleben lehrt, kurz, den Studenten richtige Umgangsformen beibringt, was in den USA längst gang und gäbe ist an Universitäten und Colleges.

Im Humanvermögen verdichten sich die Voraussetzungen, von denen der Staat lebt, die er selber aber nicht schaffen kann. Das emotionale Gefüge ist dafür grundlegend. Jean-Jacques Rousseau hat das in seinem pädagogischen Roman „Emile", in dem er seine Erziehungslehre formulierte, erkannt. Der zentrale Satz dieser Lehre lautet: „Der Mensch hat zunächst nur einen Beruf: Mensch zu sein. Wer für diesen Beruf gut erzogen ist, wird auch jeden anderen gut ausfüllen." Man könnte diesen Satz als eine frühe Beschreibung des Humanvermögens begreifen. Rousseau wird gern von Ideologen vereinnahmt. Sie sollten aber weiterlesen. Denn Rousseau hat die Kindheit, dieses Alter der Heiterkeit, versucht freizuhalten von äußerem Leistungsdruck. „Wer Kinder glücklich machen will", schreibt er weiter, „schirme sie ganz gegen die Gesellschaft und ihre Erwartungen ab." Das heiße vor allem: „Aufhören, im Auftrag der Gesellschaft, der Eltern oder der Zukunft das Individuum, das Kind, zu überwältigen" und sich einzubilden, man könne mit der Erziehung die gewünschten Menschen „herstellen". Rousseau geht es um den freien Menschen, man könnte auch sagen, um den Menschen, der sein Humanvermögen entfalten kann.

Die neuere Forschung der Entwicklungspsychologie, der Neurologie und der Bindungslehre belegen, daß emotionale Stabilität und aktive Kommunikation mit dem Kleinstkind grundlegend sind für das Kindeswohl und für die Verschaltungen im Hirn. Wenn ein neugeborenes Kind seine Mutter erblickt, dann, so haben amerikanische Neurologen auf ihren Bildschirmen festgestellt, kommt Bewegung ins Hirn. Es ergeben sich Wellenströme, die typisch sind für Glücksgefühle. Beim Vater bleibt es bei der Linie. Alles zu seiner Zeit. In den ersten Jahren sind die Mütter näher dran. Sie haben offenbar von Natur aus – im Einzelfall sieht das manchmal anders aus – mehr Herz, mehr Empathie. Das neugeborene Kind weiß noch nichts, aber es ist glücklich. Es fühlt sich geborgen. Es fühlt sich geliebt. Bleibt diese Liebe aus, kommt es zu Ängsten, zu Barrieren des Glücks. Dann werden Teile des Gehirns blockiert, in denen Emotionen, mithin auch die Glücksgefühle entstehen. Diese neurobiologische Anlage wird durch die Umwelt angeregt, die Gehirnbotenstoffe Dopamin und Serotonin auszuschütten, die wiederum die Stimmungslage, das Wohlbefinden, beeinflussen. in diesem Fall ist es das Lächeln der Mutter. Ganz allgemein ist es das Lächeln, die bekundete Bereitschaft zur Annahme und Bestätigung des Kindes. Liebe kann man zwar nicht sehen, aber man kann sie zeigen. „Kinder sind sichtbar gewordene Liebe", sagt der deutsche Frühromantiker Novalis. Es ist ein Satz mit nicht nur persönlicher, sondern auch gesellschaftlicher Relevanz. Wir brauchen alle diese Zeichen, wir brauchen Kinder, weil wir sonst emotionell verarmen. Kinder lehren uns in ihrer Hilflosigkeit das Lieben. Und sie brauchen uns. Der deutsche Pädagoge und Psychotherapeut Reinhold Ortner formuliert dieses Bedürfnis so: „Jeder von uns braucht zu seiner psychisch gesunden Entwicklung ein seelisches Immunsystem. Dieses baut sich durch eine Grundnahrung aus Liebe, Zuwendung, Verständnis, Geborgenheit und Nestwärme auf. Vater, Mutter, Geschwister, Großeltern und andere Bezugspersonen müssen Tag für Tag dem Kind diese Grundnahrung schenken. Ein Kind braucht liebende Menschen, die in Liebe und Treue eine enge Verbundenheit bilden, die es in ihrer Mitte annehmen und damit in sein Herz das Urgefühl existentieller Sicherheit einsenken."

Emotionen – Architekten des Gehirns

Wie geschieht so etwas? Was spielt sich im sich formenden Hirn des Babys ab, wenn und damit dieses Urgefühl der existentiellen Sicherheit entsteht, die das ganze Leben prägt? Neurowissenschaftliche und biochemische Studien haben unter Einsatz von Gehirnscans bewiesen, daß das Nervensystem nicht nur auf emotionale Stimuli reagiert, sondern sich dabei auch ausformt. Das Babygehirn ist noch ziemlich unstrukturiert und benötigt Stimulation zur Entwicklung – und zwar nicht nur kognitive Anregungen in Form von Spielen, Farben oder Musik, sondern auch liebevolle Begegnungen. Freundliches Lächeln, Augenkontakt und das Gefühl, umsorgt zu sein, erzeugen Wohlbehagen und setzen gleichzeitig im präfrontalen Kortex Hormone frei – in jenem Gehirnbereich also, der sich in den ersten Jahren formt und für eine reife Sozialentwicklung entscheidend ist. Je mehr positive soziale Interaktionen stattfinden, um so besser vernetzt ist der präfrontale Kortex. Damit wird die – bisweilen angezweifelte – Bindungstheorie von John Bowlby durch neurobiologische Forschung gestützt.

Die Entwicklungspsychologin Doris Bischof-Köhler beschreibt drei Systeme, in denen das Kleinkind sich bewegt: Sicherheitssystem, Erregungssystem, Autonomiesystem. Von ihnen ist das Sicherheitssystem zunächst das wichtigste. Schon mit drei Monaten kann es genau zwischen Vertrauten und Fremden unterscheiden, im zweiten Lebensjahr, wenn das Ich-Bewußtsein wächst und das Du wahrnehmbarer wird, bildet sich die Fähigkeit zur Empathie heraus – allerdings nur vor dem Hintergrund der emotionalen Sicherheit, die die primäre Bezugsperson, in der Regel die Mutter, durch ihre Präsenz ermöglicht. Es stimmt, daß die Kleinkinder sich für andere interessieren, aber wenn die Mutter den Raum verläßt, werden sie unsicher, geraten in Streß und schreien. In diesen ersten Jahren ist das Baby eben überaus empfindlich auch gegenüber nur anscheinend bedrohlichen Situationen. Eine Trennung von der Mutter führt zu einer Streßreaktion (Anand und Scalzo, 2000). Es kommt zur Ausschüttung des Hormons Cortisol, das in geringen Dosen die Leistungsbereitschaft des Körpers erhöht, in höheren und längerfristigen Dosen aber ein reduziertes Hirnwachstum bewirkt. Sarah E. Watamura hat zusammen mit anderen Forschern 2003 an der Universität Minnesota 111 Kinder in vier verschiedenen Tageskrippen auf ihren Cortisolgehalt im Speichel untersucht. Der Vergleich ergab einen geringeren Cortisolspiegel, wenn die Kinder tagsüber bei ihren Eltern waren und einen höheren, wenn sie in der Krippe betreut wurden. Zudem stieg der Spiegel in der Krippe während des Tagesverlaufs signifikant an, bei der Betreuung durch die Eltern blieb er konstant. Das traf zu bei 35 Prozent der Kinder im Alter zwischen 3 und 6 Jahren und bei 71 Prozent bei Kindern im Alter von 16 Monaten bis 38 Monaten. Der Psychoimmunologe Joachim Bauer zieht aus solchen und ähnlichen Ergebnissen in seinem Buch „Das Gedächtnis des Körpers" (6. Auflage, 2006) den Schluß, daß ein anhaltend erhöhter Cortisolspiegel „den Nervenzellen des Gehirns erheblichen Schaden zufügen" kann. Von wesentlicher Bedeutung ist hingegen, daß das Kind Zeichen wie lächelnde Augen sieht, Zuwendung spürt, „daß für den Säugling eine angemessene Reizzufuhr verwirklicht wird. Nur dadurch werden die Nervenzellen und Synapsen verstärkt", also das Gehirn gesund gebildet. Negative Streßreaktionen und damit zu hohe Cortisolspiegel führten dagegen zur Zerstörung von Nervenzellen und Synapsen durch Cortisol und Glutamat. Denn Hormone sind eine Art Vermittler für die Aktivität der Gene. Coritsol beeinflußt das Wachstumsgen für das Gehirn, und im übrigen auch die Aktivität der Gene, die für die Immunkräfte zuständig sind. Die menschliche Genstruktur ist gleich, aber ihre Entwicklung hängt von den unterschiedlichen Erfahrungen ab, die der Mensch in seinem sozialen Umfeld erlebt. Deshalb gibt es nur genetische Klone, keine wirklichen. Und deshalb konnte schon der Philosoph Ortega y Gasset (unbewußt) über die Identität sagen: Ich bin ich und meine Umstände. Auf diese Umstände kommt es an, ob sie liebevoll, beruhigend, zärtlich sind für das Kind oder rauh, indifferent, kalt. Sie bestimmen die Entwicklung des Gehirns.

Die scheinbar simple Frage, ob ein hilflos schreiendes Baby in den Arm genommen werden sollte oder nicht, ist angesichts solcher Erkenntnisse nicht mehr eine Frage des Erziehungsstils. Unbestrittene Tatsache ist, daß Babys ihren eigenen Streß nicht abbauen können – sie können sich nicht bewußt ablenken, wenn sie erregt sind. Die ungebremste Ausschüttung des Streßhormons Cortisol führt in späteren Jahren zu hormoneller Überproduktion (Ängste und Depressionen sind die Folge) oder zur Unterversorgung (emotionale Kälte und Aggression). Für die Bildung von Humanvermögen ist das gleichermaßen erschwerend. Aber auch ein weiterer Neuromodulator ist nach den Erkenntnissen der Wissenschaftler von erheblicher Bedeutung. Es sind die Stoffe Dopamin und Serotonin. Nach übereinstimmender Auffassung scheint der Modulator Dopamin den stärksten Einfluß auszuüben. Dopamin steht in engem Zusammenhang mit dem Belohnungssystem des Unterbewußtseins. Die Neurologin Ulrike Dambmann schreibt: „Belohnt werden wir mit dem Modulator Dopamin (…) Er veranlaßt die Ausschüttung von körpereigenen Glücksbotenstoffen (Endorphinen). Er schafft Wohlbefinden, beflügelt, euphorisiert und motiviert."

Die Schlußfolgerung aus solchen wissenschaftlichen Erkenntnissen kann nur lauten, daß ein Baby in den ersten Lebensjahren eine Person braucht, die ihm vertraut ist, die spürt, wie es dem Kind geht, die es anlächelt und zärtlich zu ihm ist. Die Psychotherapeutin Sue Gerhardt zweifelt, ob Fremdbetreuung diese Erziehungsqualität bieten kann. In ihrem Buch „Warum Liebe wichtig ist – Wie Zärtlichkeit das Gehirn des Babys formt" (2004) schreibt sie: „Fremdbetreuten Kleinkindern fehlt möglicherweise die Erfahrung, von besonderer Bedeutung für einen anderen Menschen zu sein. Und sie lernen, daß sie auf Aufmerksamkeit zu warten haben."

Die Neurobiologie hat bis vor wenigen Jahren noch die Psychologie als Kuriosum betrachtet. Solche eben beschriebenen Ergebnisse jedoch haben die Forschungszweige einander nahe gebracht. Die Funktionen des Gehirns, seine Unterteilung in Kurzzeitgedächtnis und Langzeitgedächtnis, ist durch das emotionale Erfahrungsgedächtnis erweitert worden. Unbewußt gesammelte Erfahrungen werden als angenehm oder unangenehm gespeichert und, je öfter sich solche Erfahrungen wiederholen, dann im Hirn fest verdrahtet. Das Langzeitgedächtnis arbeitet unbewußt, bietet unbeschränkte Speicherkapazität und hat eine hohe Arbeitsgeschwindigkeit – ein Superkomputer, der aber nur nach angenehm und unangenehm bewertet. Es wird als „limbisches System" bezeichnet und durch den „Hypocampus" gesteuert. Diese Steuerung erfolgt ebenfalls unbewußt nach dem Prinzip „angenehm/unangenehm" aufgrund früherer Erfahrungen und Situationen. Das emotionale Erfahrungsgedächtnis kombiniert permanent, und je mehr positive Erfahrungen „vorrätig" sind, um so zahlreicher sind die lösungsorientierten Kombinationen, man könnte auch sagen die Suche nach Problemlösungen oder lebensbejahenden Ideen.

All diese Erkenntnisse sind im Grunde nicht aufregend neu, schon Daniel Goleman hat in seinem bekannten Buch über die emotionale Intelligenz nachgewiesen, daß der EQ, der emotionale Quotient, das Maß an Empathie und Intuition, echte Produktionsfaktoren sind. Aber während Goleman noch strikt an der Unterscheidung zwischen Affekt und Kognition, zwischen Fühlen und Erkennen festhält, geht Stanley Greenspan, Professor für Psychiatrie an der Universität Washington, darüber hinaus. In seinem Buch „Die bedrohte Intelligenz – Die Bedeutung der Emotionen für unsere geistige Entwicklung" beschreibt er die Emotionen als „Architekten des Gehirns" als Baumeister komplexer kognitiver Operationen, als die Bausteine menschlichen Bewußtseins. Sie beeinflußten die Ausbildung moralischer Kategorien und seien die Grundlage für die Reifung menschlicher Intelligenz. Wie ein roter Faden durchzieht das Werk dieses Verhaltensforschers und Kinderarztes die Erkenntnis, daß eine Welt, die ihren Kindern in den ersten Lebensjahren Wärme, Zuneigung und Sicherheit verweigert, auf Dauer auch ihren Fortbestand gefährdet. Greenspan formuliert aus dieser Erkenntnis den, wie er es nennt, „menschlichen Imperativ, in der Familie, der Erziehung, der Psychotherapie, der Ehe und den Institutionen der Sozialfürsorge dem Wohl der Kinder, den zwischenmenschlichen Beziehungen und der Qualität der emotionalen Erfahrung den höchsten Rang einzuräumen".

Die Entwicklung des Gehirns und der Persönlichkeitsstruktur und damit auch die Bedeutung der Emotionen setzt schon während der Schwangerschaft ein. Bereits vor seiner Geburt hat ein Baby über viele Wochen und Monate seine Sinnesorgane und das Gehirn trainiert. Im Mutterleib wird es eben nicht nur mit Nahrung versorgt, sondern die Informationsverarbeitung setzt ein, und das Gehirn entwickelt sich, berichtet die Zeitschrift „Bild der Wissenschaft" detailliert in ihrer Februarausgabe 2006. Hören, Sehen, Schmecken, Riechen – alles wird schon im Bauch der Mutter angelegt. Sinneseindrücke und Training beeinflussen die Reifung und Vernetzung des Gehirns nicht erst nach der Geburt – wie früher von Forschern angenommen –, sondern schon wenige Wochen nach der Zeugung. Schon ab der sechsten Schwangerschaftswoche können Embryonen etwa Berührungen an Lippen und Nase spüren. Später, in der zweiten Schwangerschaftshälfte erzeugt der Embryo durch Stöße und Tritte von Armen und Beinen eine erste Landkarte über den eigenen Körper im Gehirn. Neben der Nährstoffversorgung über die Plazenta trinkt es auch Fruchtwasser und trainiert so die Geschmacksknospen. Geruch und Geschmack der Mutter erkennt es dann mit Wohlbehagen beim Stillen wieder. Ab der 24. Schwangerschaftswoche werden die Anlagen für das Hör-Erleben gelegt. Der Fötus scheint auf Signale von außen zu lauschen. Zu eintönig sind ihm dann Atmung, Herzpochen und Darmgluckern der Mutter. Versuche haben gezeigt, daß nach der Geburt nicht nur Stimmen wiedererkannt werden, sondern auch Melodien aus den Lieblingsfernsehsendungen der Mutter oder das Brummen des Computerlüfters. Letzteres kann dann zum Einschlaflied des Babys werden. All dies zeigt den Forschern, daß Kinder bereits im Mutterleib anfangen zu lernen und zu empfinden. Sie fühlen. Sie sind empfänglich für Emotionen. Die meisten Gehirnzellen, die der werdende Mensch im späteren Leben brauchen wird, entstehen schon in der ersten Schwangerschaftshälfte. In Spitzenzeiten bilden sich eine halbe Million Nervenzellen pro Minute. Dieses ganze Panorama an pränatalen Erfahrungen wird in den ersten Monaten und Jahren nach der Geburt durch Stimulation, durch Vertrauen und Geborgenheit erweitert, die Entwicklung wird zur beeinflußten Selbstinnovation, zur Offenheit zum Leben, zur Neugier, zur Erfahrungssuche und zur Entdeckerlust.

Der amerikanische Professor Thomas Verny hat vor ein paar Jahren die bis dato bekannten Ergebnisse der Hirnforschung zusammengetragen (Das Baby von morgen, 2003). Demnach ist bis zum dritten Geburtstag das junge Hirn eine wahre Synapsenfabrik. Mit drei Jahren hat das Gehirn des Babys 1000 Billionen Synapsen, doppelt so viele wie sein Kinderarzt. Denn das Gehirn baut im Lauf der Jahre auch Synapsen ab, wenn es sie nicht gebraucht. Das ist wie mit Pfaden durch eine Wiese. Wenn sie oft gebraucht werden, entstehen Wege, wenn nicht, dann werden sie überwuchert und verschwinden. Jede Gehirnzelle kann 15.000 Verbindungen mit anderen Zellen eingehen. Je mehr Verschaltungen, um so komplexer die neuronalen Netzwerke, um so kreativer der Mensch. Thomas Verny faßt zusammen: „Liebevolle, aufmerksame und verständige elterliche Fürsorge ist entscheidend." Die Forschungsergebnisse bewiesen, daß die Art der elterlichen Zuwendung mehr Einfluß auf die Hirnentwicklung hat, als man je für möglich gehalten hätte. Was der Sauerstoff für das Gehirn sei, das seien freundliche, respektvolle und liebevolle Worte für das junge Bewußtsein. „Wenn wir uns danach sehnen, daß das Gute über das Böse siegt, dann müssen wir endlich lernen, unseren Materialismus durch Mütterlichkeit zu ersetzen." Denn, so kann man hinzufügen, dieses Vertrauen, diese emotionale Stabilität ermöglicht es, daß das Baby auf Entdeckungsreise geht, daß es Erfahrungen sammelt, daß der liebende Blick der Mutter oder des Vaters diese Erfahrung lobt und bestätigt und so die positiven Verschaltungen erst zustande kommen. Fehlt das Vertrauen, fehlt die Zuwendung, fehlt das Lächeln, fehlt die Bestätigung, dann fehlt die emotionale Sicherheit – zum Beispiel, weil es zuviel wechselnde Betreuungspersonen – weil es zuviel fremde Gerüche, zuviel Stimmen, zuviel andere Augen, zu wechselhafte Reaktionen auf Entdeckungsversuche gibt – und dann bleibt das Baby in seinem Schneckenhaus und sammelt eben nicht die synapsenbildenden Erfahrungen. Der Dichterfürst Goethe hat das einmal bündig so beschrieben: Man lernt nur von dem, den man liebt.

Die Bildung des Humanvermögens ist auch in Deutschland Gegenstand der Forschung. Der Göttinger Hirnforscher Gerald Hüther hat sich mit mehreren Büchern hier Verdienste erworben. Er kommt in einem Vortrag zu dem Schluß: „Jedes Kind kommt mit zwei wichtigen Grunderfahrungen auf die Welt, die fest in seinem Gehirn verankert sind: Das ist einerseits die Erfahrung engster, vertrauter Verbundenheit und andererseits die Erfahrung, aus dieser Sicherheit bietenden Verbundenheit heraus immer wieder neu über sich hinauswachsen zu können. Das aus diesen beiden Erfahrungen entstehende Vertrauen bildet die Grundlage für die enorme Offenheit und Lernfähigkeit, für die Entdeckerfreude und Gestaltungslust, mit der sich alle Kinder auf den Weg machen." Und an anderer Stelle: „Die wichtigste Voraussetzung für die Herausbildung und Stabilisierung komplexer neuronaler Verschaltungsmuster im kindlichen Hirn ist emotionale Sicherheit (Sicherheitbietende Bindungsbeziehungen, Vertrauen)." Diese Erkenntnis wird von der Bindungsforschung bestätigt. Die Regensburger Bindungsforscherin Karin Grossmann, eine Schülerin von John Bowlby, dem Vater der Bindungsforschung, bestätigt anhand der Ergebnisse einer 25jährigen Langzeitstudie den Zusammenhang zwischen frühkindlicher Bindung und späterer Entwicklung. Man kann ihre Arbeit folgendermaßen resümieren: Die Bindung an mindestens einen fürsorglichen Elternteil in den ersten Lebensjahren entscheidet maßgeblich über den Erfolg in Schule, Ausbildung, Beruf und Partnerschaft.

Aus all dem läßt sich folgern: Bindung geht vor Bildung. Diese Folgerung ist um so bedeutsamer, als die Politik geradezu besessen scheint von dem Gedanken, angesichts der fehlenden Kinder die noch vorhandenen Kinder besser auszubilden, um die Produktivität und damit den Wohlstand zu wahren. Vor allem der Mannheimer Altersforscher Axel Börsch-Supan vertritt diese These: Das Minus an Kindern könne durch ein Plus an Bildung ausgeglichen werden. Das klingt logisch, ist aber kurzsichtig, wenn daraus die Schlußfolgerung gezogen wird, was Börsch-Supan in Übereinstimmung mit dem politisch-medialen Mainstream auch tut, daß die höhere Bildung durch Ganztagsbetreuung in öffentlichen Einrichtungen so früh wie möglich zu schaffen sei. Hier geht die Kurzsichtigkeit nahtlos in Einbildung über. Worauf es gesellschaftlich für Deutschland ankommt, ist die Innovationskraft zu erhöhen, das aber geschieht nicht in solchen elternfremden, emotionsarmen Ganztagsbetreuungsanstalten.

Humanvermögen und Innovation

Wie aber steht es um die Innovationsfähigkeit hierzulande? Deutschland ist immer noch innovativ weltweit mit führend. In der EU verzeichnet Deutschland mit Abstand die meisten Patentanmeldungen. Die deutschen Ingenieure gehören zu den besten der Welt. Ihre Innovationskraft ist das Rückgrat des deutschen Exports, denn der Technologievorsprung und die Qualität im Maschinenbau, bei elektrotechnischen Erzeugnissen, beim Fahrzeugbau oder auch in der Chemieindustrie sind die Grundlage des deutschen Exporterfolgs. Das galt vor allem in den letzten Jahren, als die deutsche

Wirtschaft wegen der schwachen Binnenkonjunktur überwiegend vom Export lebte, mehr als ein Drittel des Umsatzes des verarbeitenden Gewerbes ging in den Export. Aber der Globus ruht nicht. Ohne ständige technische Innovation wird der Export wegen der hohen Preise und Arbeitskosten irgendwann einbrechen. Schon eine Auflistung der Patentanmeldungen je eine Million Einwohner zeigt, daß die jungen Marktwirtschaften wie Taiwan, Singapur, Korea aufholen, weltweit liegt Taiwan an dritter Stelle nach Japan und den USA. Deutschland belegt den achten Platz, vor ihm liegen noch Finnland, Israel, die Schweiz und Schweden.

Andere Rankings geben ebenfalls zu Sorgen Anlaß. Das Deutsche Institut für Wirtschaftsforschung (DIW) hat 2005 erstmals und zwar im Auftrag der Telekom-Stiftung eine Studie erarbeitet und vorgelegt, den sogenannten „Innovationsindikator". Er mißt die Innovationsfähigkeit in den Industrieländern und Deutschland liegt nach diesem Indikator im Mittelfeld der 13 Länder mit deutlichem Abstand hinter den Spitzenreitern USA und auch Finnland. Der Indikator erfaßt die ökonomischen, technologischen und gesellschaftlichen Voraussetzungen für Innovationen, zum Beispiel Bildung, Finanzierung, Selbständigkeit. Beim Punkt Selbständigkeit steht Deutschland übrigens an letzter Stelle. Den insgesamt guten Mittelplatz verdankt Deutschland den Leistungen von Unternehmen – sie wurden als Akteure ebenso in Betracht gezogen wie der Staat und das Gesellschaftssystem –, die mit innovativen Produkten auf den Weltmärkten erfolgreich sind, vor allem in der Maschinen- und Fahrzeugbautechnik oder auch in der Elektrotechnik. Positiv zu Buche schlug auch die gute Infrastruktur in Deutschland und die enge Kooperation von Unternehmen mit Zuliefererbetrieben und Forschungseinrichtungen. Schlecht schneidet Deutschland dagegen ab im Bereich Bildung, bei der gesellschaftlichen Akzeptanz von Innovationen, Stichwort Bedenkenträger, sowie bei der finanziellen Unterstützung von innovativen Firmenneugründungen. Und natürlich steht uns auch unsere Regelungswut im Weg. Eine ähnliche Studie, allerdings weltweit, hat das Weltwirtschaftsforum in Genf erstellt. Unter den 17 Einzelindikatoren des Genfer Forums findet sich auch das Humankapital. Ähnlich verhält es sich mit einem weiteren Innovationsranking, diesmal vom Institut der deutschen Wirtschaft, Innovationsbenchmark nennt sich die Studie. Sie hat 22 Einzelindikatoren, darunter auch das Humankapital, und Deutschland liegt auch da im Mittelfeld.

Gemeinsam für alle drei und geradezu symptomatisch für Deutschland ist, daß das Humanvermögen des ersten Innovationsfaktors, nämlich des Individuums, keine Berücksichtigung findet. Dabei hätte das gute Abschneiden Finnlands – die Finnen liegen bei fast jedem Faktor vor den Deutschen – stutzig machen können, erst recht nach der jahrelangen PISA-Diskussion. Die Finnen sagen: Jeder einzelne ist wichtig, sie fördern individuell und sie berücksichtigen die Ergebnisse der Bindungsforschung. Sie fördern die Bildung von Humanvermögen von Anfang an, aber nicht indem sie die Kinder gleich nach der Geburt in eine Krippe abgeben, sondern im Gegenteil, indem sie die Kleinstkinder individuell und zu Hause fördern. Mehr als neunzig Prozent der Kinder zwischen null und drei Jahren werden zu Hause erzogen, nicht immer von der eigenen Mutter, oft auch von einer Tagesmutter, aber eben zu Hause in der vertrauten, emotionale Stabilität stiftenden Umgebung. Das läßt sich der Staat auch einiges kosten.

Während in Deutschland die Frage nach der Innovationskraft im Ländervergleich erst seit kurzem gestellt wird, war sie zum Beispiel in Frankreich bereits 1998 bei einem Kongreß in Lyon über Demographie und Wirtschaft Teil des Programms. Allerdings wurde sie auch da nur aus der Sicht der Unternehmen gestellt, etwa ob ein Zusammenhang besteht zwischen dem Durchschnittsalter in einem Unternehmen und der Innovationskraft. Oder: Was bedeutet das Durchschnittsalter für die Wettbewerbsfähigkeit eines Unternehmens? Auf den ersten Blick – das wurde auch in Lyon so gesehen – sind jüngere Forscher mobiler, zukunftsgewandter. Das Beispiel Bill Gates und Steve Jobs, die in einer Garage die Welt des Computers und der Informatik entwickeln, oder die Tatsache, daß viele Nobelpreisträger ihre bahnbrechenden Entdeckungen in einem relativ jugendlichen Alter gemacht haben, meist zwischen 25 und 35 Jahren, etwa Einstein und die Relativitätstheorie, legen den Schluß nahe, daß die Innovation jung ist. Das kann, das muß nicht sein.

Aber die Zahl spielt schon eine Rolle. Es ist evident, daß eine größere Zahl bei gleichen Bedingungen die Wahrscheinlichkeit von mehr Talenten oder Genies erhöht. Die Generation oder Alterskolonne der 18- bis 35jährigen hat sich aber in den letzten zwanzig Jahren halbiert. Die zahlenmäßige menschliche Basis für Innovation ist mithin schmaler geworden. Also müßte man um so mehr in die nachwachsenden Generationen investieren. Zum einen, damit diese Basis sich erweitert und zum anderen, damit sie qualitätsvoller wird. Denn ohne eine breitere menschliche Basis wären die Deutschen um einen Amadeus Mozart oder Johann Sebastian Bach, um einen Richard Wagner oder Otto von Bismarck, um einen Freiherrn vom Stein, Immanuel Kant, Franz Schubert, Carl Maria von Weber, Ludwig van Beethoven oder Georg Friedrich Händel ärmer. All diese Menschen, denen man geniales Wirken und Talent nachsagt, wären in der heutigen deutschen Durchschnittsfamilie von 1,3 Kindern plus Haustier nicht geboren worden. Sie hatten alle wenigstens drei ältere Geschwister, Schubert, Weber, Bach, Händel, Wagner und Mozart sogar sechs. Das ist eine alte Weisheit der Natur: Mit der Zahl wächst nicht nur die Chance bei der Auslese, sondern mit der Auslese wächst auch die Chance der Genialität und der Innovationskraft.

Gerade die genannten Beispiele legen den Schluß nahe, daß die Kreativität viel mit Familie zu tun hat, mit einer anregenden, emotional liebevollen Umgebung in den frühen Jahren. Aber wie kommt Kreativität zustande? Wie werden die Stimuli im Hirn und Bewußtsein verarbeitet, so daß Ideen entstehen? Die Hirnforschung steht hier offenbar noch vor einer Reihe ungeklärter Fragen. Sicher ist, wie die Entwicklungspsychologin Sabina Pauen schreibt (Was Babys denken, 2006), daß sich das Gehirn in keinem Alter stärker verändert als in den ersten Lebensjahren, daß jede Entwicklung immer das Resultat einer Kombination aus Anlage und Umwelt ist und daß Stimulation dafür grundlegend ist. „Die zum Teil dramatischen Veränderungen unseres Gehirns während des ersten Lebensjahres sprechen eindeutig dafür, daß geistige Prozesse bereits bei den ganz Kleinen eine große Rolle spielen. Das Gehirn reift nicht im luftleeren Raum, sondern es ist auf Stimulation angewiesen, damit diese Veränderungen überhaupt stattfinden können. Das gilt insbesondere für den Auf- und Abbau neuronaler Verbindungen." Pauen zeigt in ihrem Buch eindrucksvoll, daß Psychologie, Physiologie und Neurologie sich zunehmend aufeinander abstützen (müssen). Aus der Entwicklungsneurobiologie wisse man mittlerweile, daß die Phase des verstärkten Synapsenwachstums, das den Grad der Vernetzung von Neuronen bestimmt, für viele Bereiche des Gehirns im ersten bis zweiten Lebensjahr liege und sei davon auszugehen, „daß diese Veränderung der Neuronenstruktur das Lernen nachhaltig beeinflußt". In dieser Entwicklungsphase ist das Verhalten der ersten Bezugspersonen von nachhaltiger Bedeutung, was man auch schon durch die Arbeiten von Freud, der von einer weitgehenden Symbiose von Mutter und Kind sprach, oder von René Spitz weiß, der die Bedeutung emotionaler Zuwendung bei Heimkindern bewies, oder auch durch die Antriebstheorie von Christa Meves, die Arbeiten von Theodor Hellbrügge und etliche Wissenschaftler mehr aus verschiedenen Bereichen der Hirn- und Bindungsforschung im weitesten Sinn. Sie alle stimmen darin überein, daß der edukative Anteil bei der Entwicklung der Intelligenz und des Kreativitätspotentials mitentscheidend von der primären Bezugsperson abhängt. Das ist im Normalfall die Mutter. Schon deshalb ist die Diskriminierung der selbsterziehenden Mutter, das Familienmanagement, unverständlich und eigentlich nur zu erklären, wenn man ideologische Vorgaben und angebliche Sachzwänge des Lebens heranzieht. Mit einer Politik, die familienfreundliche Rahmenbedingungen schafft, hat das wenig zu tun.

Innovation verstanden als Kreativität ist indes keine von unsichtbarer Mutterhand freigelegte geniale Ader, keine Inspiration aus dem Off, kein geistiges Schlaraffenland, in dem die Ideen den Erfindern sozusagen schon patentiert zufliegen, sondern meist harte Mühsal und Arbeit. Es hat, Ausnahmen bestätigen die Regel, zu tun mit der Fähigkeit, durch Arbeit schon Vorhandenes zu finden, zu erfinden, Verborgenes freizulegen und zu erforschen, sei es durch bestimmte wissenschaftliche Methoden und Experimente, sei es durch geistige menschliche Qualitäten, etwa die Gabe zu kombinieren. Es ist klar, daß hier die Motivation eine zentrale Rolle spielt, sie führt zu Initiativen, sie prägt die Ausdauer. John Kenneth Galbraith hat in seinem Bestseller über den Überfluß in der Industriegesellschaft gerade diese menschlichen von Emotionen getragenen Faktoren wie Motivation und Identifikation als Kernfaktoren der Produktivität gesehen und ihnen auch eigene Kapitel gewidmet. Allerdings kannte er nicht die Ergebnisse der Hirn- und Bindungsforschung, die damals ja auch erst als eigene Wissenschaftszweige entstanden, so daß er seine Thesen nur auf eigene Beobachtungen abstützen konnte. Gewiß jedoch ist eins: Motivation ist zwar eine emotionale Komponente, aber keine, die sich selbst schafft. Kleinkinder, vor allem Babys können noch nicht so weit abstrahieren, daß sie sich selbst zu motivieren in der Lage wären. Ihre Motivation hängt von den Bezugspersonen ab. So wie sie in Streßsituationen (Trennung von der Mutter, mangelnde Fürsorge und Geborgenheit) Cortisol ausschütten, so wird auch durch äußere Einflüsse (Lächeln, Bestätigung, liebevolle, zärtliche Kommunikation) die Ausschüttung von Endorphinen bewirkt, die zu weiteren Versuchen oder Entdeckungen anregen. Hier ist sie wieder: die Liebe der Mutter (der primären Bezugsperson). Sie ermutigt, beflügelt, animiert, elektrisiert in einem durchaus neuronalem Sinn. Sie läßt die Synapsen sprießen, sagt Christa Meves.

Für die Innovation bedarf es nicht nur einer physischen Disposition, sie ist freilich bis zu einem gewissen Grad Voraussetzung (man muß denken und fühlen können, siehe der körperlich schwerbehinderte Superphysiker Stephen Hawking), sondern vor allem psychischer Fähigkeiten oder Eigenschaften, etwa Optimismus, Lebensmut, zukunftsgewandte Neugier, Ausdauer, selbstbewußte Hartnäckigkeit, emotionale Eigenschaften also, die schwer meßbar sind, die aber das Kombinieren fördern und erleichtern, und die man zeitlebens anwenden kann, aber vor allem in den ersten Jahren des Lebens erwirbt. Natürlich bleibt die fachliche Kompetenz, das faktische Wissen, unverzichtbar. Die Jugend hat zwar den Vorteil der stärkeren körperlichen Belastbarkeit, der meist größeren Neugier, der größeren Flexibilität. Sie hat aber den Nachteil, daß sie nicht so viele wissenschaftliche Disziplinen, nicht so viele Assoziationsfelder, man könnte auch sagen, nicht so viele Erfahrungen und Kombinationsmöglichkeiten im Kopf hat. Das interdisziplinäre, systemübergreifende Denken und die Teamarbeit sind Dünger und Mutterboden für die Innovation zugleich. Belastbarkeit, Erfahrungen und interdisziplinäres Denken zusammen sind Voraussetzungen für Innovation. Als Beispiel hierfür wurde auf dem erwähnten Symposium in Lyon der bekannte Demograph, Soziologe und Historiker Alfred Sauvy genannt, ein Mann, der erst in den reiferen Jahren disziplin- und auch kulturübergreifende Zusammenhänge erkannte und präsentierte.

Wissen plus Kreativität ergeben Innovation. Aber wie kommt Kreativität zustande? Der Ingenieur und frühere Topmanager Hans Meyer hat, für einen Ingenieur ganz ungewöhnlich, sich mit diesen Fragen beschäftigt und zeigt damit, daß zukunftsgewandte Neugier und Erfahrung auch im Pensionsalter durchaus zu innovativem Denken beflügeln können. Er beschreibt in Anlehnung an Gerhard Roth die neuronalen Vorgänge beim Denken, vom Zusammenstellen der erforderlichen Komponenten im Unterbewußtsein bis zur Kombination im Arbeitsgedächtnis, also der Inkubationsphase von Ideen und Problemlösungen.

Meyer zieht, und hier betritt er kaum erforschtes Neuland, auch die Ernährung in das Gehirntraining ein. Wichtige Effekte gehen von den Neuromodulatoren Serotonin, Acetylcholin, Noradrenalin und vor allem Dopamin aus. Nach positiven Erfahrungen (Belohnung), so die Neurologin Ulrike Dambmann, beeinflußt die Ausschüttung von Dopamin das Unterbewußtsein zu weiter Inkubationsvorgängen und somit zu Kreativität und schließlich weiteren Innovationen. Allerdings ist erfolgreiche Kreativität eine Gratwanderung zwischen zu viel und zu wenig Dopamin. Sabina Pauen beschreibt das zwar in einem anderen Zusammenhang aber doch auch für diesen Kontext treffend so: „Eine perfekte Passung zwischen Eltern und Kind, bei dem die Bezugspersonen stets hundertprozentig genau auf die Signale des Kindes eingehen, ist nicht unbedingt immer das Beste! Besonders förderlich für die Denkentwicklung scheint eine gesunde Mischung zu sein, bei der die Eltern feinfühlig mit ihrem Baby umgehen, aber hin und wieder auch Kontrapunkte und neue Impulse setzen, selbst auf die Gefahr hin, daß das bei den Kleinen nicht immer auf Gegenliebe stößt".

Mit anderen Worten: Kreativität und Innovationsvermögen sind zu einem guten Maß das Ergebnis einer individuellen, konstanten Betreuung und Erziehung vor allem in den ersten Jahren. Das war in Deutschland in den Jahren des Babybooms und den Jahrzehnten danach üblich. In dieser Zeit wurde auf natürliche Weise Humanvermögen einschließlich der Innovationsfähigkeit gebildet. Es gehörte wie selbstverständlich zum Familienmanagement. Die Mutter kümmerte sich konstant um das Kind, sie förderte es durch permanente Kommunikation und emotionale Stabilität. Die Entwicklungspsychologie sagt es so: „Die Natur hat uns kulturübergreifend mit der Fähigkeit ausgestattet, auch ohne vorheriges Training die Weichen für eine gute Beziehung zu legen – indem wir intuitives Elternverhalten (intuitive parenting) zeigen" (Sabina Pauen). Die Erfolge der deutschen Innovationstechnologie ruhen auch auf diesen Grundlagen, denn die heutigen Ingenieure, Chemiker, Elektrotechniker etc. konnten noch von einer individuellen Mutter-Kind-Bindung profitieren, die die Bildung des Humanvermögens förderte. Eine amerikanische Studie, im Juli 2007 neu von der Heritage-Foundation veröffentlicht, weist nach, daß Kinder im Alter bis zu acht Jahren (weiter ging die Studie nicht), deren Mütter sich wegen einer außerhäusigen Erwerbsarbeit im ersten Lebensjahr nur begrenzt um sie kümmern konnten, geringere kognitive Fähigkeiten entwickelten, und je weniger Zeit die Mutter für das Kind hatte, um so geringer waren die kognitiven Fähigkeiten (Demography, Jg. 39, Nr. 2, Mai 2002, S. 369–392). Heute ist es fast schon politisch unkorrekt, auf solche Zusammenhänge und damit indirekt auf die negativen Folgen des Relativismus aller Werte und des Feminismus hinzuweisen. Der Feminismus hat diese natürliche Weise der Bildung von Humanvermögen in der Tat als Versklavung am Herd und die Familienmanagerinnen als Heimchen am Herd verunglimpft. Aber „von der Natur können wir uns nicht emanzipieren" (Robert Spaemann), die negativen Folgen des gesellschaftlichen Wandels werden spürbar, zunächst quantitativ – es fehlen Kinder – und demnächst qualitativ, die wenigen Kinder haben oft nicht genügend Humanvermögen. Schon heute kommt fast jedes vierte Kind mit Verhaltensstörungen in die Schule, klagen die Kinderärzte. Statt die Elternkompetenz zu stärken, setzt man auf den Staat. Aber der liebt nicht, er funktioniert nur – auf der Grundlage von Voraussetzungen, die er nicht schaffen kann, die aber die Mütter als Familienmanagerinnen schaffen. Die Basis für die dringend notwendige Innovationsfähigkeit wird immer schmaler. Es ist die eigentliche Basis für unseren Wohlstand. Der Verrat der Politik an der Familie ist nicht, wie viele Politiker vermuten, folgenlos, er betrifft alle.

Humanvermögen – der wahre Reformansatz

Auch Ingenieur Hans Meyer treibt, wie andere Manager auch, die Erkenntnis um, daß die derzeitige Politik das Innovationspotential eher behindert als fördert. Jährlich wird nach Angaben des Forschungsministeriums die Lücke an Ingenieuren um rund 7.000 größer, dazu addiere sich ein jährliches Manko an 20.000 Naturwissenschaftlern, wenn sich die Absolventenzahlen der Hochschulen nicht drastisch erhöhten. Danach sieht es demographisch aber nicht aus. Das Ministerium empfiehlt, mehr ausländische Studenten zu holen und diese dann auch zu halten, also den Entwicklungs- und Schwellenländern die Köpfe zu stehlen und so deren Konkurrenzstärke nachhaltig zu schwächen. So sieht die Nachhaltigkeitsphilosophie der deutschen Forschungspolitik aus. Sie paßt zum Verrat an den Familien: Kurzsichtig, rücksichtslos, ohne ethische Bedenken.

Hinzu kommt eine nicht mehr selten anzutreffende mentale Rückständigkeit in deutschen Chefetagen. Die heutigen Leitbilder der Industrie, so Hans Meyer, „wirken dem Innovationsverhalten zum großen Teil entgegen. Die heute bekannten Forschungsergebnisse lassen keinen Zweifel daran, daß die Bindung des Kleinkindes an eine konstante Bezugsperson (am besten der Mutter) in den ersten drei Lebensjahren seine weitere Entwicklung und insbesondere auch seine Kreativität signifikant beeinflußt. Jegliche Verminderung der frühkindlichen Bindung birgt die Gefahr der Verringerung des individuellen Innovationspotentials und damit auch schlußendlich eine Gefahr für den technischen Vorsprung späterer Generationen. Dennoch wird derzeit eine frühkindliche Krippenerziehung angestrebt. Die geistige Entwicklung des Kleinkindes wird dadurch nach den heutigen neurologischen Kenntnissen nicht gefördert, sondern behindert. Das Innovationspotential der kommenden Generationen wird beeinträchtigt und somit unsere führende Stellung im Export technischer Produkte mit großer Wahrscheinlichkeit gefährdet". Vergegenwärtige man sich diese Zusammenhänge, dann „ist es unverständlich, wieso leitende Manager der Industrie den Absichten der Politik in Bildung und Erziehung so rückhaltlos zustimmen. Es sei denn, man hat sie glauben gemacht, daß sich die fehlenden 220.000 Ingenieure (nach VDI) aus den jungen Müttern rekrutieren lassen, die zusätzlich ihr Kleinkind bereits in den ersten Lebensjahren in Krippen zur Aufbewahrung geben."

Es geht längst nicht mehr nur um Werte. Wenn Wirtschaft und Politik sich weiterhin weigern, den primären Zusammenhang zwischen Familie und Humanvermögen zu sehen, dann laufen auch alle Reformen der Sozial- und Bildungssysteme ins Leere. Hier kippt der Verrat an der Familie um in die Selbstzerstörung der Gesellschaft. Denn ähnlich wie in den 80er Jahren bereits die Ergebnisse des demographischen Niedergangs auf dem Tisch der Politik lagen, so liegen heute die Ergebnisse der Hirn- und Bindungsforschung auf den Nierentischlein der mental in den 50er, 60er und 70er Jahren verbliebenen Kabinette. Ziel kann nicht mehr die Steigerung des Wirtschaftswachstums oder die Liberalisierung von angeblich alten Werten sein. In einer durchpluralisierten und relativistischen Gesellschaft sollte es darum gehen, den Mensch als solchen wieder in den Mittel- und Angelpunkt zu rücken.

Viele große Erfindungen verdanken ihre Existenz einer Erziehung, die Ausdauer und generell Humanvermögen bildete und förderte. Ausdauer ist die Frucht der Frustbewältigung durch Zuwendung, Bestätigung, Aufmunterung zum Weitermachen. Durch die Ausdauer beim Spiel erwächst Ausdauer im Leben. Durch diese Ausdauer wurden große Erfindungen erst der Menschheit zugänglich gemacht. Zum Beispiel der Computer. Er galt in den 80er Jahren noch als Jobkiller, jedenfalls glaubten das Mitte der 80er Jahre fast zwei Drittel der Deutschen. Heute ist er nicht mehr wegzudenken. Und da ist der Kopierer, eine Erfindung von Chester Carlson in den 30er Jahren. Niemand wollte sich für seine Xerographie (xeros = trocken, graphein = schreiben) interessieren. General Electric und IBM winkten ab, ein großes Beratungsunternehmen, Arthur D. Little, schätzte den Markt auf maximal 5000 Geräte. Erst Ende der 40er Jahre kam die Maschine mit einer kleinen Firma auf den Markt, Ende der 50er wurde aus dieser kleinen Firma das Unternehmen Xerox, dank der Ausdauer und des Selbstbewußtseins der Erfinder. In einem Doppelinterview hat der Autor einmal den Kopf der PISA-Studie, Andreas Schleicher, und den Nobelpreisträger Gary Becker gefragt, welche Eigenschaft des Humanvermögens, die die Kinder nur zu Hause erwerben könnten, die Wirtschaft heute am dringendsten brauche. Die spontane Antwort von beiden: Ausdauer. Das lernten die Kinder in der Familie, und das könne die Schule nicht mehr nachholen.

In die Grundschulen, ja schon in die Kindergärten kommen Einzelpersonen mit einem ganz persönlichen „Gepäck" an Humanvermögen. Dieses Vermögen gilt es zu mehren. Davon hängt auch die Wettbewerbs- und die Reformfähigkeit eines Landes ab. Je besser die Systeme auf die Bedürfnisse des einzelnen justiert werden, um so qualitätsvoller wird der Output sein. Das lehren die Erfahrungen der PISA-Sieger, siehe Finnland. In Deutschland gilt noch in Bildung und Erziehung: Vorfahrt für die Masse, für das Kollektiv. So hat sich über die Jahre der deutsche Bildungsbaum zum Flachwurzler mit einer breiten, überladenen Krone entwickelt. Der familiäre Boden, der den Wurzeln der Persönlichkeitsentwicklung (sie geht der Wissensbildung voraus) Nahrung aus der Tiefe spendete, ist trockener und steiniger geworden. Die Ergebnisse der Humanvermögensbildung sind entsprechend: kleine Früchtchen. Es bringt nicht viel für Wirtschaftswachstum, Beschäftigung und Wohlstand in Deutschland, den einen oder anderen wild wuchernden Ast zu stutzen, sei es der Kündigungsschutz, die Sozialhilfe oder die Handwerksordnung. Das Wurzelwerk ist krank. Der Mangel an Humanvermögen, die wichtigste Ressource von Wirtschaft und Gesellschaft, wird spürbar. Dennoch werden in keiner der im Bundestag vertretenen Parteien diese Zusammenhänge nachhaltig vernehmbar bedacht. Kein Arbeitskreis, weder bei den Sozialdemokraten noch in der Union, thematisiert diese grundsätzliche wirtschafts- und gesellschaftspolitische Problematik.

In ganz Europa tappe man in der „Falle der Kurzsichtigkeit", konstatiert Professor Gérard-François Dumont von der Sorbonne. Erziehungs- und Familienarbeit seien „Produktionen" auf mittlere und längere Sicht, die Wirtschaft aber denke in Jahresbilanzen, die Politik allenfalls in Wahlperioden. „Wenn der Mensch nicht mehr im Mittelpunkt steht, dann kommen die Kurzzeitdenker zum Zug, und auf ihrem Fuß folgt die kulturelle Verarmung." Ohne Erziehung, ohne Kinder gebe es weniger Weitergabe von Werten, Traditionen und Wissen. Das sei so, wie wenn man eine Bibliothek von hunderttausend Bänden auf zehntausend Wirtschaftsbücher verringere. Man könne damit im Moment leben, aber der kulturelle Reichtum versiege. Das sei ein Verlust an Humanvermögen, der sich auf das wirtschaftliche Wachstum niederschlage. Dieses Wachstum sei abhängig von der Zahl und der Qualität der Menschen.

Neurologie, Entwicklungsbiologie – der Begriff der „Natur-Wissenschaft" erhält vor dem Hintergrund der Bindungsforschung einen neuen Klang. Es ist die Natur der Liebe, die Kreativität schafft, Integrität, Innovationskraft, Ausdauer – kurz das Humanvermögen. Das ist das Sensationelle an der Wissenschaft. Sie bestätigt die alte Lehre vom Gelingen des Menschseins, sie bestätigt antike Philosophen und mittelalterliche Theologen. Und sie bestätigt vor allem uns selbst. Denn welcher gesunde Mensch hat nicht die Neigung, seine Kinder zu lieben? Diese Neigung ist elementar. „Alles Glück ist Liebe", sagt Josef Pieper. Liebe ist eine schöpferische Tat, eine Beziehungstat. Sie prägt die Bilder im Gehirn und gestaltet das Verhältnis von Personen zueinander, sie schafft existentielle Nähe. Die dauerhafte Erfüllung dieses Naturbedürfnisses geschieht in der Familie. Es gibt keinen anderen Ort in der Gesellschaft, an dem eine so selbstlose und tätige Liebe möglich ist. Familie führt zur wahren Freundschaft, zur Solidarität, und es ist bezeichnend, daß auch in der wissenschaftlichen Literatur jenseits von Hirn- und Bindungsforschung „die Erzeugung solidarischen Verhaltens" als ein Grund für den verfassungsrechtlichen Schutz der Familie genannt wird. Es sei eine Leistung, schreibt der Nestor der Familienforschung, Heinz Lampert (Priorität für die Familie, 1996), die in der Familie „in einer auf andere Weise nicht erreichbaren Effektivität und Qualität" erbracht werde. Es gibt das menschliche Grundbedürfnis nach der selbstlosen Liebe. Das Streben danach ist offenbar eine anthropologische Konstante. Die Liebe ist das Ur-Geschenk, sagt Thomas von Aquin, alles, was uns sonst noch unverdient gegeben werden mag, wird erst durch sie zum Geschenk. Und „alle menschlichen Verfehlungen sind", so folgert Alfred Adler, „das Ergebnis eines Mangels an Liebe".

Aber es geht auch nicht nur um den einzelnen Menschen, auch nicht nur um Wachstum, Innovationsfähigkeit, Profit und Wohlstand. Es geht auch um die menschliche und freiheitliche Qualität der Gesellschaft. Es gibt einen Zusammenhang zwischen der „ersten Produktionsstätte" des Humanvermögens, der Familie und der freiheitlichen Gesellschaft. Der große neoliberale Ökonom und Nobelpreisträger, Friedrich August von Hayek, sieht diese Zusammenhänge ganz grundsätzlich wenn er sagt: „Die zwei wichtigsten Institute einer freien Gesellschaft sind erstens das private Eigentum und zweitens die Familie." Mit der Familie steht die Freiheitsfähigkeit der Gesellschaft auf dem Spiel. Auch das ist nicht neu. Montesquieu zog in seiner Betrachtung über das Ende des Römischen Reiches schon folgende Kausalkette: Ohne Familie keine wirksame Erziehung, ohne Erziehung keine Persönlichkeit, ohne Persönlichkeit kein Bewußtsein für die Freiheit. Weil das so ist, weil es diesen Zusammenhang gibt zwischen Familie und Gesellschaft, zwischen Eltern und Kind, deshalb kann es nicht gleichgültig sein, ob das Kindeswohl beachtet wird und die Parteien nur noch Selbstverwirklichungsprogramme für Männer und Frauen (sprich die Wähler) schaffen, oder ob wir eine Balance herstellen können zwischen Kindeswohl, Elternwohl und Gemeinwohl. Wenn Politiker glauben, man könne Krippen- und Kindergartenkinder schon in den allerersten Jahren in öffentlichen Einrichtungen vor allem kognitiven Prozessen unterwerfen, dann denken und handeln sie ideologisch, oft auch wider besseres Wissen. Denn die Ergebnisse der Hirn- und Bindungsforschung sagen etwas anderes. Immer stärker wird die Bedeutung des emotionalen Faktors betont. Aber, so schreibt Norbert Bolz, „Erwerbsarbeit ist der gesellschaftliche Attraktor, der alles andere strukturiert. Deshalb müssen Mütter ohne Zeitverzug dem Arbeitsmarkt zugeführt werden; und deshalb wird Ganztagsbetreuung zur gesellschaftspolitischen Norm im Umgang mit Kindern. ‚Familienfreundlich' heißt dann diejenige Politik, die Ganztagsbetreuung und Ganztagsschulen fördert (…) Day care ermöglicht es den Eltern, Kinder zu haben, als hätte man sie nicht. So tanzen Wirtschaftspolitik und Frauenemanzipation gemeinsam um das Goldene Kalb ‚Ganztagsbetreuung' – und man darf nicht fragen, wie sich das auf die Kinder auswirkt."

Das demographische Defizit, der Geburtenschwund stellt uns vor einen Wandel der Gesellschaft, der in der Geschichte einzigartig ist, mit anderen Worten: Er zwingt uns zu Innovationen. Aber gleichzeitig verringert sich quantitativ und qualitativ das Potential an Innovationskraft, und die Politik scheint nicht fähig zu sein, das vorhandene Potential innovationsfördernd zu nutzen. Was fehlt, ist die Offenheit, die kreative Kraft der Liebe anzuerkennen. Wer Kinder sozusagen von der Wiege an in Fremdbetreuung geben will, der hat den Sinn für die Liebe und damit auch für die authentische Bildung von Humanvermögen verloren. Papst Benedikt schreibt in seiner ersten Enzyklika: „Der totale Versorgungsstaat, der alles an sich zieht, wird letztlich zu einer bürokratischen Instanz, die das Wesentliche nicht geben kann, das jeder Mensch braucht: Die liebevolle, persönliche Zuwendung." Und in der derselben Schrift: „Wer die Liebe abschaffen will, ist dabei, den Menschen als Menschen abzuschaffen." Wenn die Politik sich weiter nur an den kurzfristigen Notwendigkeiten der Wirtschaft orientiert, wird sie herzlos, ideologisch, erbarmungslos. Auf diesem Weg ist die aktuelle Familienpolitik in vielen Ländern Europas. Sie zerstört oder verhindert die Bildung von Humanvermögen, statt diese Bildung zu fördern. Wenn heute in Deutschland nachweislich mehr als 20 Prozent aller Kinder, die in die Schule kommen, verhaltensgestört sind, dann sind die Ursachen nicht in der Schule, sondern an den frühen Orten der Gefühlskultur zu suchen, sprich in der Familie beziehungsweise in den Krippen und Kindergärten.

Die Familie hat schon im Lauf der letzten zwei Jahrhunderte, also seit der Industrialisierung und der entstehenden Sozialgesetzgebung mehr und mehr die Aufgaben der wirtschaftlichen Erhaltung, der Daseinsvorsorge bei Krankheit, Invalidität, Alter usw. verloren oder an den Staat abgegeben und sich zunehmend auf die Funktionen der Zeugung des Nachwuchses, seiner Sozialisation und auf die Pflege der innerfamiliären Intim- und Gefühlsbeziehungen beschränkt. Das ist die Kernkompetenz der Familie heute. Sie, die Pflege und die Stabilität der emotionalen Befindlichkeit, ist auch die erste Quelle des Humanvermögens. Diese Funktion ist nicht zu ersetzen. Deshalb ist Familienpolitik auch „Humanvermögenspolitik". Jede Reform müßte an diesem Maßstab gemessen werden. Das Humanvermögen zu mehren und folglich die Familie zu stärken, das Familienmanagement zu fördern, die Elternkompetenz zu erhöhen – das müßte Ansatz und Vorgabe jeder Reform sein.

Kapitel VI

Die Krippendebatte – ein Exkurs

In einem Bändchen über „moralische Grundbegriffe" denkt der Philosoph Robert Spaemann auch über Erziehung nach. Er schreibt: „Nur an einer Wirklichkeit, die uns Widerstand leistet, können wir unsere Kräfte entwickeln (…) Der Erzieher hat die Aufgabe, das Kind an die eigenständige und widerständige Wirklichkeit heranzuführen. Die Mutter ist im allgemeinen die erste eigenständige Wirklichkeit, der das Kind begegnet. Und so ist dafür gesorgt, daß die Wirklichkeit zunächst als hilfreich und freundlich erfahren wird. Die Stiftung dieser Grunderfahrung – die Psychologie spricht vom Urvertrauen – ist das Wichtigste, was Erziehung überhaupt zu leisten hat. Denn wer auf eine Erinnerung an eine heile Welt zurückgreifen kann, wird leichter mit der unheilen fertig."

Urvertrauen schaffen, emotionale Stabilität sichern, aktive Kommunikation pflegen – wer das Kindeswohl vor Augen hat, der wird einer Betreuung den Vorzug geben und sie auch anstreben, die diese Voraussetzungen erfüllt. Das ist nur bei einer individuellen Betreuung möglich, und die beste individuelle Betreuung leistet in der Regel die Mutter. Die Debatte über die Krippenoffensive in Deutschland, die eigentlich schon vor Installierung der Großen Koalition auf kleiner Flamme gekocht, mit der neuen Frauenministerin Ursula von der Leyen aber seit fast zwei Jahren mit hohem emotionalem Engagement geführt wird, wird dieser Anforderung nicht gerecht. Kein Wunder, es geht bei ihr auch nicht um das Kindeswohl, sondern um die Arbeitskraft der Frau. Diese Arbeitskraft, meist gut ausgebildet und preiswert, soll freigesetzt werden – für die Betriebe, nicht für das Kindeswohl.

Diese Überlegung bestimmt den Duktus der Debatte. Insofern verdichten und vermengen sich in dieser Debatte ideologische Vorgaben mit echten sachlichen Problemen und Lebensfragen junger Menschen, die Eltern sind oder werden wollen. Ein Ausbau der Betreuungsstruktur ist notwendig, weil viele Eltern aus wirtschaftlichen Gründen heute gezwungen sind, beide erwerbstätig zu sein. Das um so mehr, seit die Große Koalition die wirtschaftliche Basis der Familien deutlich geschmälert hat (Kürzung Kindergeld um zwei Jahre, Kürzung Pendlerpauschale, Streichung Eigenheimpauschale, Erhöhung der Öko- und vor allem der Mehrwertsteuer). Aber ein einseitiger Ausbau der Krippenstruktur wirft auch die Frage der Gerechtigkeit auf, weil der Ausbau in der Folge nur einem Teil der Elternschaft zugute kommt und deshalb nur diesen Teil subventioniert. Die Finanzierung, der wirkliche Bedarf, die Wirkung – wie in einem Brennglas konvergieren im modernen Krippenspiel Absichten, Pläne und Prioritäten der Familienpolitik.

Das fehlende Kernstück der Debatte: die Qualitätsdiskussion

Viel wichtiger als die Krippendebatte selbst wäre eine ausführliche Diskussion über die Qualität der Fremdbetreuung und über die Steigerung der Erziehungskompetenz der Eltern. Das ergäbe Sinn, wenn man das Kindeswohl im Blick hätte. Aber diese Diskussion wird ausgeklammert oder nur am Rande geführt. Der Tunnelblick ist ganz auf das Potential erwerbsfähiger Frauen gerichtet. In diesem Sinn sind die Kinder ein Störfaktor. Sie müssen in eine Schublade der Republik, eine jener Organisationsformen, von denen man sich das Heil oder wenigstens die Beseitigung störender Faktoren für die Produktion erwartet. Wofür früher die Familie zuständig war, das soll jetzt der Staat richten. Ob es dabei, also in Krippen, Altenheimen und Pflegeanstalten, menschlich zugeht, ist zweitrangig. Und diese ökonomistische Sichtweise führt zum Verrat an der Familie und verengt die Aussicht in die Zukunft. Denn aus dem bisher Gesagten ergibt sich, daß eine Politik von der Bildung von Humanvermögen ausgehen müßte, wenn sie menschlich und zukunftsorientiert wäre.

Aber es gibt sie noch, Politiker, die diese Problematik sehen. Alois Glück, Präsident des Bayerischen Landtags und Vorsitzender der CSU-Grundsatzkommission, fordert diese Qualitätsdebatte und zugleich eine Überprüfung der politischen Prioritäten. Die einseitige Fixierung auf die Erwerbsarbeit und die Präferenz für rein wissenschaftlich-technische Zukunftsstrategien seien faktisch Garanten für einen weiter anhaltenden Kinderschwund in Deutschland. Aber das sind Einzelstimmen, sie gehen im Chor der Ministerpräsiden-ten ebenso unter wie im Orchester von Innovationsrat, Parteien-gremien und Kabinetten. Eine Ausnahme bildet in der Tat auch die Partei, der Alois Glück angehört, die CSU. Sie hat den Entwurf des Grundsatzprogramms aufgrund einiger nicht-veröffentlichter Um-fragen und Vorschläge aus den eigenen Reihen verändert und ist die einzige Partei, die den Rechten der Eltern sowie der Betreuung und Erziehung der Kinder durch die Eltern Vorrang einräumt. Damit steht sie eindeutig in Gegensatz zur CDU und vor allem der Politik der Bundesfrauenministerin. Die CSU erweist sich damit als Volks-partei, was man von der CDU schon lange nicht mehr so uneinge-schränkt sagen kann.

Betroffen sind von der Krippendiskussion die Kinder. Was würden sie darüber sagen? Der bekannte Kinderpsychologe, Forscher und Philosoph Zdenek Matejcek, bekannt geworden vor allem durch seinen aufrüttelnden Film „Kinder ohne Liebe", meinte dazu: „Die Kinderkrippe ist eine Einrichtung von Erwachsenen, und Kinder würden sie sich nie selber ausdenken. Der Kindergarten ist dage-gen eine Einrichtung für Kinder, und sie würden ihn sich notfalls in irgendeiner Form selber schaffen." Das wird durch jüngere For-schungsarbeiten gestützt, zum Beispiel durch eine vergleichende Untersuchung von Kindern, die während Phasen hoher Arbeits-losigkeit (gerade der Mütter) geboren wurden und solchen, die in Zeiten von Vollbeschäftigung (der Mütter) zur Welt kamen. Die Ergebnisse (veröffentlicht im Quarterly Journal of Economics, 2004, S. 1091–1130) zeigen unter anderem, daß die Kinder, die in den er-sten Jahren bei der Mutter aufwachsen und deren Mütter sich auch schon während der Schwangerschaft intensiver auf das Kind vorbe-reiten konnten, mit signifikant besseren Gesundheitsdaten aufwar-teten. Auch die kognitiven Fähigkeiten der Kinder werden stärker entwickelt als bei Krippenkindern (Demography, Jg. 39, Nr. 2, 2002, S. 369–392) und deutlich sind auch die stärkeren Verhaltensauffäl-ligkeiten bei (ehemaligen) Krippenkindern (Child Development, Bd. 78, Nr. 2, 2007, S. 681–701). Die Liste der Vorteile von Kindern, die in den ersten Jahren von ihren Müttern erzogen wurden, ließe sich leicht verlängern, allerdings vorwiegend mit Forschungser-gebnissen aus dem Ausland.

Auch in Deutschland wird geforscht, aber die Ergebnisse werden nicht oder kaum öffentlich diskutiert. Sie passen nicht in das Main-streamdenken, werden schlicht ignoriert oder nicht selten uminterpretiert. Das hat schon eine gewisse Tradition, die bis in Kohlsche Regierungszeiten zurückreicht. So forderten zum Beispiel 1989 drei kinderärztliche Verbände, „weit größere Anstrengungen auf eine kinderorientierte Familienpolitik zu richten" und wandten sich „mit aller Entschiedenheit gegen die am 16.1.89 verlautbarte Absicht der Bundesministerien, die Kindergärten für Kinder schon ab vollendetem 2. Lebensjahr zu öffnen und damit bundesweit ein neues System institutioneller Ganztags-Fremdbetreuung für Kleinstkinder mit Krippencharakter einzurichten".

Die protestierende Forderung der Fachleute blieb folgenlos. Man braucht sich nicht zu wundern, daß die Qualitätsdebatte in Deutschland ausbleibt, wenn schon die Wirkungen der Fremdbetreuung kaum thematisiert werden. Qualität und Wirkung sind eng miteinander verwoben. Das politisch-mediale Establishment glaubt auch ohne die Diskussion darüber auszukommen. Wer dagegen Krippen als Notlösung oder Provisorium ansieht, wird versuchen, die negativen Wirkungen dieser Form der Fremdbetreuung zu neutralisieren. Wer sie als Ziel oder gar als das Nonplusultra der Familienpolitik betrachtet, wie das im Moment beim derzeit zuständigen politischen Personal der Fall ist, der wird leichtfertig darüber hinweggehen und versuchen, warnende Stimmen medial niederzuwalzen. Der seit Beginn der Krippenoffensive von der Bundesregierung geführte Kampf um die Lufthoheit über Kinderbetten ist ein Kampf um mediale Meinungsführerschaft, nicht um das Kindeswohl. Bei dieser Meinungsführung geht es darum, dem Arbeitsmarkt, der Berufstätigkeit der Frau außer Haus und der Selbstrechtfertigung eines bestimmten Lebensstils Priorität einzuräumen und diese so zu sichern, daß es immer genügend Frauen gibt, die sich ausbeuten lassen.

Selbstverständlich gehört zur Krippendebatte auch die Diskussion um die Schadensbegrenzung der Fremdbetreuung. In diesem Sinn sind die auf dem Symposium des Familiennetzwerks in Frankfurt im Mai 2007 vorgetragenen Gedanken des britischen Bindungsforschers Sir Richard Bowlby, Leiter des Center for Child Mental Health in London, wegweisend. Er schreibt:

„Bindungsforscher wissen schon seit langem um den traumatischen Effekt, der entsteht, wenn Babys und Kleinkinder sich für zehn Tage und länger ohne Bezugsperson in Krankenhäusern oder Kinderheimen aufhalten müssen. Neuerdings machen sich die Forscher Gedanken darüber, ob nicht der tägliche Aufenthalt in Tagesstätten ohne feste Bezugsperson einen ähnlichen Effekt haben kann." Forschungsergebnisse wiesen darauf hin, daß „Babys und Kleinkinder unter 30 Monaten in Fremdbetreuung der Trennung besser gewachsen sind, wenn sie eine stabile Beziehung zu einer Betreuerin/einem Betreuer entwickeln, die/der dadurch zur sekundären festen Bezugsperson wird. Wenn diese Betreuungsperson konstant und zuverlässig erreichbar ist, ist es eher unwahrscheinlich, daß solche Kleinkinder die negativen Konsequenzen der wiederholten Trennung von ihrer primären Bezugsperson erfahren – emotional benachteiligte Kinder können sogar davon profitieren, eine sichere sekundäre Bindungsbeziehung zu haben."

Aus solchen Erkenntnissen ergibt sich eine Schlußfolgerung wie von selbst: Wenn schon Krippe, dann mit einem Betreuungsschlüssel, der eine kontinuierliche Betreuung überhaupt zuläßt. Eine weitere Schlußfolgerung für eine Qualitätsdebatte ergibt sich aus den Erkenntnissen der Neurologie und Entwicklungspsychologie: wenn schon Krippe, dann mit einer entsprechenden Ausbildung für das Betreuungspersonal. Aber über solche Schlußfolgerungen wird kaum diskutiert. Warum? Weil entsprechende Maßnahmen zu viel kosten würden und weil sie nicht in das ideologisch fixierte Denken der führenden Familienpolitiker passen.

Der Bedarf und die angebliche „europäische Vorgabe"

Jede vernünftige, ordentliche Hausfrau – das ist die große Mehrheit aller Hausfrauen – überlegt vor dem Einkauf, was die Familie bzw. der Haushalt braucht. Dann schaut sie ins Portemonnaie und setzt Prioritäten. In der Familienpolitik gilt das offenbar nicht. Dort wird gesagt, was man haben will, ob es vernünftig ist oder nicht. Man verfolgt Ziele ohne zu fragen, ob die Menschen das auch wirklich so wollen, ob es gerecht ist und ob es gut ist für alle Beteiligten. Die Prioritäten in Berlin setzt die Ideologie, dann kommt die Diskussion, und die verlief bisher entsprechend, das Geschrei ist nach wie vor klassisch. Reflexartig wird auf Stichworte reagiert ohne den Kontext wahrzunehmen. Die veröffentlichte Meinung, die Empörung im Establishment wird es schon richten. In diesem Sinn glaubten im Frühjahr 2007 die familienvergessenen Vertreter des medial-politischen Establishments auch schon die Oberhand gewonnen zu haben über andere eher sachbezogene Meinungen, als der Augsburger Bischof Walter Mixa nüchtern auf die einseitige Wirtschafts- und Beschäftigungsorientierung in der Krippendebatte hinwies. Das Establishment war im Nerv getroffen. Die nackte Tatsache ist eben das Bestreben, alles in Funktion der Arbeit, der Produktion, des wirtschaftlichen Wachstums zu sehen. Insofern hat eine Sonntagszeitung recht, wenn sie diese Debatte auch als „Kulturkampf" bezeichnet. Auf der einen Seite geht es um die Produktion, um die Vorfahrt für die Arbeit, also um die Sache, auf der anderen um die Person, um den Vorrang für die menschliche Beziehung, um den Menschen. Aber es ist zweifelhaft, ob die vermutlich aus persönlicher Betroffenheit argumentierenden Vertreter des Establishments diese Tiefendimension ausmachen, jedenfalls ließ sich das aus den geradezu hysterischen Haßtiraden gegen den Augsburger Bischof nicht ableiten. Daß er mit ein paar in der feministischen Szene wohlbekannten Stichworten natürlich auch die entsprechenden medialen Reflexe auslöste, war zu erwarten. Ohne sie wäre er nicht gehört worden. Er hat bewußt provoziert.

Auch das ist symptomatisch: Die Vertreter der „Menschenfraktion" gebrauchen zwar starke Worte (Gebärmaschine, ideologische Verblendung), aber sie greifen nicht persönlich an. Daß Vertreter der „Sach- oder Arbeitsfraktion", zu der in dieser Frage auch die Unionsspitze (Bundeskanzlerin Merkel, Generalsekretär Pofalla, Ministerin von der Leyen u.a.m.) zu zählen ist, diese immerhin noch zur Sache geäußerten Worte als persönlichen Affront für die Ministerin interpretierten, gehört zu den Merkmalen einer emotional bis wütend geführten Debatte. Sie vergessen, daß diese Worte allzu gern auch von ihren eigenen Vertretern gebraucht wurden, wenn es darum ging, die katholische Kirche zu verunglimpfen. Aber daß ein prominenter Vertreter des Establishments, der Vorsitzende der SPD, Kurt Beck, mit persönlich beleidigenden Witzen versucht, die Argumente des Bischofs und damit auch der anderen Bischöfe zunichte zu machen, das erinnert an weiland kursierende Judenwitze. Da war der Bogen überspannt, weil man nicht mehr zwischen Sache und Person unterscheiden wollte. Im Beckschen Witz vom kastrierten Kater, mit dem er den Bischof von Augsburg und damit auch die anderen Bischöfe verglich, schwingt übrigens auch eine tiefenpsychologisch hochinteressante Ahnung mit, die Beck als Vertreter des politisch-medialen Establishments vermutlich so nicht gesehen hat: Könnte es sein, daß dieses Etikett vom kastrierten Kater auch auf dieses Establishment selbst, vielleicht sogar auf die Republik geklebt werden kann? Wer sich die demographische Entwicklung und die Kinderzahl von Journalisten und Mitgliedern des Bundestages und anderer Politiker anschaut, der wird die Ahnung bestätigt sehen.

Schon eine grobe Bedarfsrechnung zeigt, wie ideologisch die Debatte von den Vertretern des Berliner Establishments geführt wird: Frau von der Leyen will in den nächsten sechs Jahren 500.000 Krippenplätze zusätzlich schaffen, insgesamt ergäben das 750.000. Generalsekretär Pofalla redet fälschlich sogar von einer Steigerung „um 750.000" (in einem Interview am 8.7.2007). Damit läge man dann, so die Berliner, bei einer Quote organisierter Ganztagsbetreuung von 35 Prozent, so wie die EU es vorsehe. Schon mit diesem Hinweis wird manipuliert. Die EU sieht in ihrer unverbindlichen Barcelona-Resolution zwar einen Schätzwert von 33 Prozent vor, eine Empfehlung, die sich aber nach den Bedürfnissen in jedem Land richten sollte. Wörtlich heißt es in den Schlußfolgerungen des Vorsitzes des Europäischen Rats vom 15. März 2002 für eine „verstärkte Beschäftigungsstrategie" unter Punkt 32: „Die Mitgliedstaaten sollten Hemmnisse beseitigen, die Frauen von einer Beteiligung am Erwerbsleben abhalten, und bestrebt sein, nach Maßgabe der Nachfrage nach Kinderbetreuungseinrichtungen und im Einklang mit den einzelstaatlichen Vorgaben für das Versorgungsangebot bis 2010 für mindestens 90 % der Kinder zwischen drei Jahren und dem Schulpflichtalter und für mindestens 33 % der Kinder unter drei Jahren Betreuungsplätze zur Verfügung zu stellen."

„Nach Maßgabe der Nachfrage" – die empfohlenen 33 Prozent EU-Durchschnitt werden hierzulande als Vereinbarung dargestellt, sind also ein Täuschungsmanöver, um den Bedarf amtlich festzulegen, nach Gutsherrenart. Eine seriöse Rechnung nach Maßgabe der Nachfrage sieht anders aus. Sie muß auch die Geburtenzahlen in Rechnung stellen. Man kann sich die Bedarfsrechnung in zwei Modellen vorstellen, einmal mit den Wünschen der Mütter, also mit Wahlfreiheit, und einmal ohne.

Das Denkmodell ohne Wahlfreiheit

Im Jahr 2006 wurden wieder weniger als 700.000 Kinder geboren (nach Angaben des Statistischen Bundesamtes waren es 672.724). Schon 2005 lag die Zahl deutlich unter 700.000. Angesichts der schwindenden Anzahl geburtsfähiger Frauen wird die Zahl selbst bei einer anhaltenden Geburtenquote von 1,36 pro Frau noch weiter sinken, die Demographen errechnen ein Absinken unter 600.000 bis Mitte des nächsten Jahrzehnts. Die medialen Jubelrufe von einem Babyboom aufgrund der Weltmeisterschaftseuphorie 2006 oder der guten Konjunktur sind nicht nur verfrüht, sondern zeugen auch von erschreckender Ahnungslosigkeit bei demographischen Bewegungen. Wir werden schon 2013, wenn der Krippenausbau beendet sein soll, deutlich weniger als 1,9 Millionen Kinder unter drei Jahren haben. Wenn ein Jahrgang das Elterngeld in Anspruch nimmt, was wahrscheinlich ist, kommen theoretisch 1,2 Millionen Kinder für Krippen in Frage. Wenn eine Quote von 33 Prozent erreicht werden soll, dann braucht man insgesamt rund 400.000 Krippenplätze. 250.000 sind vorhanden, fehlen also nur noch 150.000. Die Frauenministerin will aber 750.000 Krippenplätze, strebt also eine organisierte Betreuungsquote von rund 63 Prozent an. Selbst unter der Annahme, daß es kein Elterngeld gäbe, und selbst wenn die Geburtenzahl gehalten werden könnte – zwei unrealistische Annahmen – entspräche die angebliche EU-Vorgabe von 33 Prozent nur einer Zahl von 670.000 Krippenplätzen. Mit 750.000 läge man gut über 40 Prozent – bei zwei irrealen Annahmen. Entweder die Regierung will das Elterngeld wieder abschaffen oder sie lügt, wenn sie von den wegen der EU-Vorgabe angeblich notwendigen 500.000 zusätzlichen Plätzen redet.

Das Denkmodell mit Wahlfreiheit

Das Elterngeld bietet trotz aller Mängel (sozial unausgewogen, befristet auf 12 bzw. 14 Monate) ein Stück Wahlfreiheit. Es ist Teil der Modellrechnung. Gemäß den meisten Umfragen (z.B. ipsos vom März 2007) will die große Mehrheit der Frauen ihre Kinder auch gar nicht in die Fremdbetreuung geben. Im Gegenteil, wenn die Mütter könnten, wenn es Wahlfreiheit gäbe, würden sogar deutlich mehr als zwei Drittel ihre Kinder lieber selber erziehen. Könnten die Mütter also wirklich frei entscheiden, bräuchte man nur für 30 Prozent der 1,9 Millionen Kinder Krippenplätze, das wären insgesamt nur maximal 570.000 Krippenplätze und nicht 750.000. Zieht man die 250.000 vorhandenen ab, ergibt das 320.000 Krippenplätze, die maximal geschaffen werden müßten. Diese Zahl reduzierte sich noch erheblich, wenn man statt der staatlichen Krippenplätze die Option der Tagesmütter fördern würde (so machen es die Finnen und Franzosen). Die Zahl der tatsächlich notwendigen zusätzlichen Krippenplätze liegt, bei echter Wahlfreiheit, also deutlich unter 300.000. Es wird also in beiden Fällen – mit und ohne Wahlfreiheit – eine Struktur geschaffen, die auch nichtvorhandenen Bedürfnissen genügen soll. Dieses Bedürfnis kann man zusätzlich erzwingen, indem man die Option des Zuhause, mithin die Wahlfreiheit ökonomisch weiter einschränkt.

Zu diesem Schlüsselbegriff der Wahlfreiheit sollte die Bundesregierung ehrlicherweise sagen, daß sie per definitionem nur gegeben ist, wenn die Familie tatsächlich die zwei Optionen hat, nämlich Fremdbetreuung oder Selbstbetreuung, und zwar ohne Nachteile in dem einen oder anderen Fall. Schon heute aber werden Eltern verschärft dazu gezwungen, zu zweit einem Erwerbsberuf außer Haus nachzugehen, weil die Große Koalition durch ihre familienfeindlichen Kürzungen (Eigenheimzulage, Kindergeld, Pendlerpauschale) und Erhöhungen (Ökosteuer, Mehrwertsteuer) den Entscheidungsspielraum der Familien existentiell eingeengt hat. Echte Wahlfreiheit würde bedeuten, diesen Spielraum zu vergrößern. Das wäre auch im Sinne des Bundesverfassungsgerichts, das aus Gründen der Gerechtigkeit die erzieherische Leistung der Familien anerkannt sehen will. Karlsruhe spricht hier von einem „generativen Beitrag", den die Eltern für die Bestandserhaltung der Sozialsysteme erbringen. Im übrigen fordert das Gericht genau das: Wahlfreiheit „bei der Art der Kinderbetreuung".

Die CDU hat das früher auch einmal so gesehen und in ihrem Wahlprogramm sogar in Zahlen gefaßt, etwa den steuerlichen Freibetrag von 8000 Euro/Jahr pro Person einer Kernfamilie oder von 50 Euro/Monat Abzug pro Kind beim Rentenbeitrag. Aber daran hat die Große Koalition offensichtlich kein Interesse, obwohl die finanzielle Situation wegen der günstigen Konjunktur 2006 und 2007 dies durchaus ermöglichte. Wenn aber die wirtschaftlich ohnehin schmale Basis noch weiter geschmälert wird, so wie das aktuell geschieht, dann kann man von Wahlfreiheit für alle nicht mehr sprechen. Man kann sich nur schwer des Verdachts erwehren, daß der Zwang zur Erwerbsarbeit gewollt ist.

Zur Wahlfreiheit gehört auch der Wunsch der Mutter. Hier sind noch weitere Zahlen bekannt, die sich auf diese Wünsche beziehen. Zum Beispiel, daß gerade mal siebzehn Prozent der Frauen in Deutschland der Meinung sind, Kinder seien in der Krippe am besten aufgehoben. Über achtzig Prozent (81,2) der Befragten halten die Erziehung durch die Eltern dagegen am besten. Die Zahlen wurden von ipsos, dem viertgrößtem und auf gesellschaftspolitische Probleme spezialisierten Umfrage-Institut der Welt, ermittelt, und zwar im Auftrag des Familiennetzwerkes, das diese Zahlen auch auf seiner Internetseite veröffentlicht (www.familie-ist-zukunft.de).

Richtig kritisch wird es für die Ideologen um Frau von der Leyen, wenn man auch die weiteren Zahlen aus dieser Umfrage auf das politische Handeln bezieht. Denn hier geht es um die echte Wahlfreiheit, die ja nur gegeben ist, wenn die Frauen nicht verarmen, falls sie sich für die Erziehung und Familienarbeit entscheiden. Gut zwei Drittel der Frauen in Deutschland (69,2 Prozent) würden ihr Kind in den ersten drei Jahren selber und zu Hause erziehen, wenn man ihnen das Geld gäbe, das ein Krippenplatz kostet (je nach Land und bereits vorhandener Infrastruktur kostet ein Krippenplatz zwischen 700 und 1.300 Euro pro Monat). Hier würde der Staat ein doppeltes Geschäft machen. Zum einen würde einiges von diesem Geld in Form von Konsumsteuern zurückfließen. Würde man es als Erziehungslohn auszahlen, flösse noch mehr zurück, und zwar in Form von Lohnsteuern und Sozialabgaben. Zum zweiten könnten die Frauen eine eigene Erwerbsbiographie aufbauen, die drei Jahre wären selbst unter rein emanzipatorisch-feministischen Gesichtspunkten nicht verloren, unter pädagogischen (Kindeswohl) sowieso nicht und unter dem Aspekt der Humanvermögensbildung, also auch mittelfristig-wirtschaftlichen Interessen gesehen, auch nicht. Nur ein gutes Viertel der Frauen (26,2 Prozent) würde unter diesen Voraussetzungen mit dem Geld eine Fremdbetreuung (Krippe, Tagesmutter) bezahlen.

Und jetzt die Überraschung: Wenn man zu dem Geld auch noch eine Rückkehrgarantie in den Erwerbsberuf anböte, dann würden selbst nach drei Jahren nur 40,4 Prozent der Frauen in den Beruf zurückkehren wollen, zwei von drei Müttern würden damit lieber warten, bis das Kind in die Schule geht. Bei echter Wahlfreiheit würde sich also die große Mehrheit der Frauen und Mütter für das Kind entscheiden. Und die meisten würden auch nach dem Schulbeginn einen Teilzeitjob befürworten, die Hälfte dabei nicht länger als 20 Stunden pro Woche außer Haus arbeiten wollen. Nur 12 Prozent der Mütter suchen einen 40-Stunden-Job.

Das Heidelberger Büro für Familienfragen und soziale Sicherheit macht für den Bedarf eine detailliertere Rechnung auf, indem es zwischen Ost- und Westdeutschland unterscheidet und damit einen noch geringeren Bedarf errechnet. Es weist zudem auf eine Statistik zur tatsächlichen Nutzung der Krippenplätze hin, die ein überraschendes Ergebnis liefert: Nicht einmal die Hälfte der Krippeneltern lassen ihre Kinder ganztags – d. h. mehr als 7 Stunden – betreuen, obwohl sie dazu die Möglichkeit hätten. Eine weitere Umfrage der Innofact AG unter 1.071 Müttern hat ergeben, daß zwar 82 Prozent der Deutschen einen Ausbau der Krippenbetreuung für sinnvoll halten, und auch im vermeintlich traditionelleren Westen der Republik sind es nach einer Emnid-Umfrage für den Sender N24 immerhin 78 Prozent, aber das heißt noch lange nicht, daß die Krippe als das Nonplusultra gilt: 72 Prozent der Westdeutschen finden die Betreuung der Kleinsten durch Mutter und Vater am besten. Im Osten gibt eine knappe Mehrheit der Krippe den Vorzug. 86 Prozent aller Deutschen finden zugleich, daß die Arbeit nichterwerbstätiger Mütter zu wenig gewürdigt wird. Wer hier eine Kluft zwischen den Generationen vermutet, täuscht sich: Selbst von den Frauen unter 30 wünscht sich die übergroße Mehrheit mehr Anerkennung für die Hausfrauen unter den Müttern.

Fazit: All diese Zahlen, die die Wünsche der Eltern und den Bedarf an Plätzen wiedergeben, hätte das Ministerium ermitteln müssen. Dagegen wurde auf dem „Krippengipfel" am 2. April 2007 einfach festgelegt, daß es 500.000 zusätzliche Plätze geben soll. Das ist pure Willkür. Abgesehen davon, daß hier Steuergelder in erheblichem Umfang verschleudert werden, erscheint auch die Behauptung der Berliner, die Frauen seien nur glücklich, wenn sie einem Beruf außer Haus nachgingen, als grell blendendes Licht der Ideologen. Alles wird vorwiegend unter dem Gesichtspunkt der Wirtschaftsinteressen diskutiert, vor allem in den Medien, ganz selten wird von dem Glück und der Erfüllung gesprochen, die Kinder mit sich bringen. Der emotionale Faktor der Mutter-Kind-Beziehung ist für die breite Masse noch nicht entdeckt. Das belegen auch die zahlreichen Bücher von Frauen, die ein durchaus etabliertes, manchmal auch feministisches Berufsleben führten und dann Mutter wurden, etwa Daphne de Marneffe (Die Lust, Mutter zu sein) oder Catharina Aanderud (Schatz, wie war dein Tag auf dem Sofa) oder auch Katherine Ellison (Mutter sein macht schlau), um mal nicht Eva Herman, das rote Tuch des Establishments, zu nennen.

Mit anderen Worten: Wenn es echte Wahlfreiheit gäbe, dann bräuchte man auch großzügig gerechnet sehr viel weniger Krippenplätze als das Frauenministerium anstrebt. Selbst der niedersächsische Ministerpräsident Christian Wulff geht nur von 300.000 und nicht von 500.000 aus, wie er in einem Interview mit der Welt vom 9. Juli 2007 einräumt. Wer mehr als den realen Bedarf schafft, riskiert britische Verhältnisse. Dort bleiben heute schon 25 Prozent der Krippenplätze leer. Sie werden nicht gebraucht, die Mütter wollen, wenn immer sie können, ihre Kinder selber erziehen. Der wirkliche Bedarf liegt woanders: Bei der Wirtschaft und neoliberalen Ökonomisten, die alle jungen gut ausgebildeten Frauen glauben mit Hilfe der Politik in den Erwerbsberuf schleusen zu müssen. Festzuhalten bleibt: Die offiziellen Zielvorgaben sind nur zu verstehen, wenn man das „verdeckte Ziel" der schwarz-roten Familienpolitik erkennt: die Steigerung der Frauen-, genauer: der Müttererwerbsquote.

Zur Wirkung der Krippenbetreuung

Was nun die Wirkung der Krippenbetreuung angeht, so sagen selbst regierungsnahe Experten und Berater, daß man frühestens ab 18 Monaten ein Kind von der Mutter trennen sollte. Wassilios Fthenakis, Gutachter der Bundesregierung und überzeugter Krippenbefürworter, drückt es so aus: „Die Bindungsqualität ist heute genauso wichtig wie früher (…) Die Eltern lassen sich durch nichts ersetzen (…) Man kann aber das Aufwachsen des Kindes bereichern, wenn es in eine Einrichtung von hoher Qualität geht." Diese Einrichtungen gibt es vielleicht als Pilotprojekte oder Einzelfälle. Ansonsten ist Deutschland Qualitätswüste und tobt hier ein auch politisch gesponserter Expertenkrieg, bei dem sich die Bindungsforscher in Deutschland erstaunlich zögerlich verhalten, während sie im Ausland immer deutlicher vor den Folgen der Fremdbetreuung warnen, etwa in Großbritannien, aber auch in Frankreich und Schweden. Für ideologiefreie Bindungsforscher ist klar: Fremdbetreuung ist Risikobetreuung. Das wurde auf dem Symposium des Familiennetzwerkes im Mai 2007 an der Universität Frankfurt deutlich. Nur ideologisch ist es zu verstehen, wenn die Familienministerin empfiehlt, die Kinder „in professionelle Hände zu geben". So redet man, wenn man social engineering betreibt und nicht nur die liebende Beziehung zwischen Mutter und Kind außer acht läßt, sondern auch die Bindungsqualität als zweitrangig ansieht. Es kommt aber – wie die Bindungsforschung in zahlreichen Studien ergeben hat, und hier besteht weitgehend Konsens – auf die individuelle Förderung an, und niemand kann individueller fördern als die Mutter. Die professionellen Erzieherinnen verrichten einen Job, sicher oft mit viel Hingabe, aber dennoch nur acht Stunden lang. Die Mutter liebt, wenn es sein muß, rund um die Uhr. Schon darin liegt ein wesentlicher Unterschied zwischen Betreuung und Erziehung. Hinzu kommt, daß die Kapazität, Kleinstkinder zu fördern, bei sechs, sieben etwa gleichaltrigen Kindern erschöpft ist, dann gilt nur noch das Betreuungsprinzip: sauber, satt, beschäftigt. In Krippen und Kindergärten liegt die Zahl heute schon weit höher als sieben.

In Großbritannien, wo seit einigen Jahren eine ähnliche Krippenoffensive läuft wie in Deutschland, haben die ersten Erfahrungen der „Massenkindhaltung" nicht wenig Entwicklungspsychologen und Bindungsforscher alarmiert. Sie haben sich in Artikeln und Briefen an die Regierung gewandt und auf Folgen und Wirkungen hingewiesen, etwa daß die rechte Gehirnhälfte in der präverbalen Phase der Entwicklung (bis 30 Monate) starke Bindungen und Emotionen braucht, die sie in Krippen nicht bekommen kann. Emotionen werden vor allem durch Haut- und Augenkontakt vermittelt. Der australische Psychologe, Familienforscher und Bestsellerautor Steve Bidulph hat herausgefunden, daß Krippenkinder täglich gerade mal acht Minuten direkten Augenkontakt mit einer Betreuerin haben (Sunday Times, 8.4.2007). Dabei sind die Augen und der unmittelbare Gesicht-zu-Gesicht-Kontakt wesentlich für die Bindung und den Aufbau des Vertrauens durch die Aktivierung von Spiegelneuronen (Nachahmung). Dadurch entsteht das Gefühl für Schutz und Sicherheit beim Baby. Das Lächeln der Mutter, die Offenheit, die Bereitschaft der bedingungslosen Annahme – das ist Kommunikation pur. Das geschieht eben nicht nur mit Gesichtsmuskeln, sondern mehr noch mit den Augen. Das gilt auch später, wenn die Kinder in die Schule gehen. Der amerikanische Psychiater und Erfolgsautor Ross Campbell konkretisiert das in seinem Bestseller mit dem Titel „Kinder sind wie ein Spiegel": „Wenn wir uns mit Kindern, beziehungsweise mit dem Eltern-Kind-Verhältnis beschäftigen oder einschlägige Untersuchungen studieren, wird uns klar, wie wesentlich der Augenkontakt ist. Er fördert nicht nur die Kommunikation mit dem Kind, sondern trägt auch zur Erfüllung seiner emotionellen Bedürfnisse bei. Ohne daß wir es selbst merken, ist der Augenkontakt das wichtigste Mittel, unser Kind unsere Liebe spüren zu lassen. Ein Kind braucht den Blickkontakt mit den Eltern, um emotionell versorgt zu sein. Je häufiger Eltern ihre Liebe durch Blickkontakt ausdrücken können, um so zufriedener wird ein Kind sein und um so voller ist sein emotioneller Tank."

Jay Belsky seinerseits schreibt im „Medical Journal", daß 41 Prozent der Krippenkinder mit nur 20 Stunden Krippe pro Woche schon bindungsunsicher seien. Das muß die kognitive Intelligenz nicht beeinträchtigen, aber die soziale Kompetenz, die Empathie und die emotionale Intelligenz. Babys, die allzu häufig oder gar permanent im Streß leben – dauernd erhöhte Cortisolwerte –, leiden später entweder unter Gefühlskälte oder affektiver Unreife und Aggression. Unsichere Bindungen werden in den angelsächsischen Ländern von Kinderärzten und Psychologen als Risikofaktoren eingestuft. Sir Richard Bowlby: „Die gesunde Entwicklung des kindlichen Gehirns hängt von der persönlichen, eins-zu-eins liebenden Betreuung ab. Aber wir hatten noch nie ein Wirtschaftssystem noch eine Regierung, die weniger Wert auf Liebe gelegt hat als die jetzige." Und ganz allgemein: „Die gängigen Bindungsrisikofaktoren wie unsichere Bindung, Tagesbetreuung ohne feste Bezugsperson oder Eltern, die sich trennen, tragen häufig zu einer Reihe von sozialen und emotionalen Problemen der Kinder bei. Darunter zählen Aggressivität und Verhaltensauffälligkeiten, geringes Selbstbewußtsein, schlechte schulische Leistungen, Konzentrationsdefizite, schwache Bindungsfähigkeit, Schulschwänzen, Traurigkeit und Depression, Drogen und Alkoholmißbrauch, Selbstverletzung und Eßstörungen, wenig Einfühlungsvermögen und negative Lebenseinstellung."

Entscheidend ist die individuelle Betreuung. In Finnland und Frankreich hat man aus solchen Erkenntnissen und Erfahrungen einen doppelten Schluß gezogen: Zum einen baut man das Institut der Tagesmutter aus, und diese darf nicht mehr als vier Kinder betreuen. Apropos Ausland: Das Superbeispiel Frankreich mit seinen flächendeckenden Betreuungseinrichtungen ist nur sehr partiell beispielhaft. Zum einen wird in Frankreich vorwiegend die Subjektförderung betrieben, man gibt den Eltern das Geld in die Hand oder läßt ihnen das selbsterwirtschaftete Geld und schafft damit echte Wahlfreiheit. In Deutschland dagegen frönt man der Objektförderung, man investiert in Planstellen und Gebäude, man vertraut dem Staat und mißtraut den Eltern. Zum anderen erlaubt der Lebensrhythmus in Frankreich, mehr Zeit mit den Kindern zu verbringen, was die Fremdbetreuung aufwiegt, und bei der Fremdbetreuung gibt man den Tagesmüttern eindeutig den Vorzug vor kollektiven Möglichkeiten. Übrigens liegt die Frauenerwerbsquote insgesamt noch unter der deutschen, was auch die Friedrich-Ebert-Stiftung in einer Studie feststellte. Und zu dem ebenfalls häufig genannten Vorbild Schweden wäre zu bemerken, daß man nun dort verstärkt selbst ins Ausland schaut und von der Tschechischen Republik sowie von Finnland und Norwegen lernen will. Dort wird die elterliche Erziehung bezahlt, ab 2008 bekommen nun Familien in Schweden 300 Euro monatlich, wenn sie ihr Kind zu Hause erziehen. Bisher gab es staatliche Unterstützung nur für Eltern mit Job. Und vier von fünf Schweden präferieren trotz oder wegen der Erfahrungen mit Krippen die häusliche Erziehung. Offensichtlich machen die Schweden eine einfache Rechnung auf: Die Erziehung zu Hause schafft in der Regel mehr Humanvermögen und ist mittelfristig auch für den Staat rentabler.

Die Kosten – eine Frage der Gerechtigkeit

Die Kosten für einen Krippenplatz sind unterschiedlich je nach Bundesland. Sie variieren in Funktion der vorhandenen Infrastruktur (ausgebaut im Osten, rudimentär im Westen) und der Personalausgaben. Die Kostenfrage wird in Deutschland die Debatte beleben, nicht die Qualitätsfrage. Letztere aber ist mit Blick in die Zukunft entscheidend. Frau von der Leyen spricht von einer Beteiligung des Bundes von vier Milliarden Euro, die ein Drittel der Kosten decken würde. Nach den Zahlen eines ihrer treuesten Verbündeten, des nordrhein-westfälischen Familien- und Frauenministers Armin Laschet, kostet ein Krippenplatz pro Jahr mindestens 16.000 Euro, wahrscheinlich aber gut 20.000 Euro. Selbst bei der sparsamen Variante entstünde bei 500.000 zusätzlichen Plätzen ein Finanzierungsvolumen von mindestens acht Milliarden Euro. Hinzu kommen die Kosten für den Aufbau der Infrastruktur. Man sieht im Geiste Kabinettsfreund Steinbrück weise lächeln. Der Finanzminister will ja noch nicht einmal die vier Milliarden investieren, sondern allenfalls durch Umschichtung innerhalb der Familien aufbringen, was wiederum verfassungsrechtliche Hürden auftürmen würde.

In der von Frauenministerin von der Leyen geplanten Investition sind viele strukturelle Maßnahmen, etwa der Bau von Gebäuden, das Erschließen von Grundstücken etc. enthalten. Bei der sinkenden Kinderzahl wäre es aber politisch vorausschauender und deshalb auch klüger – und für die Kinder besser –, das Geld den besten Betreuerinnen zu geben, den Müttern. Das hätte zudem den Vorteil, daß man sich auch mal verfassungskonform verhielte und echte Wahlfreiheit ermöglichte. Und damit außerdem indirekt ein Investitionsprogramm lancierte, weil dieses Geld auch ausgegeben würde. Natürlich ließe sich auch ein Krippenersatzgeld oder, mit anderen Worten, ein Erziehungslohn unter tausend Euro vorstellen, etwa 700 Euro steuerfrei aber sozialabgabepflichtig, an den Wünschen der Frauen würde sich vermutlich nicht viel ändern, aber man kommt in den Bereich der Finanzierbarkeit. Dagegen will man die Familien mit einem Betreuungsgeld von 150 Euro abspeisen, über das noch nicht einmal entschieden ist und über dessen Form sich die Verfechter der staatlichen Verfügbarkeit über die Kinder noch mit denen streiten, die den Eltern mehr zutrauen. Man könnte auch auf die Idee kommen, hier einen privaten Markt entstehen zu lassen, ähnlich wie in den USA. Es würde den Arbeitsmarkt entlasten und damit auch die Sozialkassen. Viele Varianten sind möglich, wenn man der Freiheit den Raum dazu gibt. Aber gerade hier wird der enge, ideologische Charakter der Krippendiskussion erkennbar. Man vertraut in alter DDR-Manier eher dem Staat als den Eltern.

Die Kostenfrage ist auch eine Frage der Gerechtigkeit, denn, wie das Otto-Wolff-Institut für Wirtschaftsordnung in Köln in einer Studie von Vera Bünnagel und Barbara Henman (Mai 2007) richtig schreibt, darf „die Finanzierbarkeit nicht durch den willkürlichen Ausschluß einiger Familienmodelle von der Förderung hergestellt werden". Dies aber geschieht. Die Studie erklärt: „Wenn die Förderung von Familien erklärtes politisches Ziel ist, müssen alle Familien einheitlich gefördert werden. Einheitlich heißt unabhängig vom gelebten Familienmodell und der gewählten Form der Betreuung. Die einseitige Subventionierung institutioneller Betreuung in Kinderkrippen hingegen diskriminiert Kinder, die zu Hause oder in anderen, nicht förderberechtigten Organisationsformen betreut werden. Vor diesem Hintergrund wäre aus ordnungspolitischer Sicht die Forderung des Familienverbandes zu unterstützen, allen Eltern einen einheitlichen Geldbetrag zur Verfügung zu stellen, den sie eigenverantwortlich entweder zum Einkauf einer Betreuungsform ihrer Wahl oder zur Abmilderung eines Einkommensausfalls bei selbstorganisierter Betreuung verwenden können. Dies entspräche einer Erhöhung des Kindergeldes für die ersten drei Lebensjahre oder einer Ergänzung des Kindergeldes um ein Betreuungsgeld."

Die Regierung kümmert das nicht. Im politisch-medialen Betrieb finden sich außerdem genügend Claqueure, die sie auf ihrem Irrweg bestätigen. An der Basis jedoch formiert sich Widerstand, sowohl an der Parteibasis als auch im Volk. Die Umfragen und Ergebnisse aus den Studien bestätigen es ebenso wie die Aktivitäten des wachsenden Familiennetzwerkes. Auch der Augsburger Bischof Mixa wird durch diese Daten voll bestätigt, er hat dem Volk sozusagen aus der Seele gesprochen. Im Volk ist das Empfinden für die wahren Bedürfnisse des Menschen, auch und gerade der kleinsten, noch gesund. Und das gibt Hoffnung. Die Ideologen der unheilen Welt haben noch längst nicht gewonnen. Die heile Welt ist für die Kinder noch nicht ganz verloren.

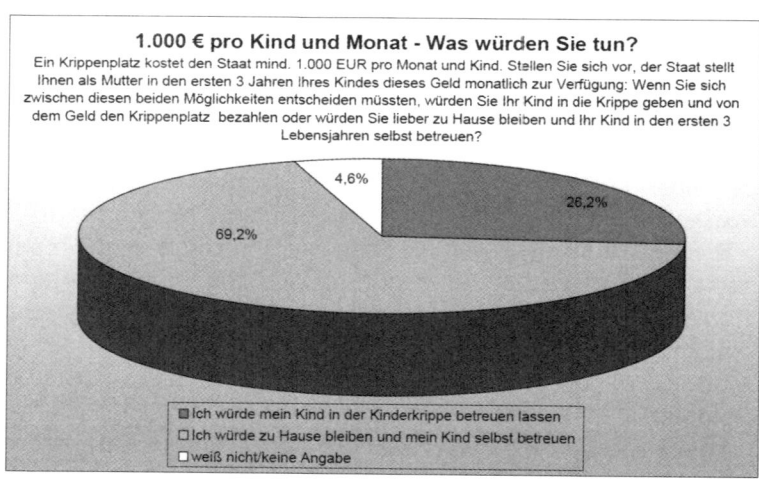

Bestandteil einer telefonischen Repräsentativbefragung
Befragungszeitraum: März 2007 – Durchführendes Institut: Ipsos
GmbH – Gesamtzahl der befragten Personen: 2.000 Personen über 14
Jahren in Deutschland
Ausgewertete Teilgruppe: Alle Frauen, deren ältestes Kind unter 3 Jahre alt ist oder die keine Kinder haben und unter 45 Jahre alt sind

Kapitel VII

Was zu tun wäre – einige Vorschläge

Die Ausgangslage: Konzeptlosigkeit und Heuchelei

Eine kleine, willkürliche Auswahl: CDU-Generalsekretär Ronald Pofalla schlägt vor, erwachsene Kinder mit ausreichendem Einkommen sollten künftig für ihre arbeitslosen Eltern zahlen. Wohlwol-
lend könnte man sagen: Das ist nicht zu Ende gedacht. Denn wenn
es soweit käme, dann würden diese Kinder doppelt belangt: Einmal
würden sie für ihre Eltern zahlen und dann auch für die anderen,
die keine Kinder haben. Das ist die Logik der Kinderlosen, die in
Berlin derzeit allerdings en vogue ist. Familie als Verfügungsmasse,
von Gerechtigkeit keine Spur. Wenn schon, dann müßte es heißen:
Die Kinderlosen zahlen für die Kinderlosen mit, die Kinder für ihre
Eltern und nicht mehr für die Kinderlosen. Das müßte dann auch für
alle anderen Sozialsysteme gelten, also Rente, Pflege und Kranken-
kasse. Das wäre zwar ein Stück gerechter, aber immer noch nicht solidarisch. Pofallas Chefin, Bundeskanzlerin Merkel könnte immerhin
als weiterer Reformerfolg der Großen Koalition verkünden: „Damit
beenden wir offiziell das Umlagesystem und die solidarische Gesellschaft. Ab jetzt gilt: Jeder für sich, keiner für alle."
   Pofallas Ideen entsprechen dem Lebensstil vieler Mitglieder des
politisch-medialen Establishments (auch in der Union): Single, kinderlos, karrieristisch, solidarisch auf Kosten der anderen, vorzugsweise der Familien. Norbert Bolz sieht die „tiefste kulturelle Kluft der
Zukunft" zwischen den klassischen Familien und den kinderlosen Le-
bensstilen. Man spüre „schon heute, daß diese Gruppen sich außer
Frechheiten und Beleidigungen nichts zu sagen haben. Hier steht
der Zeitgeist der Selbstverwirklichung gegen den Anachronismus
einer segmentären Ordnung. Gerade die Stärke der Familie ist auch
ihre Schwäche: die modernitätsuntypische Multilfunktionalität."
   Hat der Zeitgeist der Selbstverwirklichung Auswirkungen auf die
geistigen Fähigkeiten? Gerät das Land auch intellektuell aus den

Fugen? Man hat fast den Eindruck, als bringe die Nachwuchskrise führende Leute in Politik und Rechtsprechung um den gesunden Menschenverstand. Dafür gibt es, jenseits von Pofalla, weitere Beispiele. Da behauptet zum Beispiel kein geringerer als der Präsident des Bundesverfassungsgerichts, Hans-Jürgen Papier, „Rentenbeiträge kommen in eine verfassungsrechtliche Problemzone, wenn das eingezahlte Kapital regelhaft bei weitem das übersteigt, was der einzelne später an Leistungen erhält". Damit nährt er die jahrzehntealte, kollektive Illusion, die gesetzliche Rente sei die Rückzahlung der eigenen Beiträge plus einer Rendite, die Rente funktioniere also wie eine Lebensversicherung. Das ist falsch, wie das Bundesverfassungsgericht selbst in mehreren Urteilen festgestellt hat. Die heute eingezahlten Beiträge werden ausschließlich dafür verwendet, den heutigen Rentnern die Rente zu zahlen, das Umlagesystem funktioniert wie ein Durchlauferhitzer, wobei immer weniger Wasser (Beiträge) in den Erhitzer kommt, weil die Beitragszahler weniger werden. Der „permanente Verfassungsbruch" (Paul Kirchhof) besteht heute darin, daß die Leistung der Eltern (Zeugung und Erziehung künftiger Beitragszahler) nicht berücksichtigt wird. Dieser für das System bestandserhaltende „generative Beitrag" wird nicht honoriert, müßte aber, wie das Bundesverfassungsgericht auch zu Zeiten von Papier konstatierte, auf den finanziellen Beitrag angerechnet werden.

Zur Ideenfabrik des politisch-medialen Establishments steuert fast in periodischen Abständen Bundesfamilienministerin Ursula von der Leyen einiges bei. Sie meinte gelegentlich zu den neuesten Zahlen über die Kinderarmut, das sei alles ganz schrecklich, das liege an der Arbeitslosigkeit, und das von ihr propagierte Elterngeld trage zur Vermeidung dieser Armut bei. Wo ist die Logik? Das Elterngeld wird nur an Eltern gezahlt, die schon einer Erwerbsarbeit nachgehen und das auch nur für ein Jahr nach einer Geburt; den bereits in Armut lebenden Kindern und ihren Eltern bleibt ein Sockelbetrag, der zudem noch zeitlich verkürzt wird. Früher bezogen arme Familien nach der Geburt zwei Jahre lang Erziehungsgeld, heute allenfalls 14 Monate. Und das geschah auch nur auf Druck aus den Fraktionen. Die Krokodilstränen der Ministerin über die Kinderarmut sind pure Heuchelei.

Das Weinen hat mittlerweile Tradition. Im Sommer 2007 wurde wieder ein Stück compassive conservatism aufgeführt. Frau von der Leyen machte sich für ein höheres Kindergeld für kinderreiche

Familien stark. Kinderreich fing bei ihr ab zwei Kindern an. Abgesehen davon, daß das Ausklammern der Ein-Kind-Familie verfassungswidrig ist, hat das Mitgefühl der Ministerin ab zwei Kinder einen simplen Grund: Das Kindergeld ist mittlerweile nur noch Teil des steuerlichen Existenzminimums. Aber auch die Kosten für die einfache Existenz steigen. Seit 2002 wurde das Kindergeld aber nicht mehr angehoben. Eine Anhebung ist sachlich und rechtlich zwingend geboten. Dazu gibt es auch Urteile des Bundesverfassungsgerichts. Wenn man nun die Anhebung nur für Familien ab zwei Kindern vornimmt, spart man rund eine Milliarde Euro (an den Ein-Kind-Familien), die man dem Ministerkollegen Steinbrück als Teilkonzept für die Krippenfinanzierung anbieten könnte. Denn der zeigt sich bei diesem Thema knauserig. Die Verfassung? Wie gesagt, die Verfassung paßt wieder mal nicht ins relativistische Denken des politisch-medialen Establishments, also wird darüber auch nicht diskutiert.

Die schäbige Behandlung für Familien mit mehreren Kindern hat übrigens Tradition. Sie fing bei Kohl an, der die steuerlichen Freibeträge für Kinder senkte, dann das Kindergeld selbst ab dem dritten Kind nivellierte und setzte sich bei den Rotgrünen fort, die das Kindergeld ab dem dritten Kind nicht erhöhten, für das erste und zweite um Minimalbeträge, mit denen sie sich dann brüsteten. Die Große Koalition schließlich schröpfte die Familien derart brutal und konzentrierte sich nur auf ihre Idealfamilie, das heißt die Doppelverdiener, so daß die heute in Karlsruhe anstehenden familienpolitischen Klagen allesamt von kinderreichen Familien stammen. Sie betreffen die Ökosteuer und die Mehrwertsteuer. Eine Erhöhung des Kindergeldes wäre nichts weiter als die lausige Pflicht dieser Regierung, um aus dem „permanenten Verfassungsbruch" gegenüber den Familien ein Schrittchen herauszukommen. Der Vorstoß der Familienministerin war nur vorbeugende Heuchelei.

Noch ein Beispiel, denn nicht nur Politiker und Richter denken gelegentlich recht kurz: Die Robert-Bosch-Stiftung spricht gern von der „demographischen Rendite", und mancher Politiker plappert es nach. Man spare viele Milliarden, weil man weniger Kosten für Schulen, Kindergärten, Kinderkliniken etc. aufzubringen habe. Der Denkfehler hier: Man sieht die Ausgaben für Kinder nur als Kosten, nicht als Investitionen (wie zum Beispiel die Franzosen oder die Finnen). So gesehen ist die demographische Rendite am höchsten, wenn es gar keine Kinder mehr gibt. Absurdes Denken. So etwas nennt man auch totsparen. Hier schlägt die Lebensphilosophie des Individualismus mit der dazugehörigen Konsumhaltung voll auf die Lebenserwartung aller anderen, also des Volkes durch. Dafür gibt es einen berühmten Spruch: Nach mir die Sintflut. Madame Pompadour, die Bettdame des Sonnenkönigs, die diesen Spruch prägte, ist so etwas wie eine Ikone des totalen Individualismus. Ob Staat, Volk, Vaterland oder Sozialsystem nach mir noch funktionieren oder überhaupt leben, ist Menschen dieser Denkart egal. Es gibt ein Lied, das zu Karneval gern gesungen wird und die Verantwortungslosigkeit der Pompadourkreise auch zum Ausdruck bringt: „Wir verkaufen unserer Oma ihr klein Häuschen …" Sicher, Kinder kosten Geld. Kinder sind heute teurer als früher. Und zwar nicht nur wegen der Markenklamotten oder Handys, sondern weil auch das Leben selbst teurer geworden ist. Der Ökonom und Nobelpreisträger Paul A. Samuelson hat diesen Trend schon vor Jahrzehnten gesehen und deshalb in seiner Theorie von der „Wohlstandsmöglichkeitskurve" das Elternsein als Risiko betrachtet, ja, Kinder zu haben sei heute rein ökonomisch gesehen eine Fehlinvestition, sozusagen eine verrückte Lebensform. Statt nun die Dinge geradezurücken, sprich den Eltern das Leben etwas zu erleichtern, handelt die Politik genau andersherum. Sie kassiert bei den Eltern ab. Die Zahlen über die Kinder, die in Armut leben und sich die Marken und elektronischen Geräte nicht leisten können, beweisen es ebenso wie die sinkenden Geburtenziffern. Niemand wird gern freiwillig arm, und deshalb sinkt auch der Kinderwunsch selbst.

Solche Beispiele und der Logik entbehrende Gedanken und Haltungen in der Politik und bei der Gutachter-Intelligenzija spiegeln auch ein um sich greifendes Denken wieder, das sich ängstlich an den Besitzständen festkrallt und den Blick in die Zukunft und selbst auf die gegenwärtige Wirklichkeit verweigert. Kleine Kinder halten sich gern die Augen zu und rufen: Such mich doch, such mich doch! Sie glauben, wenn sie nichts sehen, dann sehen die anderen sie auch nicht. Und das Lachen ist laut und quietschig, wenn man sie dann doch „entdeckt". Das ist der Unterschied: Die Kinder lachen, wenn die Wirklichkeit sie berührt. Die Wirklichkeitsverweigerer haben, wenn die Wahrheit ans Licht kommt, nichts zu lachen. Die Wahrheit ist, daß die Solidarität in dieser Gesellschaft sich auflöst wie die Ozonschicht. Das CO_2 des karriereorientierten Egoismus vernichtet die Solidarität, übrig bleiben werden die Familien, ihre vitale Solidarität sichert, das Überleben.

Die Beispiele zeigen einen hohen Grad an familienpolitischer Orientierungslosigkeit bis Verwirrung. Sicher, Politik ist, wie Wilhelm Hennis sagt, weiterwursteln, wenn es sein muß, auf hohem Niveau. Es geht auch nicht um ein detailliertes Konzept, das die Lebensmodelle und Lebensstile bis ins Kleinste regelt, ähnlich wie die Straßenverkehrsordnung. Das ist in einer pluralistisch verfaßten Gesellschaft sowieso nicht möglich. Aber es geht um einige Rahmenbedingungen und Prinzipien, die sich am Grundgesetz ausrichten. Recht strukturiert Gesellschaften. Ohne Recht rutscht eine Gesellschaft in die Anarchie, und in der Familienpolitik scheint dieser Zustand erreicht. Jedenfalls ist die Familienpolitik in Deutschland seit Jahrzehnten geprägt von Unstetigkeit und Unverläßlichkeit. Auch hielten sich in Sachen Familie die letzten Bundesregierungen nicht an die Rechtsprechung des Bundesverfassungsgerichts, das das Grundgesetz beim steuerlich freizustellenden Existenzminimum oder bei der Betreuungsfrage oder auch bei der Ordnung der Solidarversicherungen in mehreren Urteilen konkret ausgelegt hat. Karl Dietrich Bracher hat in einer Abhandlung über den Totalitarismus geschrieben, Demokratie heißt Selbstbeschränkung, Ideologie Selbstüberhöhung. In diesem Sinn verhalten sich die maßgeblichen Politiker seit fast zwei Jahrzehnten mehr ideologisch als demokratisch und schon gar nicht verfassungskonform.

Spätestens nach den ersten, eine Neugestaltung der Sozialsysteme eigentlich schon gebietenden Urteilen (29.5.1990, BVerfGE 82,60 sowie 12.6.1992, BVerfGE 82,198), hätte die damalige Regierung Kohl im Interesse der Zukunftsfähigkeit des Sozialstaats eine Umverteilung oder Neugewichtung der Beiträge vornehmen müssen. Es wäre die Gelegenheit gewesen, die seit 1954 im Rang eines Ministeriums stehende Familienpolitik in Deutschland den neuen demographischen Umständen anzupassen und von dem Ruf des fünften Rads am politischen Wagen zu befreien. Man wollte es nicht. Entweder weil man die Problematik unterschätzte (ein mitentscheidender Politiker sagte dem Autor damals kurz vor einem weiteren Urteil, dem Trümmerfrauenurteil vom 7. Juli 1992: „Dann kratzen wir halt etwas Bimbes zusammen und erhöhen die Renten für die Trümmerfrauen, das werden wir schon hinkriegen") oder weil man damals schon nur in europäischen, außenpolitischen Kategorien die Zukunft Deutschlands sah, oder auch weil man in puncto Familie in der Falle der Selbstverständlichkeit saß. Gesellschaftspolitik stand jedenfalls nicht auf der Prioritätenliste.

Das Bundesverfassungsgericht hat de facto wegen der Weigerung der Politik konzeptuelle Arbeit geleistet und mit mehreren Urteilen einen Forderungskatalog aufgestellt, der sich an den monetären und strukturellen Defiziten der Familienpolitik orientiert. Dazu gehört das Gebot, die wirtschaftliche Benachteiligung von Eltern gegenüber Kinderlosen schrittweise bei allen familien-, steuer-, und sozialpolitischen Maßnahmen zu verringern; die institutionelle und familiäre Kinderbetreuung zu verbessern; einen Erziehungsfreibetrag einzuführen, der die steuerliche Verschonung des minimalen Sachbedarfs für den Lebensunterhalt (Ernährung, Unterkunft, Kleidung, Körperpflege, Hausrat, Heizung), des Betreuungsbedarfs (das Bundesverfassungsgericht definiert ihn als die für die Erfüllung der elterlichen Pflicht zur Erziehung und Betreuung erforderliche Betreuungszeit) und des Erziehungsbedarfs („Aufwendungen der Eltern, die dem Kind die persönliche Entfaltung, seine Entwicklung zur Eigenständigkeit und Eigenverantwortlichkeit ermöglichen", z.B. Mitgliedschaft in Vereinen, Erlernen moderner Kommunikationstechniken) gebietet. Die Politik hat sich nur ungenügend an diesen Forderungen orientiert, was den geringen Stellenwert demonstriert, den die Familienpolitik bei nahezu allen Kanzlern, nicht nur beim „Gedöns-Kanzler", innehatte und immer noch hat. Heinz Lampert führt als wesentlichen Grund dafür an, „daß im politischen Bereich die von den Familien getragenen Lasten und vor allem der Wert der Beiträge der Familien für die Humanvermögensbildung weithin verkannt werden".

Zwei Säulen: Leistungsgerechtigkeit und Wahlfreiheit

Die seit den 70er Jahren vorhersehbare und seit den 80ern dokumentierte demographische Entwicklung hat die Problematik weiter zugespitzt. Die Zukunft wird Gegenwart, und immer noch hat die Politik weder ein gesellschaftspolitisches Konzept noch den Willen, ein solches mit dem Querschnittsthema Familie auszuarbeiten. Es bleibt bei der ideologisch bestimmten Flickschusterei. Deshalb rückt die Alternative zur solidarischen Gesellschaft langsam ins Blickfeld: eine repressive Gesellschaft. Ihre Merkmale sind die Polarisierung zwischen arm und reich, zwischen Familie und Familiengegnern, zwischen Machtelite mit Verfügung über die Medien auf der einen Seite und dem Volk ohne Megaphon, aber betäubenden Fernsehprogrammen auf der anderen Seite. Noch sind wir nicht in einem repressivem System angekommen, aber das anhaltende Unrecht gegenüber Familien mit seiner Verarmungsdrift, die Rufe in den Parteien nach mehr Staatszugriff auf die Kinder (Lufthoheit über Kinderbetten; Krippenzwang; Kinderrechte gegen die Eltern in die Verfassung etc.) und die anhaltende Diskriminierung von Eltern vor allem in den elektronischen Medien deuten die Konturen der „schönen neuen Welt" bereits an.

Wie kann man dieser Entwicklung gegensteuern? Sicher, die Politik beschwört die Tatsache des Wandels sozialer Strukturen, aber man hat gelegentlich den Eindruck, ihre Beschwörungsformeln gelten vor allem dem Wandel des sozialen Verhaltens im medial-politischen Establishment selbst, jedenfalls ist dieser Wandel von den Statistiken in dieser massiven Form in der Gesamtbevölkerung nicht zu finden (siehe Kapitel I). Dennoch sind der sozio-ökonomische Wandel und das demographische Defizit Herausforderungen jeder Familienpolitik. Wie also könnte Familienpolitik diese Herausforderungen meistern?

Zum einen, indem sie mangels eigener Konzepte zumindest auf die Forderungen des Bundesverfassungsgerichts eingeht und versucht, sie umzusetzen. Damit würde sie Leistungsgerechtigkeit und Wahlfreiheit schaffen. Das sind auch die zwei Säulen, auf denen die Familienpolitik heute ruht. Und sie sollte, vor allem in Europa, auch ein weiteres Ziel vor Augen haben: Bevölkerungswachstum und damit zusammenhängend Generationengerechtigkeit.

Anerkennung einer Leistung, mithin auch Leistungsgerechtigkeit, und das Angebot der Wahlfreiheit erreicht man in unserer durch-ökonomisierten Gesellschaft mit Finanzmitteln. Diese werden per Gesetz verteilt. Hier ist der Gestaltungsraum für die Politik.

Das ist eigentlich sehr einfach. Aber es scheint so, als sei die Familienpolitik in Deutschland seit Jahrzehnten mit Blindheit geschlagen, als orientiere sie sich nur noch am ökonomischen Nutzen. Darauf macht auch der langjährige CDU-Ministerpräsident von Baden-Württemberg, Erwin Teufel, in seinem Buch „Maß und Mitte. Mut zu einfachen Wahrheiten" (2006) aufmerksam. Er kritisiert in diesem Zusammenhang das Konzept des Elterngeldes und schreibt in diesem vermächtnisähnlichen Buch, das auch einen Blick in die Zukunft Deutschlands wagt, dieses Konzept „nützt nur der Wirtschaft. Sie hat das Konzept auch begrüßt. Sie denkt an die Aktivierung aller Frauen für die Erwerbsarbeit, wenn in wenigen Jahren die Arbeitskräfte auf Grund der negativen demografischen

Entwicklung zurückgehen. Vorrang für die Entscheidung muß aber das Wohl des Kindes vor dem Bedarf der Wirtschaft haben." Und in einer für Politiker, selbst als Pensionäre, ungewöhnlichen Offenheit rügt er die familienpolitischen Aktivitäten der Großen Koalition: „Bislang hat die Große Koalition nicht einen Euro mehr für die Familie ausgegeben. Sie kürzt vielmehr an vielen Stellen und saniert teilweise den Haushalt zu Lasten der Familien und sie erhöht Steuern mit besonderer Belastung für die Familien. Ich verweise auf die für Mehrkinderfamilien so wichtige Förderung von Wohneigentum (…) Kürzung der Pendlerpauschale. Das Kindergeld wurde in seiner Bezugsdauer vom 27. auf das 25. Lebensjahr heruntergesetzt (…) Die Mehrwertsteuererhöhung wird Familien mit Kindern besonders treffen (…) Wie will die Bundesregierung diese Sparmaßnahmen und Belastungen bei den Schwächsten rechtfertigen?"

Die Frage ist noch nicht beantwortet. Sie wird um so dringender, je genauer man sich die Kosten der Familien anschaut. Natürlich sind die Unterhaltskosten pro Kind unterschiedlich, auch wenn sie sich in den letzten Jahren zwischen Ost und West schon weitgehend angeglichen haben. Ein Gutachten des Wissenschaftlichen Beirats für Familienfragen beim Bundesministerium für Familie, Senioren, Frauen und Jugend hat unter dem Titel „Gerechtigkeit für Familien" 2001 Berechnungen angestellt, ebenso Heinz Lampert, Jürgen Borchert, Franz-Xaver Kaufmann und andere. Lampert kommt 2001 auf einen Mittelwert des Gesamtaufwands (Versorgung und Betreuung) von 160.000 Euro bis zum 18. Lebensjahr, der sächsische Ministerpräsident Georg Milbradt ergänzte die Berechnungen durch den Hinweis, daß durch den Ausfall eines intakten Familienverbandes das Land Sachsen für die Betreuung, Erziehung, Unterkunft und Ernährung der Kinder pro Heimplatz jährlich etwa 25.000 Euro, bis zum 18. Lebensjahr also 400.000 Euro aufwenden muß. Familie ist also ein gutes Geschäft für Vater Staat.

Generell gilt nach Berechnungen des Heidelberger Büros für Familienfragen und soziale Sicherheit, das sich wiederum auf Wirtschaftsforschungsinstitute und Gerichtsurteile beruft: Pro Monat betragen die privaten Konsumausgaben für jedes Kind (bis 18 Jahre) etwa 670 Euro. Werden zusätzlich zu den bezahlten Leistungen (225 Mrd. Euro insgesamt) die unbezahlten Zeiten für Kinder im Privathaushalt bewertet, so kommt selbst bei einem niedrigen Bewertungsansatz (Nettolohn für eine Hauswirtschafterin) eine Wertgröße von rund 145 Mrd. Euro hinzu. Insgesamt betrug der Wert der bezahlten und unbezahlten Leistungen für Kinder 1998 damit rund 369 Mrd. Euro, d.h. pro Kind (bzw. Jugendlichem) 1.980 Euro monatlich. Die unbezahlten Zeiten für Kinder im Privathaushalt machen mit ihren 145 Mrd. Euro rund 39 Prozent aller Zeitaufwendungen (also 370 Mrd. Euro) aus. Das heißt bei monatlichen Gesamtkosten pro Kind von 1.980 Euro betragen sie 772,20 Euro, die die Eltern alleine zu tragen haben. Rechnet man nicht nur mit dem Nettolohn für eine Hauwirtschafterin, sondern setzt wie bei den jetzt schon bezahlten Zeitaufwendungen für Kinder (z.B. bei Erzieherinnen, Lehrer/innen) einen Bruttolohn an, dann lägen die Kosten inkl. Arbeitgeberanteil sogar noch um rund 40 Prozent höher. Das heißt: Private Konsumausgaben und unbezahlte Zeiten ergeben für Eltern im Durchschnitt pro Kind monatliche Gesamtkosten von mindestens 1.440 Euro. Dagegen stehen die familienpolitischen Leistungen wie Kindergeld (154/Monat) oder steuerliche Kinderfreibeträge von insgesamt 484/Monat (für Eltern mit Durchschnittseinkommen von 30.800/Jahr kommt nur das „Kindergeld" in Frage), früher noch das Bundeserziehungsgeld (begrenzt auf höchstens 24 Monate, seit Einführung des Elterngelds auf maximal 14 Monate, in Höhe von 300/Monat). Mit anderen Worten: Die durchschnittlichen Kosten belaufen sich auf rund 800 Euro.

Und dann sind da noch die Verbrauchssteuern, zum Beispiel die Mehrwertsteuer. Sie belastet natürlich Familien besonders, weil sie konsumieren müssen. Die Nichterhöhung bei Brot und Milch und Büchern etc. hilft den Familien wenig. Sie werden nur nicht zusätzlich belastet. Sinnvoller wäre es in der Tat, auch diese Waren mit der höheren Mehrwertsteuer zu belegen und den Familien eine Kompensation – etwa über das Kindergeld – zukommen zu lassen. Sonst subventioniert man, wie der Finanzexperte Rolf Peffekoven richtig sagt, „auch die Milch für die Katzen der Reichen". Aber so weit denkt man in Berlin nicht. Man hat kein Gespür dafür, wie Familien mit mehreren Kindern über die Runden kommen. Familien überleben, weil sie Synergie-Effekte nutzen, weil sie sparsamer einkaufen, weil sie vielfach nicht in Urlaub fahren (während die kinderlosen Doppelverdiener drei- und viermal fahren), weil die Großeltern helfen (der Transfer der älteren auf die jüngere Generation beläuft sich mittlerweile auf rund 22 Milliarden Euro pro Jahr), weil sie billigeren Wohnraum suchen, weil sie das Kindergartengeld sparen, weil sie mit zusätzlichen Jobs ein Zubrot verdienen, weil sie keine (zweite) Lebensversicherung für die Altersvorsorge abschließen, weil sie kein Auto fahren oder nur ein altes, weil sie nicht ins Theater oder Kino gehen, sondern sich Kinoabende zu Hause machen, weil sie kein Handy haben oder nur eins mit begrenzten Sprechzeiten, weil sie Restaurants nur von außen kennen, weil, weil, weil. Sicher ist: Die größte Alltagsbelastung stellen für die deutschen Mütter Geldsorgen dar.

Jürgen Borchert kommt nach einer Analyse des Familienlastenausgleichs zu diesem Schluß: „Ein Durchschnittsverdiener mit 30.000 Euro brutto schafft es heute nicht mehr, seine Kinder in Freiheit und Selbstverantwortung aus seinem Einkommen großzuziehen. Er bleibt um knapp 1.400 Euro unter dem soziokulturellen Existenzminimum (…) Deshalb können auch nur naive Gemüter von dem schieren Volumen des Familienlastenausgleichs – genannt werden Summen von 100 bis 175 Milliarden Euro – beeindruckt sein." In Wirklichkeit sei der Familienlastenausgleich in Kombination mit dem Sozialsystem in seiner heutigen Form „ein Monument monströser Dummheit. Denn ein Abgabensystem zur Linderung der Überlasten einzusetzen, welche genau durch dieses System erst geschaffen werden, ist so absurd, als würde man versuchen, Wasser mit einem Sieb aus einem lecken Eimer zu schöpfen: Ein ungeheurer Aufwand bei sicherem Nullerfolg." Wie ist das zu erklären? Dummheit wäre eine Erklärung, eine andere heißt Ideologie.

In diesem Zusammenhang weisen die Vertreter des politisch-medialen Establishments immer gern auf die Beitragsfreiheit der Kinder hin. Das ist ein Märchen, an das sie selber auch noch glauben. Die Beitragsfreiheit gibt es nicht, weil, wie Albin Nees, der Präsident des Deutschen Familienbundes, richtig sagt, die Sozialabgaben vom Bruttogehalt abgezogen werden. Dagegen müßte man zunächst erstmal die Steuerfreibeträge (also auch der Kinder) vom Brutto abziehen und dann die Sozialabgaben berechnen. Eltern entrichten also über die Steuer Sozialabgaben für ihre Kinder. Im Falle von Sachsen, wo Nees Staatssekretär war und die Krankenkassenbeiträge zu den niedrigsten gehören, hat er einen durchschnittlichen Beitragssatz von rund 50 Euro pro Kind errechnet. Er plädiert dafür, es dabei zu belassen, dafür aber nicht mehr die Mär von der Beitragsfreiheit zu dulden.

Immer wieder muß in diesem Zusammenhang die Forderung nach einem Erziehungslohn oder Erziehungsgehalt auf die Agenda. Es ist eine Form, Leistungsgerechtigkeit zu schaffen. Ihr Vorteil ist, daß sie den Müttern oder Erziehenden eine eigene Erwerbsbiographie schafft mit Rentenanspruch und sozialer Sicherung. Die

Diskussion darüber wird seit Jahren mit mehr oder weniger hoher Intensität geführt. In den Parteien hatte zuerst die CDU in Sachsen ein Modell ausgearbeitet und das Erziehungsgehalt damit in den politischen Diskurs eingeführt. Daneben gibt es eine Reihe anderer Modelle, etwa das Erziehungsgehalt 2000 des Deutschen Arbeitskreises für Familienhilfe e. V. Dieser Arbeitskreis hatte 1998 auch einen Europäischen Kongreß zur Aufwertung der Erziehungsarbeit organisiert, auf dem Experten aus zehn Ländern Europas ähnliche Modelle diskutierten. Es gibt heute auch einige Staaten, Norwegen etwa, die auf diese Weise annähernd die Leistung der Eltern honorieren.

Alle Länder haben ein mehr oder weniger hohes Kindergeld oder auch Steuerfreibeträge. Ein Vergleich ist schwierig, schon wegen der unterschiedlichen Besteuerung in Europa. Da in Südeuropa zum Beispiel die Steuermoral nachweislich geringer ist als in Nordeuropa, gibt es schon seit Jahrzehnten ein Gefälle zwischen direkten und indirekten Steuern, zwischen hohen Verbrauchssteuern und geringeren Einkommenssteuern im Süden und umgekehrt im Norden. Es ist klar, daß die Mehrwertsteuer und überhaupt Verbrauchssteuern die Familie härter treffen als Ein-Personen-Haushalte. Deshalb haben die hohen Verbrauchssteuern plus geringe Leistungen des Staates für Familien in Südeuropa zu einem Abfall der Geburtenzahlen geführt. Italien, Spanien, Griechenland, Zypern liegen am Ende der Tabelle. Zypern reagiert jetzt. Man will ab 2008 für das dritte Kind eine Geburtsprämie von 35.000 Euro zahlen, Spanien will, ebenfalls ab 2008, für jedes Kind eine Geburtsprämie von 2.500 Euro zahlen. Der französische Demograph Gérard-François Dumont hat vor zwei Jahren die Maßnahmen zusammengefaßt und in Funktion zur Fertilität gestellt. Seine Grafik zeigt vertikal den Anteil der Familienleistungen, gemessen am Bruttosozialprodukt und horizontal die Geburtenquote. Ergebnis: Es kommt darauf an, wie das Geld investiert wird. Nur da, wo Eltern das Geld überwiegend selbst erhalten, ist die Geburtenquote auch höher (Frankreich, Irland, Finnland, Dänemark z.B.). Wo es wenig oder gar kein Geld gibt (Spanien, Italien, Polen etc.), ist die Geburtenquote niedrig, trotz positiver Einstellung zu Familie.

Die Leistungsgerechtigkeit hängt eng mit der Wahlfreiheit zusammen. Wahlfreiheit (meist für die Frau) ist per definitionem nur gegeben, wenn die Familie tatsächlich die zwei Optionen hat, nämlich Erwerbsberuf außer Haus und damit auch Fremdbetreuung für die Kinder- oder Familienarbeit und damit auch Selbstbetreuung der Kinder – und all das ohne Nachteile in dem einen oder anderen Fall. Schon heute aber werden Eltern verschärft dazu gezwungen, zu zweit einem Erwerbsberuf außer Haus nachzugehen, weil die Politik durch familienfeindliche Gesetze den Entscheidungsspielraum der Familien existentiell eingeengt und damit das Unrecht noch verschärft hat. Echte Wahlfreiheit würde bedeuten, diesen Spielraum zu vergrößern, und zwar nicht nur durch Schaffung von mehr Krippenplätzen, sondern vor allem durch Erweiterung der wirtschaftlichen Basis. Das kann im Steuersystem geschehen, etwa durch ein Familiensplitting, so wie die Franzosen es handhaben, oder durch Freibeträge pro Person einer Familie (Deutschland) oder durch Kindergeld oder auch durch beides. Ich habe jedenfalls keine Wahlfreiheit, wenn ich verarme, weil ich mein Kind selber erziehen will. Ich habe keine Wahlfreiheit, wenn ich diskriminiert und geradezu geächtet werde, weil ich Mutter sein will, mit Leib und Seele. Ich habe keine Wahlfreiheit, wenn ich unfreiwillig einer Doppelbelastung ausgesetzt werde, deren Streß Liebe verhindert. Ich habe keine Wahlfreiheit, wenn meine gesellschaftlich nicht nur relevante, sondern notwendige Arbeit mißachtet und nicht honoriert wird. Selten war das Wort „honorar" so weit entfernt vom Wort „honor", Ehre, wie in der Diskussion um die Familienarbeit/Familienmanagement.

Es hat lange gedauert, bis in der Krippendebatte dieser Zusammenhang thematisiert wurde. Edmund Stoiber hat das Argument des Betreuungsgelds oder des Erziehungsbonus in die Debatte eingebracht, indem er ein Junktim herstellte zwischen Krippenausbau und Betreuungsgeld. Dieses Junktim existiert übrigens schon in der Praxis in Thüringen. Dort bekommen Eltern, die ihr Kind selbst betreuen, schon seit ein paar Jahren ein Betreuungsgeld in Höhe der Kosten eines Krippenplatzes. Das Otto-Wolff-Institut für Wirtschaftsordnung an der Universität Köln schreibt dazu im April 2007: „Wahlfreiheit heißt nicht, eine bestimmte Betreuungsform oder ein bestimmtes Familienmodell einseitig zu subventionieren. Denn damit einer geht stets automatisch, andere zu diskriminieren (…) Echte Wahlfreiheit ist nur gegeben unter vergleichbaren finanziellen Verhältnissen. Die Schaffung subventionierter Krippenplätze ohne gleichwertige finanzielle Förderung der Familienbetreuung untergräbt Wahlfreiheit (…) Ausbau der Krippenbetreuung bei gleichzeitiger finanzieller Anerkennung der häuslichen Erziehung ist ein deutlicher Schritt in Richtung echte Wahlfreiheit für Familien.

Doch ist dieses Ziel noch lange nicht erreicht. Der zur Zeit von der CSU eingebrachte Vorschlag zur Zahlung eines Betreuungsgeldes in Höhe von 150 pro Monat entspricht nur einem Bruchteil des Monatsbetrags für einen subventionierten Krippenplatz."

Daraus ergibt sich im Sinn der Leistungsgerechtigkeit und Wahlfreiheit ein simple Forderung: Parallel zum Krippenausbau, der nach Maßgabe des Bedarfs vorgenommen werden sollte (siehe Kapitel VI), wird ein Betreuungsgeld in angemessener Höhe eingeführt oder das Kindergeld erhöht; ferner wird den Familien eine Kompensation wegen der erhöhten Verbrauchssteuern zuteil (hier liegt dem Bundesverfassungsgericht ein Fall vor, der erneut Rechtsgeschichte machen könnte) und schließlich Umbau der Sozialsysteme, um den bestandserhaltenden generativen Beitrag der Eltern zu berücksichtigen. Es ist wahrscheinlich, daß sich das politisch-mediale Establishment solchen Maßnahmen verweigert. Nicht weil das Geld nicht vorhanden wäre – die Steuereinnahmen waren selten so hoch wie 2007 –, sondern weil man es den Familien nicht gönnt. Das Argument, wonach die künftigen Generationen durch Schuldenabbau entlastet werden sollten, ist alt. Franz Josef Strauß beantwortete es so: „Es ist unsinnig, einem sterbenden Volk gesunde Haushalte zu hinterlassen." Gerechtigkeit jetzt würde die Einnahmen des Staates nicht schmälern, denn durch den erhöhten Konsum und Sozialabgaben würden viele Gelder wieder in die Kassen des Staates zurückfließen.

Familienwahlrecht – die politische Abkürzung

Es fehlt nicht an sinnvollen Vorschlägen für die Gestaltung einer gerechten Familienpolitik. Sie lassen sich wie folgt zusammenfassen, wobei die meisten Maßnahmen schon vor fünf Jahren von Heinz Lampert, dem Nestor der deutschen Familienpolitik, als dringend erforderlich bezeichnet wurden:

– Eine in mehreren Schritten erfolgende Erhöhung des Kindergeldes auf monatlich 300 Euro, um den einschlägigen Entscheidungen des Bundesverfassungsgerichts Genüge zu tun;

– Eine schrittweise Ausdehnung der Bezugsdauer für das Erziehungs- oder Elterngeld auf sechs Jahre, wobei ab dem dritten Jahr eine Abschmelzung sinnvoll wäre;

– Die Dynamisierung des Kinder-und Erziehungsgeldes;

– Der Ausbau der Erziehungsjahre im Rentensystem;

– Eine einkommensabhängig degressiv und eine kinderzahlabhängig progressiv gestaltete Förderung der Vermögensbildung für die private Altersvorsorge (Ausbau der Riester-Rente);

– Der Ausbau der Kinderbetreuung nach Maßgabe des Bedarfs und entsprechend den Erkenntnissen der Bindungsforschung, also vor allem eines Systems von Tagesmüttern;

– Maßnahmen zur Reintegration von Eltern in das Erwerbsleben nach der Betreuungsphase, deren Länge von den Eltern selbst bestimmt werden sollte.

Die notwendigen Mittel für solche Maßnahmen, die sich im zweistelligen Milliardenbereich bewegen, können nach Lampert, Borchert u. a. durch Umschichtungen erbracht werden. Das ist eine Frage der Prioritätensetzung. Solange die Politik glaubt, mit familienpolitischen Maßnahmen nur einen kleineren Teil der Wählerschaft zu erreichen, wird sie nichts tun. Außerdem ist das Gewicht der lebenslang Kinderlosen in der Politik und in den Medien schon heute dominant. In den Parteivorständen von CDU, SPD, FDP und Grünen liegen sie zwischen einem Drittel und der Hälfte und die letzten beiden Kanzler entstammen auch dieser Gruppe. Bei den Journalistinnen ist der Anteil der lebenslang Kinderlosen noch höher, dort liegt er zwischen 60 und 70 Prozent. Das erklärt übrigens auch das ständige Gerede von der Bestrafung Kinderloser, wenn mal wieder eine Maßnahme zugunsten der Familien diskutiert wird. Und auch, daß Singles mit 50 Prozent der Hauptrollen doppelt so häufig zu sehen sind wie im wirklichen Leben und Familien fast immer als alleinerziehende Mütter vorkommen.

Das Bild würde sich schlagartig ändern, wenn das Wahlrecht sich tatsächlich an dem Urprinzip der Demokratie, one man one vote, ausrichten würde. Davor aber hat das politisch-mediale Establishment geradezu Angst, denn es würde konsequenterweise die Einführung des Familienwahlrechts bedeuten. Bei einer Preisverleihung hielt der Autor einmal ein Plädoyer für das Familienwahlrecht. Das sei ein Mittel, um die Familienpolitik aus dem Mauerblümchendasein herauszuholen. Immerhin gehe es um Millionen neuer Stimmen. Im Anschluß an die Rede eilte ein Freund, der damals bei Kohl im Kanzleramt tätig war, auf ihn zu und mahnte ihn, „von diesem Pferd schnell herabzusteigen". Seine Begründung: „Wir haben das ausgerechnet und festgestellt, daß die Grünen relativ am meisten davon profitieren würden. Deren Wähler sind jung und haben viele Kinder." Das ist anderthalb Jahrzehnte her, inzwischen sind die Kenntnisse von der Misere der Familie und des demographischen Defizits in das öffentliche Bewußtsein vorgedrungen. Man sucht nach Möglichkeiten, möglichst preiswert diese Mißstände, die den Wohlstand aller bedrohen, zu beheben. Dafür gibt es nur zwei Optionen oder Methoden, die sich nicht ausschließen, eine rein politische und eine ökonomische. Die politische Option hat einen Namen: Familien- oder Kinderwahlrecht.

Diese Option hat staatspolitischen Charakter, ja ein historisches Flair. Es würde die Republik verändern. Aber für jene Politik, deren Denken gewöhnlich am nächsten Wahltermin endet, gilt heute und das schon seit Jahrzehnten, eine entscheidende Zahlenrelation: Singles und Zweierhaushalte machen zwar nur ein Drittel der Wohnbevölkerung aus, aber zwei Drittel der Wahlbevölkerung, während bei den Familien die Relation umgekehrt lautet, sie stellen zwei Drittel der Wohn- und nur ein Drittel der Wahlbevölkerung. Wer also Maßnahmen für die Familie auf Kosten von Kinderlosen beschließt, der muß mit dem Widerstand einer Mehrheit der Wähler rechnen. Deshalb tut sich die Politik so schwer mit familienfreundlichen Maßnahmen. Sie glaubt offenbar, alle Singles (einschließlich Rentner) gönnten den Familien nichts.

Das ist falsch. Viele Großeltern unterstützen heute ihre Kinder und Enkel. Es findet eine familieninterne Generationenhilfe von den Älteren zu den Jüngeren statt. Selbstverständlich ist das nicht, und die gesellschaftliche Ungerechtigkeit wird dadurch auch nicht beseitigt. Viele Politiker, geblendet von den generell familienskeptischen Medien, nehmen das nicht oder nur beiläufig zur Kenntnis. Sie glauben der Statistik mehr als dem wirklichen Leben, und die Statistik gaukelt ihnen die Zwei-Drittel-ein-Drittel-Relation vor. Aus diesem Denken resultiert eine Art Selbstblockade der Politik in Sachen Familie. Diese Blockade führt zu einer Strukturkrise der Gesellschaft. Denn die Politik scheint unfähig oder nicht willens, die Keimzelle der Gesellschaft zu retten oder das soziale Ozonloch zu schließen, das sich mit der Gefährdung und Verarmung der Familien über der Gesellschaft auftut.

Diese Stagnation zu durchbrechen hat sich vor Jahren ein Verein namens „Allgemeines Wahlrecht e. V." unter der Ägide des früheren CDU-Politikers Wilfried Böhm vorgenommen. Der Verein will das Wahlrecht ausweiten auf die Kinder, ausgeübt stellvertretend von den Eltern, die die Interessen der Kinder wahrnehmen, vom Parteienstaat jedoch daran gehindert werden. Namhafte Juristen sind an der Initiative beteiligt, sie haben die Verfassungskonformität des Anliegens geprüft. Auch mehrere Politiker sprechen sich dafür aus, zum Beispiel die frühere SPD-Justizsenatorin Lore Peschel-Gutzeit, die frühere Familienministerin Renate Schmidt, der FDP-Politiker Hermann Otto Solms oder Alt-Bundespräsident Roman Herzog, die Kardinäle Meisner und Lehmann, die Grünenpolitikerin Antje Vollmer, die meisten Familienverbände und auch der frühere BDI-Chef Hans Olaf Henkel, um nur einige prominente Namen zu nennen. Die FDP hat sich als Partei sogar zu einem Antrag im Bundestag entschlossen und damit die aktuelle Diskussion ausgelöst. Gelänge die Ausweitung, wäre das familienpolitisch fatale Ungleichgewicht zwischen Wahl- und Wohnbevölkerung aufgehoben, das soziopolitische Gleichgewicht wiederhergestellt. Eine mittelbare Folge wäre ein Run der Politik zur Verbesserung des Familienleistungsausgleichs, immerhin geht es um mehr als 12 Millionen neue Stimmen.

Die Initiative liegt voll in einem historischen Trend. Denn die Geschichte des Wahlrechts ist de facto die Geschichte von der Ausdehnung des Wahlrechts, von zunächst Fürsten und Adligen auf Großgrundbesitzer, Geldadel, Männer, dann Frauen und seit einigen Jahren auf das Wahlalter. Das lag früher bei 21, jetzt bei 18 Jahren und in manchen Bundesländern liegt es bei Kommunalwahlen sogar schon bei 16 Jahren. Die Idee ist alt, sogar der Widerstand im Dritten Reich befaßte sich konkret damit. Der Kreisauer Kreis um James Graf von Moltke dachte diese Option durch, und sie gehört auch zum politischen Vermächtnis von Carl Goerdeler, der – zum Tode verurteilt – im September 1944 im Gefängnis mit Blick auf die künftige Neugestaltung Deutschlands schrieb: „Der Familie gebührt besonderer Schutz als der Zelle staatlichen und völkischen Aufbaus. Das geschieht durch Zuweisung der Erziehungsaufsicht an sie und durch die Errichtung einer Kinder-Rentenkasse, die kinderreichen Familien Renten zu Lasten kinderloser und kinderarmer zuweist; außerdem ist das Wahlrecht für Verheiratete mit mindestens drei Kindern bei dem Vater ein doppeltes."

Am Ende dieser Gedanken und Initiativen steht die Verwirklichung des urdemokratischen Grundsatzes one man one vote. Bis das Denken in der Politik soweit ist, wird es noch manche Kampagne brauchen. In der katholischen Kirche ist es hier und da schon verwirklicht. Seit Mitte der 80er Jahre wird das Familienwahlrecht in der Erzdiözese Wien bei Pfarrgemeinderatswahlen ausgeübt, und auch der frühere Erzbischof von Fulda, Johannes Dyba, der die Initiative „Allgemeines Wahlrecht" unterstützte, hat es in den 90er Jahren in seiner Diözese eingeführt. Andere Bischöfe tragen sich mit dem Gedanken. Schließlich würde er das Subsidiaritätsprinzip auf einer entscheidenden Ebene verwirklichen.

„Alle Staatsgewalt geht vom Volke aus", heißt es in Artikel 20 Absatz zwei des Grundgesetzes. Solange zwanzig Prozent des Staatsvolkes nicht wahlberechtigt seien, schreibt der Politikwissenschaftler an der Universität Bayreuth, Professor Konrad Löw, der sich seit Jahren intensiv mit diesen Fragen beschäftigt hat, „kann von einem wirklich allgemeinen Wahlrecht nicht die Rede sein, gibt es ohne zwingende Gründe Bürger erster und zweiter Klasse". Und daß mit der Ausweitung des Wahlrechts „die Würde auch der Kinder Betonung fände, dürfte für all jene eine Selbstverständlichkeit sein, die die Demokratie für die humanste Staatsform halten". Noch ist das Denken nicht soweit, noch hat die Selbstverständlichkeit ideologische Barrieren, so wie damals, vor knapp hundert Jahren, als die Suffragetten für das Wahlrecht der Frauen stritten. Angesichts der demographischen Schieflage in Deutschland und Europa kann man aber voraussagen, daß ohne eine rasche politische Änderung – etwa durch die Einführung des Familienwahlrechts – diese Demokratie mit ihren Sozialsystemen keine weiteren hundert Jahre erleben wird. Diese Erkenntnis dämmert und deshalb ist die Initiative mittelfristig nicht chancenlos. Aber selbst wenn sie kurzfristig erfolgreich wäre, es handelt sich nur um eine politische Abkürzung. Denn die Folge – der Run der Politik auf die neue Wählerschaft – führte nicht unmittelbar zu Leistungsgerechtigkeit und Wahlfreiheit, sondern zunächst zu finanziell relevanten Gesetzen, um diese herzustellen. Letztlich würde das Familienwahlrecht, von staatspolitischen Erwägungen abgesehen, die ökonomische Methode beschleunigen.

Das Ziel: mehr Zeit, mehr Solidarität, mehr Liebe – Glück

Eine der Leistungsgerechtigkeit und Wahlfreiheit verpflichtete Familienpolitik hat ihrerseits ein Ziel, das jenseits von Produktion und Wachstum, ja das in der Sehnsucht der meisten Menschen liegt: Glück. Familienglück ist keine obsolete Kategorie des Lebens. Das erklärt sich auch aus den Kernbefunden der Glücksforschung.

Demnach hängt Glück zusammen mit Freiheit, Aktivität, Interesse und Verantwortung, wie Wilhelm Haumann von Institut für Demoskopie Allensbach bei einer Tagung der Konrad-Adenauer-Stiftung erläuterte. „Glücklich werden," so Haumann, „am leichtesten Menschen, die sich frei für etwas entscheiden können, die Verantwortung übernehmen und aktiv sind, sich dabei aber zugleich ein breites Interessenspektrum bewahren." Wo geschieht das mehr als in der Familie? In der Familie ist das Engagement sachlich und emotionell außerordentlich hoch. In der und für die Familie übernimmt der Mensch Verantwortung und entfaltet er Aktivitäten, die sich kaum mit Berufstätigkeiten vergleichen lassen.

Es ist immer noch so, daß Glück im allgemeinen Bewußtsein mit Familie assoziiert wird. Für zwei Drittel der Deutschen gehört „ein glückliches Familienleben" zum Glück schlechthin. Übertroffen wird der Wert nur noch von der Freiheit von allen Sorgen, insbesondere der finanziellen. Ein Schaufenster dieses allgemeinen Bewußtseins ist die Werbung. Eine Bank warb vor einiger Zeit mit diesem Spruch: „Glück hat nicht primär etwas mit Geld zu tun. Aber mit der Gewißheit, daß sich Profis damit beschäftigen." Zwischen beiden Sätzen das Foto von einer Frau und einem Mann sitzend in einem Bett, im Schoß auf der Bettdecke ein Baby. Hier wird Familie, vielleicht sogar die traditionelle, dargestellt als das primäre Glück, die Bank liefert ein Stück Geborgenheit, indem sie das materielle Wohlergehen besorgt.

Eine Feldumfrage im Hause Liminski ergab auf die Frage, was ist für dich Familienglück, ein interessantes, natürlich nicht repräsentatives Panorama an Antworten. Mimi, damals zehn Jahre alt, sagte: „Meine Geschwister", Gwenael, zwölf Jahre, („Ich bin die Nummer neun") schon etwas allgemeiner und abstrakter: „Ganz viele Brüder und Schwestern"; Momo (Nathanael), 15 Jahre und das schulische Ausnahmekind: „Familienglück, das ist Gemeinsamkeit und Bereicherung durch Lob und Kritik". Arnaud, 19 Jahre, meinte: „Kinder und Kommunikation", seine Freundin Ini, 17 Jahre: „Kinder und finanzielle Absicherung", David, 21: Zusammenhalt, gegenseitige Unterstützung, Schutz. Und Annabelle, damals 28, zusammenfassend und fast mit den gleichen Worten wie die Mutter: „Familienglück, das ist Geborgenheit und selbstlose Liebe. Man braucht nichts zu leisten, um geliebt zu werden, man hat Rollen, spielt aber keine. Man lebt in Beziehungen der Liebe, sie sind immer tiefer als Beziehungen zu Freunden". Vanessa, verheiratet und in Amerika lebend, ergänzte: „Vertrauen, vertrauliches Gespräch, Zärtlichkeit, Respekt vor dem anderen". Es geht nicht nur um das genetische Bad. Hier kommen Aspekte und Verhaltensmuster um das Glück ins Spiel, die sich schwer messen lassen und die auch über das persönliche Empfinden und Befinden hinausgehen: Die selbstlose Liebe, das Angenommensein um der Person willen, ganz gleich was sie hat oder leistet, wie sie aussieht oder was sie tut; Geborgenheit, Vertrauen, Schutz. Es gibt ein menschliches Grundbedürfnis nach dieser selbstlosen Liebe. „Die Geschichte eines jeden Menschen ist vor allem in das Herz der eigenen Mutter eingeschrieben", schrieb Johannes Paul II. am 1. Januar 2000 in seiner Jahresbotschaft. Das Herz ist, als „die affektive Grundgestimmtheit", als das „innere Zusammenspiel der Wahrnehmungskräfte des Menschen" (Benedikt XVI.) auch das Zuhause der Liebe, und hier ist die Wurzel für das ganzheitliche Weltverständnis. Wer solch ein Weltverständnis hat, für den ist Familienglück kein Mythos, für die anderen schon. Familie ist eine Herzensangelegenheit, sie ist die Beziehungsgrundlage des Lebens, sie ist der Raum, in dem Liebe lebt. Das Herz hat Gründe, die der Verstand nicht begreift, sagt Blaise Pascal.

Liebe, Beziehung, Kommunikation brauchen Zeit. Das Glück muß wahrgenommen, empfunden, erfahren werden können. Für Kinder und für Eltern. Dazu bedarf es Zeiten der Zuwendung. Die Kernkompetenz der Familie heute ist die Pflege und die Stabilität der emotionalen Befindlichkeit, denn das ist auch die erste Quelle des Humanvermögens. Diese Funktion ist nicht zu ersetzen. Eltern brauchen dafür Zeit, Zeit für die Kinder, Zeit für die Liebe. Politik und Wirtschaft haben den Eltern diese Zeit zu geben, nicht als Geschenk, sie schulden sie ihnen im eigenen Interesse. Zeit ist das größte Problem für die meisten Eltern. Viel Zeit würde gewonnen durch die (finanzielle) Herstellung von Leistungsgerechtigkeit. Wer in diesem Sinn auf das Elterngeld verweist, sollte den Gesetzestext genauer lesen. Der Rechtswissenschaftler Dieter Schwab hat dies getan und meint dazu: „Die Begründung der Bundesregierung zum Elterngeldgesetz gibt der Minimierung elterlicher Zuwendung erstaunlich klaren Ausdruck: Das Elterngeld – so heißt es da – „trägt dazu bei, daß sie (die Eltern) in diesem Zeitraum selbst für ihr Kind sorgen können" – in anderen Zeiträumen ist das offenkundig nicht der Fall und nicht notwendig. Für die Begegnung zwischen Kindern und Eltern bleibt dann maximal ein zeitlicher Rest, der frühe Abend bis zum Zubettgehen der Kinder, an dem alles stattfinden soll, was das Familienleben und Erziehung ausmacht, einschließlich der Organisation des Haushalts und der Hilfen für die Schule (…) Man fragt sich, woher der Gesetzgeber die Erfahrung nimmt, daß Pflege und Erziehung von Kindern und die damit verbundene Organisation eines Mehrpersonenhaushalts mit relativ wenig Zeitaufwand zu erledigen sind, so als ob Mütter allesamt ein faules Leben führten." Doch das entspreche einem „Dogma des politischen Zeitgeistes, der eine Person nur dann als vollwertig betrachtet, wenn sie ganztägig dem außerhäuslichen Erwerb nachgeht und damit voll in die Rentenkassen einzahlt. Diesem Postulat müssen sich die Kinder offenbar unterordnen. Ganz unzweideutig heißt es im Koalitionsvertrag von CDU/CSU und SPD: ‚Kinder dürfen nicht länger ein Hindernis für Beruf und Karriere sein'. Wäre, wenn man schon die Kinderlosigkeit beklagt, nicht umgekehrt zu sagen: Beruf und Karriere dürfen nicht länger ein Hindernis für die Geburt und Erziehung von Kindern sein?"

Es gibt auch unter modernen Frauen zunehmend Stimmen, die den Mangel an Zeit für die Kinder beklagen. Denn natürlich bedeutet Fürsorge Zeit. Schon Pestalozzi sprach davon, formulierte es in einer Art Summa paedagogica in seinen berühmten drei großen Z: Zuwendung, Zärtlichkeit, Zeit. Das wichtigste Z ist die Zeit. Ohne Zeit keine oder zu wenig Zuwendung. Das ist nicht immer die Schuld der Politik. Der Erziehungswissenschaftler Albert Wunsch hat das in einem Interview mit dem Deutschlandfunk spontan und griffig einmal so formuliert: „Wir wissen heute, daß der Durchschnittsdeutsche zirka zweieinhalb bis drei Stunden pro Tag fernsieht. Wir wissen heute – das hat das Statistische Bundesamt ermittelt –, daß Eltern für wichtige Gespräche mit den eigenen Kindern sieben bis acht Minuten aufbringen. Das heißt, die Zeit wäre ja da. Man brauchte nur eine Serie ausfallen zu lassen oder irgendetwas anderes. Dann würde man zweieinhalb Stunden Zeit am Tag gewinnen. Wir haben eigentlich mit der Zeit eines der wertvollsten Güter überhaupt, denn sie läßt sich weder von arm noch reich, weder von Politik, noch von Macht beeinflussen. Immer wieder geht ein Tag dahin, gibt der liebe Gott uns neue 24 Stunden, und wir haben die Möglichkeit, sie einzuteilen. Gerade was die Zeit im Umgang mit Kindern angeht, die dann kontingentiert wird, abends von viertel nach acht auf halb neun, oder massiv limitiert wird von drei Stunden auf fünf Minuten, in denen sich dann eine intensive Beziehung entwickeln soll, haben wir es mit einem Schmarrn zu tun, der nicht mehr überbietbar ist. Habermas hat einmal gesagt: ‚Zeit aber steht für Liebe. Der Sache, der ich Zeit schenke, schenke ich Liebe. Die Gewalt ist rasch.' Und bei der Erziehungssache, bei den Kindern, handelt es sich um unsere Zukunft."

Zeit für die Kinder, Zeit für die Liebe – Politik und Wirtschaft müssen flexible Rahmenbedingungen schaffen, die Eltern haben sie entsprechend zu nutzen. Ohne flexible Rahmenbedingungen aber leben Eltern im Streß. Und Streß ist der Beziehungskiller par excellence. Das politische Personal agiert wie die grauen Männer in Michael Endes „Unendliche Geschichte". Es klaut den Eltern die Zeit. Damit klaut es die Gelegenheit zur Liebe, zum Glück. Damit erhöht es auch den Abtreibungsdruck, wenn ein Kind unerwartet „unterwegs" ist, was trotz der Verhütungsmentalität in Deutschland immer noch oft der Fall ist. Und all das im Namen einer selbstrechtfertigenden, altfeministischen Wachstumsideologie? Lohnt sich das? Es läge, so könnten selbst die Ideologen denken, gerade für das rohstoffarme Deutschland, im Interesse der Gesellschaft, den Müttern und Vätern mehr (bezahlte) Zeit einzuräumen, damit mehr Humanvermögen gebildet und somit die Innovationskraft gesteigert werden kann. Aber das ist nicht nur eine Frage der Produktionskraft, sondern vor allem der Menschlichkeit. Drei große Langzeitstudien – sie sind letztlich von allen Studien am zuverlässigsten – belegen den unschätzbaren Wert der Mutter-Kind-Bindung. Sowohl die 16jährige amerikanische NICHD-Studie als auch die sich über 25 Jahre erstreckende Arbeit von Karin Großmann und demnächst die 30jährige Untersuchung des Gesundheitsforschers Ronald Grossarth-Maticek bekunden das mit einschlägigen Ergebnissen. Grossarths umfangreiche Studie besagt sogar, daß nicht nur die Persönlichkeitsbildung, sondern auch die spätere gesundheitliche Verfassung wesentlich von den ersten vier Jahren der Mutter-Kind-Bindung abhängt. Was das für ein Sparpotential für die Volkswirtschaft bedeuten kann, läßt sich nur ahnen. Sicher ist: Eine zukunftsorientierte Familienpolitik würde dafür sorgen, daß die Mutter-Kind-Bindung genügend Zeit und Geld zur Entfaltung zur Verfügung gestellt bekäme. Das ist hierzulande nicht der Fall. Familienpolitik in Deutschland ist eine Politik ohne Zukunft.

Schlußwort – Ein Blick in die Zukunft

Dies ist die Zeit
und niemand weiß ihr Rat,
den eignen Bürger
untergräbt der Staat.
Gottfried Benn

Wer das Glück sucht, findet die Familie, schreibt Paul Kirchhof in seinem Vorwort zum Buch „Abenteuer Familie". Das Vorwort nutzten Journalisten und Politiker, um dem Finanzexperten im Wahlkampf 2005 ein antiquiertes Familienbild anzudichten. Es war eine nachweisbar bewußte Manipulation. Der „Professor aus Heidelberg", ein absolut integrer Mann mit hoher Sachkompetenz und einem intakten Familienleben paßte nicht in die Schemata des politisch-medialen Establishments. Aber wer das Glück sucht, findet nicht den Staat, auch nicht die Krippe, sondern die Familie. Denn dort ist die Liebe zu Hause. Wer keine Familie (mehr) hat, kann solche Sätze freilich kaum nachvollziehen. Der amerikanische Soziologe Robin Skynner schreibt: „Die Familie verfügt über große schöpferische Kräfte, zerfällt sie, wächst ihr ein ähnlich großes Potential an Zerstörungskraft zu." Das Zerfallen hat viele Formen, oft ist Gewalt ein treibendes Element, auch Gewalt an Kindern. Aber für die große Mehrheit der Deutschen, auch der Jugendlichen, ist Familie die Lebensform, die der Natur des Menschen entspricht, seinen Hoffnungen und Sehnsüchten, seinem Durst nach Liebe, seinem Hunger nach Anerkennung in der Gemeinschaft, seinem Bedürfnis nach Intimität, die Geborgenheit schenkt und Gefühl für existentielle Sicherheit. Deshalb blendet eine Scheidung oft mehr aus als nur eine gemeinsame Vergangenheit. Sie kann seelisch verstümmeln.

Aber was passiert, wenn die Natur nicht anerkannt wird. Wenn, wie Jean-Paul Sartre, Guru der 68er, sagt, „la nature de l'homme n'existe pas" (vgl. S. 54), wenn die Natur des Menschen negiert wird? Dann gibt es kein Humanum und dann ist alles möglich. Schon Romano Guardini, wies auf die Gefahr des „unmenschlichen" oder des „nicht-humanen Menschen" hin. Der große Denker sah die „Unmenschlichkeit des Menschen" in einem unmittelbaren Zusammenhang mit dem Vergessen Gottes. In seinem Werk „Die Existenz des Christen" beobachtet Guardini, wie der Geist als solcher krank werden kann. „Das geschieht nicht unbedingt nur dann, wenn der Geist sich irrt, sonst wären wir ja alle geistig krank, denn wir täuschen uns alle mal; noch nicht einmal, wenn der Geist häufig lügt; nein, der Geist wird krank, wenn er in seinem Wurzelwerk den Bezug zur Wahrheit verliert. Das wiederum geschieht, wenn er keinen Willen mehr hat, die Wahrheit zu suchen und die Verantwortung nicht mehr wahrnimmt, die ihm bei dieser Suche zukommt; wenn ihm nicht mehr daran liegt, zwischen wahr und falsch zu unterscheiden." Bündig hat das Benedikt XVI., noch als Kardinal Ratzinger, formuliert, als er über die Krise unserer Zeit, den Werteverlust und seine Ursachen nachdachte: „Wo es keine Wahrheit mehr gibt, kann man jeden Maßstab ändern, überall im Grund auch das Gegenteil tun. Der Verzicht auf die Wahrheit ist der eigentliche Kern unserer Krise" (Zeitfragen und christlicher Glaube).

Die Gesellschaftspolitik der Großen Koalition sucht primär längst nicht mehr nach dem was gut und richtig ist für die Familie, für die Ehepartner, für die Kinder. Sie hat den Maßstab der Suche nach Wahrheiten verloren und verramscht. Sie hat kein Vertrauen in die Institution Familie. Sie setzt ihr Vertrauen in den Staat und gräbt damit dem gesamten Gemeinwesen das Wasser ab. Sie führt einen unerklärten, ideologischen Krieg gegen die klassische Familie. Der Kampf zwischen Staat und Familie aber ist alt und hat immer wieder zu Verlust von Freiheit und Wohlstand geführt. Es gibt ein Dreieck Geld-Zeit-Freiheit. Geld ist geprägte Freiheit, schreibt Dostojewskji, Zeit ist Geld, meinte Benjamin Franklin. Und Frei-Zeit ist Freiheit. Man will heute mehr Zeit, um sie mit den Kindern zu verbringen. Auch das läßt sich aus den Zahlen der zunehmenden Teilzeit-Wünsche und auch der Elternzeit ablesen. In Ländern mit mehr Gespür für Gefährdungen der Freiheit sind Reaktionen zu beobachten. In den USA sinkt die Zahl der erwerbstätigen Frauen seit zehn Jahren kaum merklich, aber kontinuierlich. 60 Prozent der Mütter mit Kindern im Vorschulalter sind heute erwerbstätig, 1997 waren es 64 Prozent. Bei verheirateten Müttern fiel sie um sechs Prozent auf 53,5 Prozent und das quer durch alle sozialen und Bildungsschichten hindurch. Auch in Großbritannien und in Frankreich werden die Widerstandskräfte gegen die Verstaatlichung der Kinder und die Instrumentalisierung der Familie lauter (vgl. Patricia Morgan, The

War between the state and the family, London 2007). Man hört den Ruf über die Blöße des Staates und seiner Söldner. Sie betreiben eine Politik der cold projects (Dahrendorf) nicht der Menschlichkeit. In Deutschland wird der Ruf noch weitgehend unterdrückt, dafür werden die Rufe nach Krippenzwang und weiterer Entmündigung und Bevormundung der Familien immer lauter, siehe die Gutschein-Diskussion, um den Eltern das kleine Stück Leistungsgerechtigkeit in Form des Betreuungsgeldes vorzuenthalten oder das vielsagende Schweigen der CDU-Spitze zum Krippenzwang-Aufruf der CDU-Politikerin Sehrbrock. Die Mühlen des Verrats und der Unterdrückung mahlen langsam und unentwegt weiter.

Der Verrat an der Familie ist kein Privileg der Linken oder bestimmter Parteien. Im Gegenteil. Von links stehenden Künstlern und Feministinnen kommen sehr konkrete Vorschläge für mehr Leistungsgerechtigkeit und das schon seit einiger Zeit. Joseph Beuys etwa sprach sich schon vor dreißig Jahren für ein Erziehungsgehalt für Mütter aus und zwar als Gegenleistung für „die erzieherische Tätigkeit" (Jeder Mensch ein Künstler, 1975, S. 42 ff.) und die weltbekannte Feministin Germaine Greer fordert ein Müttergehalt und das Recht auf Mutterschaft in ihrem Buch „Die ganze Frau" (S. 272). Der Verrat an der Familie ist, wenn überhaupt, ein Privileg der CDU. Wobei auch hier differenziert werden muß zwischen Bundespartei und Landesverbänden. Die CDU-Sachsen zum Beispiel hat 2006 ein Programm vorgelegt, das die Familie würdigt, mehr Leistungsgerechtigkeit schaffen will und entsprechende Initiativen auf den Weg gebracht hat. Die Verräter sind jene, die vorgeben, der Familie helfen und Wahlfreiheit schaffen zu wollen und die doch nur die Arbeitskraft der jungen Mütter, vorzugsweise der akademisch gebildeten, und ihr eigenes Lebensmodell als Vorgabe mit Allgemeingültigkeit im Sinn haben. Dafür stehen Debatte und Verwirklichung des Elterngeldes, der Krippenoffensive und der Streichungsreigen familienrelevanter Leistungen.

Eine erboste Mutter schreibt in einem Brief an die CDU-Politikerin Sehrbrock und trifft damit die Gemütslage von unzähligen Frauen in Deutschland: „Und Sie sind auch noch Mitglied der CDU? Nicht der SED? Ja was glauben Sie denn lassen sich die Eltern in Deutschland gefallen? Kinder kriegen, damit die Kinderlosen ihre Renten gesichert haben? Oder ihre eigenen Kinder in Ganztagsbetreuungen stecken lassen, damit Mama und Papa als Arbeitnehmer viele Sozialbeiträge erwirtschaften und brav viel konsumieren, damit die

Wirtschaft stimmt? Eltern als Gebärmaschinen? Genau! Das Wort von Bischof Mixa war ja geradezu prophetisch. Sie sagen: ‚… dürfe es keine Wahlfreiheit für die Eltern geben'. Das sagt alles! Ich behalte mir vor, ob ich Sie diesbezüglich nicht wegen ‚Diskriminierung' anzeige! Sie sagen auch: ‚Chancengleichheit durch Kitas': Das grenzt ja schon an schwarzen Humor, bei den Betreuungsschlüsseln (…) Anscheinend wissen Sie nichts vom Streßhormon ‚Cortisol', das bei Kleinkindern, die ihre primäre Bezugspersonen vermissen, das Gehirnwachstum bremst, da sich der ‚orbitofrontale Kortex' im Gehirn nicht bilden kann. Die Folgen sind dann in späteren Jahren: auffälliges Verhalten, Aggressionen, Probleme beim Lernen, Depressionen, Bindungsunfähigkeit, Probleme bei der Emphatie … etc. irreparabel! Ein wenig linderbar durch viele Stunden bei Therapeuten. All diese Erkentnisse sind seit Jahren wissenschaftlich erwiesen, international! (…) Sie sagen auch: Man brauche einen langen Atem und müsse dicke Bretter bohren. Daß die Forderung mit Ihrer Partei, der CDU, nicht umsetzbar sei, sehen Sie aber nicht: ‚Da bin ich nicht so skeptisch. Die Familienpolitik der CDU hat sich bereits stark gewandelt.' O.k., dann ‚bohren' Sie mal los! Es könnte durchaus sein, daß Sie ins Leere bohren: Keine künftigen Eltern mehr in Deutschland, keine Kinder zum Wegsperren und keine Kinder, die in den Kitas staatlich ideologisiert werden können. Keine Konsumenten, keine Rentenzahler. So ein Pech!"

Das ist ein Ruf in die Zukunft, die die Politik offenbar vergessen hat oder verdrängt. Es ist symptomatisch, daß eine Mutter diesen Ärger so gekonnt formuliert. Kinder sind Zukunft, sagt man politisch korrekt. Aber die Mütter sind die Schlüsselfiguren der Zukunft. Ohne sie, ob außer Haus erwerbstätig oder gratis im Familienmanagement, kann es keine Zukunft geben. Die „Hessenstiftung – Familie hat Zukunft" mit Sitz in Bensheim hat zusammen mit dem hessischen Sozial- und Kultusministerium mittels einer Umfrage an 89 Schulen die Meinung von Kindern und Jugendlichen zu Familie, Schule, persönliches Wohlbefinden, Freundeskreis, Konfliktlösung, Taschengeld etc. ermittelt (Kinderbarometer Hessen 2006). Ein Ergebnis: „Die zentrale Figur ist die Mutter." Sie nehme die Schlüsselposition ein bei Konfliktlösungen, beim Lernen, in der Familie. Das hört die Politik nicht gern. Auch in den Medien hat man dafür kaum Verständnis. Aber es sind eben die Mütter, „die Anspruch auf den Schutz und die Fürsorge der Gemeinschaft" haben (Artikel 6 Grundgesetz), und das mit Recht. Denn sie sind es, die jene berühmten Voraussetzungen schaffen, von denen der Staat lebt und die er selber nicht schaffen kann. Und gerade diese Personengruppe wird von der Politik ungerecht behandelt. Ohne sie gibt es kein Kindeswohl und keine Quelle des Humanvermögens, keine kreative Kraft der Liebe. Thomas von Aquin vergleicht die Gottesliebe mit der Mutterliebe, weil, so sagt er, „die Mütter mehr daran denken zu lieben als geliebt zu werden". Sie sind selbstlos. Ohne an sich zu denken, schenken sie Menschlichkeit, bilden sie in den Kindern durch gelebtes Vorbild und Worte der Liebe das berühmte Humanvermögen. Warum? Es gibt letztlich keine Begründung für die Liebe. Liebe ist voraussetzungslos, es gibt keine Begründung für sie, sie ist das Prinzip, das die Welt schafft, das „Band, das den Erdkreis zusammenhält" (Johann Heinrich Pestalozzi). Ohne sie geht die Welt zugrunde. Sie ist das wahre Abenteuer, in der Familie ist sie zu Hause. Pierre Teilhard de Chardin hat Mitte des vergangenen Jahrhunderts vorhergesagt, daß die Menschen eines Tages lernen würden, die Energien der Liebe nutzbar zu machen und daß dies ein ebenso entscheidender Entwicklungsschritt in der Menschheitsgeschichte sein werde wie die Entdeckung des Feuers. Das Prinzip Liebe, die Mütter leben es wie selbstverständlich, die Väter oft auch. Die Politik verneint es. Das ist ihr größter Verrat an der Familie.

Diese Haltung der Gleichgültigkeit und der Konzentration auf den Erwerbsberuf, auf den Moment, schafft Zukunftsangst, abzulesen an der schwindenden Kinderzahl. „Es gibt in Europa eine seltsame Unlust an der Zukunft", sagte Benedikt XVI. kurz vor seiner Wahl zum Papst in der „Süddeutschen Zeitung", „am deutlichsten ist dies daran zu erkennen, daß Kinder als Bedrohung der Gegenwart angesehen werden; sie werden weithin nicht als Hoffnung, sondern als Grenze der Gegenwart empfunden. Europa scheint ausgerechnet in der Stunde seines äußersten Erfolgs von innen her leer geworden, gleichsam von einer lebensbedrohenden Kreislaufkrise gelähmt, auf Transplantate angewiesen. Diesem inneren Absterben der tragenden seelischen Kräfte entspricht es, daß auch ethnisch Europa auf dem Weg der Verabschiedung begriffen erscheint." Das Absterben der tragenden seelischen Kräfte – möglicherweise ist das auch der wesentliche Unterschied heute zu anderen Ländern und Kontinenten. In seinen „Bekenntnissen eines Revolutionärs" bemerkte Pierre-Joseph Proudhon einmal, es sei „überraschend, daß wir auf dem Grund unserer Politik immer die Theologie wiederfinden". Die

Glaubens- und Gewissensfreiheit ist, um ein arabisches Wort zu veredeln, in der Tat die Mutter aller Freiheiten. Aus ihr haben sich die politischen Freiheiten entwickelt.

Baruch de Spinoza schrieb vor fast 350 Jahren: „Es ist nicht der Zweck des Staates, die Menschen aus vernünftigen Wesen zu Tieren oder Automaten zu machen, sondern vielmehr zu bewirken, daß ihr Geist und ihr Körper ungefährdet ihre Kräfte entfalten können, daß sie selbst frei ihre Vernunft gebrauchen und daß sie nicht mit Zorn, Haß und Hinterlist sich bekämpfen noch feindlich gegeneinander gesinnt sind. Der Zweck des Staates ist in Wahrheit die Freiheit."

Davon ist Europa nicht mehr überzeugt. Die Spannkraft der inneren Triebfeder erlischt. Der Glaube ist die größte Leidenschaft im Menschen, meinte der dänische Philosoph Søren Kierkegaard. Er führt zu einer anderen Perspektive des Handelns als der rein wirtschaftlichen Vernunft, er führt zu einem Verhalten gegenüber der Welt, zu Weltanschauungen, die Handeln und Arbeit auf die Folie des Heils legen und so nur als Mittel, nicht als Ziel erkennen. Das politisch-mediale Establishment der Europäer hat den Glauben als Triebfeder des Handelns verdrängt und vergessen. Nicht so das Volk. Der Tod von Johannes Paul II., der Weltjugendtag in Köln, das Familientreffen in Valencia mit Benedikt XVI., der Besuch des Papstes in Bayern – all das zeigt die Sehnsucht der Menschen nach Führung in einem Glauben, der auch im alltäglichen Leben wirksam wird. Politik und Medien stehen solchen Ereignissen irgendwie befremdet gegenüber. Die Kraft des Visionären fehlt, die ein Mann wie Johannes Paul II. selbst im Alter und Leiden noch verkörperte, der große überzeitliche Spannungsbogen des Lebens ist in Deutschland, vielleicht auch in Europa zu einer kleinen Matratzenfeder verkommen, man will einfach nur weiter gemütlich und bequem die Welt aus der geruhsamen Perspektive des Versorgungsstaats beobachten. Die katholische Soziallehre ist vergessen. Oswald von Nell-Breuning, Wilhelm Emmanuel von Ketteler u. a. sind weitgehend zu historischen Gestalten und Verbänden geronnen. Nicht daß Europa und insbesondere Deutschland keine Geister hätte, die das zukunftsweisende Erbe der christlichen Soziallehre hochhalten, aber es fehlt der Geist, der jenseits des akademischen Disputs die Politik belebt. Sie lebt nur nach der Devise: Wirtschaft hat Vorfahrt.

Es geht aber nicht nur um Wirtschaft. Walther Rathenau hatte nur bedingt recht, als er behauptete, Wirtschaft sei unser Schicksal. Zu seiner Zeit gab es keinen anderen Weg zum Überleben. Eine funktionierende Wirtschaft ist schicksalhaft notwendig, aber nicht unser Schicksal als Mensch. Wirtschaft heute ist Gegenwart und allenfalls mittelfristige Prognose. Wichtiger für das Menschsein sind die Zukunftsperspektiven, die Hoffnung auf Gelingen, auf Glück. Solche Hoffnung motiviert und beflügelt. Sie ist aber ohne geistige Wurzeln schwer definierbar. Zukunft und Herkunft gehören zusammen und konvergieren in der Gegenwart. Wer seine Herkunft verleugnet, hat ein Identitätsproblem, das den Blick in die Zukunft trübt. Natürlich hat das generative Verhalten viele Ursachen, aber eines ist gewiß: Ein Kind ist eine Investition in die Zukunft; wer den Glauben an eine gute Zukunft verloren hat, der scheut vor dieser Investition zurück. Wer nicht mehr das Glück sucht, und sei es nur das persönliche im strahlenden Blick eines Kindes, der droht zum Wirtschaftsfaktor mit Maschinenherz zu werden.

Die Deutschen sind kinderentwöhnt, viele haben vergessen oder noch nie erlebt, wie das Herz aufgeht, wenn ein Baby lacht. Die Fixierung auf den Wiederaufbau des Landes, auf die Sicherung des Wohlstands und auf die eigene Karriere haben das Urmenschliche, die Sehnsucht nach Glück und Liebe, verdrängt. Viele junge Leute wurden so beziehungsunfähig. 44 Prozent der Kinderlosen fehlt „der richtige Partner", sagen sie. Aber den Prinzen und die Prinzessin gibt es nicht, Liebe heißt auch immer ein Stück selbstlose Hingabe. Das ist die Tragik, die in den demoskopischen Zahlen verborgen liegt: Zu viele Deutsche trauen sich das Glück nicht mehr zu. Es ist eine persönliche Tragik mit gesellschaftlicher Sprengkraft. Die 44 Prozent sind die Frucht einer Politik, die die Mutterschaft konsequent vernachlässigt und als Heimchen am Herd verunglimpft hat. Es hat an warnenden Stimmen gerade in Deutschland nicht gefehlt. Christa Meves zum Beispiel zieht seit mehr als dreißig Jahren durch die Lande, und wer sie gehört, ihre Bücher gelesen und versucht hat, ihre Ratschläge umzusetzen, dessen Kinder haben meist jene emotionale Kompetenz, diese Beziehungsfähigkeit, die bald der Hälfte der jungen Deutschen abgeht. Auch diese Kinder, mittlerweile selbst im elternfähigen Alter, haben es schwer, einen Partner fürs Leben zu finden. Es müßte nämlich jemand sein, der mit einem entschiedenen Ja auf Fragen antwortet wie: Sind Sie bereit, Ihrem Ehepartner auch dann (lebenslang) Unterhalt zu gewähren und die Treue zu wahren, wenn er/sie schwer krank geworden ist oder wenn er/sie untreu war? Sind Sie bereit, Ihr Einkommen durch 3, 4, 5 oder mehr zu teilen, um für mehrere Kinder ordentlich zu sorgen und dann auch noch eine deutliche Minderung Ihrer Altersvorsorge hinzunehmen? Sie sind bereit, täglich mehrere Stunden zu opfern, um als Schul-/Lehrerersatz die Hausaufgaben ihrer Kinder zu betreuen? Sind Sie bereit, die versteckte Kinderfeindlichkeit der Gesellschaft und die Heuchelei der Politik zu ertragen?

Man könnte die Liste leicht verlängern. Wer auf solche Fragen mit ja antwortet, der liebt. Wer diese Umstände erträgt, freilich auch versucht, im Rahmen seiner Möglichkeiten diese Umstände zu verbessern, der hat verstanden, daß die Liebe das „Ur-Geschenk" (Thomas von Aquin) ist. Die Liebe ist es, die trägt und erträgt. Die Politik macht es den Menschen nicht leicht. Im Gegenteil, die derzeitige Familienpolitik aller Parteien verhindert die Leistungsgerechtigkeit für Familien. Viele Frauen müssen einer außerhäuslichen Erwerbsarbeit nachgehen, damit die Familie finanziell über die Runden kommt. Sie sind doppelt belastet und leisten die Arbeit für einen Beruf, den wichtigeren Beruf als Hausfrau und Mutter, nahezu umsonst. Ihnen fehlt die echte Wahlfreiheit für Frauen. Viele würden lieber mehr Zeit mit den Kindern verbringen und so auch besser erziehen können. Rousseau meinte einmal, „viele Kinder haben schwererziehbare Eltern". Heute muß man konstatieren: Die Deutschen haben schwererziehbare Politiker. Mit ihnen wird es weder mehr Kinder noch mehr Lebensperspektive geben. Auch die Nachbarn machen sich darüber Sorgen. In einem vielbeachteten Buch („Deutschland – Chronik eines angekündigten Todes") hat der französische Ökonom und politische Publizist Yves-Marie Laulan beschrieben, wie „dieses Land dem Ende zugeht, als Wirtschaft, als Nation, als Volk". Das Land breche zusammen wie in Zeitlupe, die Demographie „nage an der Wirtschaft, an seinen Fähigkeiten zur Selbstbehauptung und Verteidigung, an seinen Lebenskräften und seinem Lebenswillen. Was weder die Utopien Wilhelms II. noch der Wahnsinn Hitlers schafften, Helmut Kohl und Gerhard Schröder werden es vollbracht haben: Deutschland wird als Nation untergehen."

Das Buch erschien vor Bildung der Großen Koalition, sonst hätte Laular die Liste der Totengräber vermutlich verlängert. Was Laulan indessen nicht sieht, was aber auch andere Länder treffen kann, ist das eigentliche Drama, das Ungeheuer, das hinter den Zahlenkolonnen der Demographie schlummert: die emotionale Verarmung, der Mangel an Liebe. Der innere Zusammenhalt der Gesellschaft, die Bänder des Herzens, Solidarität, Liebe oder auch nur Zuwendung sind weit wichtiger als die Zahl. Wenn diese Quelle versiegt, weil die jobfixierte Ich-Gesellschaft sie verschüttet – Liebe ist die einzige Ware, die sich vermehrt, wenn man sie verschenkt, bemerkte Mutter Teresa –, wenn diese Quelle versiegt, weil zuwenig geliebt wird, dann versinken wir in eine repressive Gesellschaft. Und diese Frage ist brandaktuell und dennoch so alt wie die Demokratie. Schon die Griechen stellten sie sich. Prinzipiell gibt es nur zwei Gesellschaftsmodelle: Das Konfliktmodell und das Konsensmodell. Ein Ahnherr der Konflikttheorie, der antike Sophist Thrasymachos, sah als alleiniges Kriterium für das gesellschaftliche Handeln die technische Durchsetzbarkeit. Was geht, wird gemacht. Keine Rücksicht auf Ethik, Familie oder Würde im Alter. Das Ergebnis ist der repressive Staat mit Abtreibung, Euthanasie, Instrumentalisierung der Familie und der absoluten Vorfahrt für Profit und Arbeit. Daß es eine Natur des Menschen gibt, daß der Mensch creatura ist, über die der Creator, wie es im Buch der Weisheit steht, nur „mit großer Ehrfurcht" verfügt, haben die Nachfolger des Thrasymachos, unter ihnen auch die C-Politiker, erfolgreich verdrängt. Aristoteles, der geistige Gegenpol in der Antike, sah nicht im Henker, sondern in der Freundschaft das Band der Gesellschaft. Sie sei „das Nötigste im Leben", meinte der große Grieche. Und man kann hinzufügen: In der Familie findet sie, die Freundschaft, ihr Zuhause. Das ist die Alternative der Zukunft: Eine solidarische Gesellschaft mit freundschaftlichen Formen des Zusammenlebens der Generationen oder eine repressive mit der Kultur des Todes und der Ich-Mentalität. Die Demographie spitzt diese Alternative immer schärfer zu. Und vielleicht ist gerade diese Zuspitzung unsere Chance. Vielleicht erkennen wir noch, daß wir zum Glück, zur Liebe geschaffen sind.

Es muß nicht bei der Definition der Alten von Freundschaft enden: Idem velle atque idem nolle – dasselbe wollen und dasselbe abweisen. Es reichte, wenn die Politik den Familien Leistungsgerechtigkeit angedeihen ließe, das Establishment ihnen solche Rahmenbedingungen gönnte, der Staat sich so weit wie möglich zurückhielte und seine „wesentliche Aufgabe, dem einzelnen die Freiheit zu verschaffen" (James Graf von Moltke im Widerstand) erfüllte und Ehe und Familie wirklich den „besonderen Schutz der staatlichen Ordnung" (Artikel 6, Grundgesetz) erführen. Das reichte für eine solidarische Gesellschaft. Zur Liebe finden die Familien allein.